七　绝

游京郊潭柘寺

从来意静周边静，
知否心宽道也宽，
墨绿龙潭千尺水，
长年谁见起波澜？

手书1963年旧作 赠本书的各位作者

潘水尊

2010. 8. 8

Womende Laoshi
Liyining

我们的老师厉以宁

朱善利 车耳 何小锋 于鸿君 主编

人民日报出版社

▶ 听众与厉老师同台·北京大学电教楼

▶ 课堂一隅·北京大学办公楼礼堂

▶ 1986 年于哈尔滨科技大学，讨论中国经济改革的思路

▶ 1987 年于青岛大学，讨论国民经济管理的近期、中期与长期目标

▶ 1992 年于湖南沅陵凤滩电站

▶ 1994 年于福建水口电站

▶ 1994 年于黔北农村

▶ 1996 年于广西百色农村

▶ 1996 年于福建武夷山

▶ 1996 年何玉春老师（厉老师夫人）60 岁生日聚会

亦师亦友（代前言）

张来武

厉以宁先生雅号"厉股份"，可谓家喻户晓，是中国改革开放以来最有影响的学者之一，也是桃李满天下的教育家。他虽然没有在北大的小课堂给我上过课，但在北大的大课堂，在以"厉股份"到"厉民营"以及"厉土地"为标志，30多年来坚定不移地推动中国改革开放的发展历程中，我一直是他的学生。

早在20世纪80年代初，我在积极支持推动股份制理论的探索和实践过程中，就与厉先生结下了不解之缘。不过当时我是一个数学专家，对股份制的经济理论基础还缺乏研究。对这个问题的真正理解还是在研读厉先生的代表作《非均衡的中国经济》之后。让我难忘的是，1987年我拿到数学博士之后，没有留在数学系而是选择北大管理科学中心（北大光华管理学院前身），这是在厉先生的关心和支持下我一生做出的重要决策，厉先生当时就是中心副主任（主任由丁石孙校长兼任）。这中间还发生了误会。因为我当时已是美国《数学评论》的评论员，数学研究的前途看好，和我的师弟张继平同属段学复先生得意的关门弟子。我的导师段先生不让我转行，一急之下，冲着当时北大校长丁石孙先生发脾气，他误以为是丁校长让我转了专业。

近年来，我和厉以宁先生、何玉春师母交往更加密切，这里有我们对北大精神的共同认知。我对厉先生诗集中《鹧鸪天》"溪水清清下石沟，千弯百折不回头。兼容并蓄终宽阔，若谷虚怀鱼自游。 心寂寂，念休休，沉沙无意却成洲。一生治学当如此，只计耕耘莫问收"百读不倦。在这里我也记录我与厉先生和何老师两次在宁夏相聚的故事。

初访宁夏

2002 年 8 月 7 日，厉先生和何师母首次来到宁夏。厉先生就自治区可持续发展的情况进行考察，并分别在固原市和银川市作了题为《贫困地区发展战略》、《当前宏观经济形势和地方经济结构调整》的报告。这一年是我在宁夏工作的第四个年头。

在这为期 8 天的考察中，我陪同厉先生在宁夏实地考察了高新技术发展、节水农业、移民开发和扶贫扬黄工程，并就国内经济与改革和破解城乡二元结构等问题抵足畅谈。已过古稀高龄的厉先生再次以他的深厚的经济学造诣，以及对中国经济现状的敏锐直觉与把握能力，为宁夏经济的可持续发展提出了重要建议。

那段时间，厉先生正重点研究"三农"问题，我当时正在宁夏抓"科技特派员创业制度"的试点，试图探索一条破解"三农"问题的新路。厉先生对此给予了热情赞扬。我与厉先生在破解城乡二元结构的问题上高度默契，使我深受感动，也倍受鼓舞。我的思绪被拉回到了 20 世纪 80 年代的北大校园，重新回到那段中国经济改革风云交会的探索历程……

早在 20 世纪 70 年代末、80 年代初，我国开始了从集中的计划经济体制到市场经济体制渐进式的变迁，各种经济改革理论、众多思想流派围绕"什么是经济体制改革的目标模式"这一重大问题进行探索，使得经济学成为当时中国社会科学中最繁荣、最活跃的领域。从后斯大林时期的计划经济模式（改良的苏联模式）、"市场社会主义"模式（"东欧模式"）、政府主导的市场经济模式（"东亚模式"）和自由市场经济模式（"欧美模式"）等不同发展模式之间的争论与辨析，折射出中国的经济学家在深刻反省传统经济体制和理论的基础上所经历的艰辛而勇敢的探索轨迹。但是，由于改革并没有触动所有制，没有改变"双轨制"的基本态势，因此不能不带来消极的后果。而且这种做法愈持久，其消极后果也愈严重。为了克服这些矛盾，我国开始酝酿用价格、税收体制和财政体制的配套改革消除"双重体制胶着对峙"状态，全面建立市场经济体制。

厉先生是这个时期所有制改革理论的最主要代表人物。与以强调价格体系的全面改革从而建立竞争性市场机制的改革思路不同，厉先生洞见中国经济转型中第二类非均衡即缺乏成熟的微观市场主体，也就是缺乏具有充分活力，能够自主经营自负盈亏、具有独立市场决策权的企业群。他从中国非均衡经济现实出发，强调企业改革优先。厉先生1980年夏提出股份制，他是想通过股份制改革建立现代企业制度，从而培育具有充分活力的市场主体。

厉先生围绕"中国经济改革的成功取决于所有制改革的成功"这一股份制核心观点的阐述、呼吁，对我国经济学学术发展以及我国经济改革的政策取向产生了广泛而深刻的影响。随着改革的深入，股份制理论成为中国最流行的经济思潮之一，并在我国经济改革实践中证明行之有效而被广泛接受，1990年末上海、深圳两个证券交易所成立了。

1997年9月党的十五大提出：公有制的实现形式可以而且应当多样化，非公有制经济是我国社会主义市场经济的重要组成部分，允许和鼓励资本、技术等生产要素参与收益分配。厉先生"股份制"的构想得到了中央的确认。

重访宁夏

2007年是我在宁夏工作的第九个年头。那一年八月，厉先生何师母不顾高龄再次来宁夏，出席"宁夏经济发展高端论坛"，期间我陪同他们考察了石嘴山及平罗。当厉先生在石嘴山面对望不到边的沙水相依的湖泊和湖边的绿地时高兴地说，有沙、有水、有绿色，这里风景独好，他欣然提笔写下了"蓝天碧水，草地花丛，此身疑在画图中"的优美词句。

厉先生在考察期间还就缩小东西部差距、"二元结构体制"问题和节能降耗等一些经济社会问题与区内专家、学者及企业界进行探讨，并作了题为《中国经济现状分析》的学术报告。自治区政府主席王正伟对厉先生提出的关于宁夏发展的指导意见给予了高度评价。

这段时期，厉先生非常关注城乡差别问题，他认为城乡差别的根子在于"二元结构体制问题"。目前的体制把城乡割裂开来，对农村和农民极不公平。通过多年深入基层调研，厉先生对我国"三农"问题的解决提出了"农业产业化、农民城镇化、农村工业化"的设想，力推破解城乡二元体制的改革。厉先生在诸多场合宣讲、撰文指出，改革开放初期农村的承包制起了很大的作用，但并没有触动城乡二元体制。实行农村家庭承包制也没有改变城乡二元体制继续存在的事实，城乡依旧隔绝，两种户籍制度仍然存在。此外，农村经济发展的瓶颈是金融服务严重滞后，不利于农民致富，不利于农村剩余劳动力转移，严重阻碍了城镇化进程。

也就在那一年，我在宁夏推进的科技特派员创业行动已全面深入开展，实际上这也是厉先生一直倡导的破解城乡二元结构的实践和探索。经过数年的实践，"立足科技项目，突出科技创业；实施体制创新，注重金融推动；坚持市场导向，实行三线推进"的科技特派员创业"宁夏模式"深入人心，产生了良好的经济效益和社会效益，成为宁夏科技工作的最大亮点。厉先生对科技特派员创业这一新生事物极为关注。通过在宁夏以及山东聊城等地的实地考察，他认为科技特派员制度非常好，科技人员下乡，与农民结成了利益共同体，而不像过去单纯宣传一点科技知识，在村里摆几张桌子、放一些书，回答大家的问题了事。科技特派员教农民怎么干，与农民一起创业，赚了钱提成，就等于用自己的技术、知识入股。体制顺了，机制活了，农民致富了，科技人员和创业人员积极性也调动起来了。后来他在北大、中央电视台以及各种会上，多次提及这一制度好，可谓是给科技特派员制度当了一把义务宣传员。他还建议自己的博士生以此专题撰写博士论文。

厉先生非常关注金融等现代生产要素对破解城乡二元结构的作用，赞同我在宁夏对科技特派员创业设计的金融绿色通道的努力。平罗县农村信用社创新金融服务品种，为科技特派员授信发放"金卡、银卡、铜卡"，无需抵押担保，贷款额度分别为10万元、8万元、6万元，手续简便，利率优惠，提供了科技特派员创业初期的第一桶金，深受创业者欢迎。此经验后来全区推广，为科技特派员科技创业与金融创新结合探索出了一条新路子。

土地是农民最基本的生产资料，但是目前的土地承包责任制与小农经营方式不够规模，不利于现代农业发展，厉先生对此也很关注。我们在宁夏大胆尝试开展以农村土地信用合作社为载体的农村土地流转新机制，得到厉先生的首肯。农民以承包经营的闲散土地入社，由农村土地信用合作社集中转租给科技特派员和农业大户进行农业生产开发，形成有效的规模经营，被农民形象地称为"土地银行"。厉先生考察完平罗的土地银行做法后，多次在公开场合对宁夏"土地银行"的实践予以充分的肯定与赞扬，认为"土地银行"在土地承包制不变的基础上，尊重农民意愿，不改变权属就实现土地要素的灵活流转，其高效的运作方式成为农村土地流转的新实践。而且公司制的"土地银行"的设立，可以较好地解决土地集中过程中的"瓶颈"问题，为解决原有土地制度超小经营的局限提供了一种新的制度安排，为构建农地金融制度提供了借鉴意义。

信息化是推进城乡统筹的最有效手段和途径之一。厉先生离开宁夏后不久，以消除城乡一体化的最大障碍——城乡数字鸿沟为目标，宁夏开始实施农村信息化工程。我们采取"一网打尽"的战略和"平台上移，服务下延"的做法，破解了资源整合、信息共享、网络进村等制约信息化建设的难题，在全国率先实现"三网融合"，形成覆盖全区农村的互联网，实现村村有信息服务站，村村通网络，农民看 IPTV，走出了一条"低成本、高效益"的农村信息化路子，从而使农民跨地区地及时直接分享人才、技术、市场信息，深刻地改变农民传统的生产生活方式和思维方式。由此，2008 年 9 月，由工信部等 10 部委主持，在银川召开全国农村信息化工作现场会，宁夏成为第一个"国家级社会主义新农村信息化工作省域示范"，宁夏经验向全国推广。

适逢厉先生 80 华诞将至，厉先生荣获了 2009 年中国经济理论创新奖。组委会评价厉先生的"国有企业股份制改革理论"是 20 世纪 80 年代末深化经济体制改革的核心与关键。考虑到中国过去 30 年改革开放开启了新中国市场经济的先河，不可逆转地培育了中国人的契约精神。厉以宁先生对中国经济社会的影响必将载入中华民族的发展史册。

我的这篇文章以"亦师亦友"为标题。厉先生对这个标题十分赞赏，他说：我所有的学生，无论是哪一个时期听我讲课的，同我都是"亦师亦友"的关系。于是他推荐给本书的主编，把我的文章作为本书的"代前言"。

目　录

我们的老师 厉以宁

我们的老师 厉以宁

白城之行忆事

▶ 白 彦

2008 年，中国迎来改革开放 30 周年。在这个具有里程碑意义的年头，8 月 16 日至 20 日，厉先生和夫人何玉春在学生鲍寿柏和刘实等陪同下来到吉林省白城市考察。我有幸全程参与了此次活动，见证了先生白城之行难忘的五天。

先生一来到白城，便不顾旅途辛苦，马不停蹄地开始了调研考察。此时先生年已七十有八，尽管精神矍铄，我们仍担心如此密集的行程安排，先生的身体会吃不消。但先生却生怕浪费一分一秒的时间。短短五天的时间里，先生的足迹踏遍了白城五个县（市、区）：白城工业园区、通榆县向海自然保护区、镇赉县莫莫格自然保护区、引嫩入白渠首等都是先生重点考察和了解的对象。

在五天的行程中，先生最为关心的是白城的环境保护问题。在企业参观时，先生首先询问的就是工厂的废水处理情况，得知白城的环保抓得很严，先生很欣慰并提醒大家，环保工作始终要成为衡量经济发展的一项重要内容，企业要提高资源利用效率，减少工业生产废物排放，尽可能将工业废物回收利用，不能利用的要做无害化处理。先生还来到向海自然保护区。这个国家级保护区风光秀美，野鸭戏水，白鹤飞舞，一望无际的芦苇荡漾起万顷碧波。望着眼前的美景，先生再次陷入了沉思。先生感叹，白城是一个有着广阔的湿地资源和两个国家级自然保护区的城市，环境的重要性不言而喻，"环境就是这座城市的灵魂"，白城一定要把环境保护好，这样城市发展才有未来。

　　记得 2008 年 CCTV 中国年度经济人物颁奖词中，称先生"知行合一三十年，先行者的脚步永不停歇"。我觉得这句评价非常贴切。先生的学术生涯不是为研究而研究，而是力图用济世之学奉献社会，这就是为什么先生得以提出有现实指导意义的理论见解，这也是为什么先生年近八旬高龄仍亲自奔赴实地对小城经济进行考察的原因。先生的影响已经远远超越了经济学家的职业范围，他的社会责任感，感染了周围一批又一批的人。在先生身边的日子里，他不仅教导了我知识，更重要的是教会我如何实现有价值的人生，如何把自己的理想和国家和民族的发展联系起来。先生今年八十大寿，我撰此短文表达学生对先生的崇敬之情。

心　路

◯ 鲍寿柏

　　我是 1965 年秋天由江苏宜兴丁蜀中学考入北京大学数学力学系的。由于家境贫寒，又是该校建国以来考入北大的第一人，当时在这个座落在太湖之滨的江南小镇上还曾经引起了一些轰动。

　　但进入北大不到两个月就传染上急性肝炎被迫住进校医院。第二年夏天文化大革命在北大校园引爆，紧接着在年底受到所谓"十二月黑风"和"虎山行小集团"的牵连，以"攻击林彪、江青和中央文革"的罪名受到整肃。1970 年 3 月，全国 68、69、70 届大学生的毕业证书被取消，我随 300 名北大清华学生被发配到安徽阜阳插花镇 6377 部队农场劳动改造，在春寒料峭中匆匆结束了五年北大生涯。北大数力系是个大师云集之地，学部委员和名教授之多当时居全国之冠，但我终于和他们擦肩而过。北京大学从此成了我青春时代破碎的梦。

　　但是，后来有一个人的出现，又使我的人生道路发生转折，他把我以后的读书、治学生涯和从政经历又与母校北京大学紧紧地联系在一起，成为不可分割的一个整体。这个人就是厉以宁老师。

　　那是 1984 年 4 月的合肥改革讨论会。开幕当天晚上，我就到厉老师下榻的江淮饭店卧室，向老师请教了一系列问题，厉老师不厌其烦，一一作答。那晚请教的众多问题中有两个问题印象最为深刻。第一个问题，我那时已有数学、管理工程两门专业背景，但对经济学一无所知，有无可能改学经济学？老师回答：完全可以。老师说，以前学传统计划经济的人现在要转向市场经济，是从负数变成正数；你是数学出身，学经济学是从零开始，没有负数的包袱，你的起跑线更有优势。他的话使我一下子信心大增。第二个问题，是向老师求教学习经济学应如何入门？我说自己没有读过《资本论》，要不要从攻读《资本论》起步？老师说：暂时没有这个必要，将来可以再补。当前，你可从研究现行体制、改革现行体制起步。他建议我先去读两本国外经济学的著作，一本是哈耶克的《通向奴役的道路》，另一本是罗斯托的《经济成长的阶段》。老师强调说，最重要的，你要到中国改革的前沿去学经济学。

老师的点拨，使我迫切希望探究经济学的奥秘。在学海的迷茫中经历了多年痛苦徘徊的我，在那一天仿佛重新发现了自我，找到了自我，感到自己的坐标就在这里。

老师推荐我的两本书当时在国内没有公开出版的中译本，我通过朋友费了很多周折，才从中国社会科学院财贸经济研究所资料室搞到这两本书的复印本。等到啃完这两本书，我对老师更加产生了敬仰之情。因为这两本书赋予了我一种新的视角，使我有可能结合自己已经感知过的东西进行独立思考，在经济学的前沿得出自己的结论。

从 1984 年至今这 27 年里，老师总是将他新出版的著作很快题签送我，并逐一点拨每本书的精髓、要义和关键之处。1984 年，老师在送我1982 年人民出版社出版的《二十世纪的英国经济——"英国病"研究》（与罗志如合著，厉以宁执笔）这本书时，特别嘱托我注意该书的文笔是用的散文式的笔法，我这才发现深奥枯燥的经济学著作原来也能写得很优美、雅致，这也是厉老师写作的独特风格。厉老师的点拨，也使我懂得了经济学的行事和行文要为大众所接受，这对我以后写文章的风格也产生了影响。

1984 年秋天，厉老师应邀为马鞍山市作了四场报告，这四场报告分别是城市经济学、比较经济学、消费经济学和教育经济学，报告将深奥的经济学理论转换成生动朴素的语言直接面对社会大众，其中城市经济学这场报告用股份制剖析和预言了马钢的未来，这也是中国改革开放以来首次将大型国企与股份制改革如此紧密地联系在一起。报告在这座城市引起了巨大的震动。我将这四场报告记录整理并在主办的一个内部刊物上刊登后，不到一个月在全国不胫而走，几乎被全国所有大中城市的媒体转载和刊登，并在经济界和社会各界引发了热议。这四场报告的记录稿，被收进1988年出版的《厉以宁选集》。

我的人生经历，除了农村、部队农场、工厂漫长的体力劳动和基层工作体验外，真正有了做事的舞台是1983年10月登上领导岗位之后。而这以后的岁月又分为两个阶段：前10年从事研究和决策咨询工作，后15年在地市级领导岗位从政并主要分管经济工作。这两个阶段横跨四分之一世纪，是我一生中最重要的时期，正是在这一时期，厉老师一直是影响我人生的最重要的人物。

我所工作的这座城市，传统体制的影响盘根错节，深入渗透到城市肌体的每一根经络。我就任之始，正是市场经济的风暴袭来之时，传统体制的抵触和顽强抵抗，使这里的改革攻坚几乎无从下手，改革十年阵痛，这里等于是发生了一场来回拉锯的生死战争。1996年年底，这座工业重镇的几十个国企宣告破产，政府主导的这场战役，使我这个组织者在那个寒冷冬天度过了无数不眠之夜。类似这样的激烈冲突贯穿了改革攻坚岁月的全过程。我所做的事，就是把握时机，选择突破口，积小胜为大胜，把点变成面，把线变成片，用新规矩取代老规矩，让新体制逐步取得主动权。我在这座城市的核心层参与、主导、见证了它从计划经济向市场经济转轨的全过程。这实际上也是完成了厉老师交给的一篇作业：这是一篇用我一生中最重要的年华去实践和身体力行、用整整15年心血写成的经济学论文。

15年，这座企业收入和工业实力曾经占了安徽省半壁河山的城市，传统计划经济的顽固堡垒，终于脱胎换骨，纯而又纯的清一色国有体制被股份制、民营及多元市场主体所取代。这里成为全省上市公司最多的城市，其中包括证券市场启动后当时全国最大的上市公司——钢铁第一股，厉老师1984年在这里亲手绘就的神话般的预言10年后变成了现实。这里诞生了一批新的经济体和新经济组织，它们有的是在两种体制的转换中凤凰涅槃，浴火重生；有的置于死地而绝处逢生；还有一批是在大浪淘沙中异军突起的后起之秀。

在那个年代，每当面对巨大的压力感到身心难以承受之时，我会回到母校，回到老师身边，释放一下在战场和前线无法表露的情感，那心中的迷惑、委屈和痛苦，那种因左右掣肘而百感交集的复杂心态。老师常常用他的诗词来宽解我，来自老师的鼓励和关爱常常会神奇地抚平我心灵上的伤痕，让我重新回到战场。

厉老师是北大培养的。这些年来听到有人说北大解放后没有出过大师，这是一种误解。我认为，力主改革传统计划经济体制，并用自己的经济理论深深影响了中国大地的经济学家厉以宁就是其中之一。厉老师从改革的风雨中一路走来，他经常处于风口浪尖和风暴的前沿，他的经济主张，他的理论与实践反映了中华民族对人民富裕、国家富强的不懈追求，这也是北京大学这块土壤对中国和世界的贡献。

厉老师在沾化

◐ 蔡国华

　　记得那是在 2007 年 10 月 2 日，恰好是中国滨州第九届沾化冬枣节开幕的前一天，厉老师和何师母来到了中国冬枣之乡——山东沾化县。我时任沾化县委书记。在老师的指导下，我在任县长、书记期间，把区域经济和地方金融的课题研究在执政中操刀进行了实践，使一个国家级的扶贫县发生了质的变化，并形成了县域经济发展的应用理论成果。

　　当老师一行来到沾化火车站后，走进正在建设中的候车大厅，仔细观察，不时询问情况。滨州由于黄河天堑等原因，建国后不通铁路，严重制约了该地区的发展。在市场运作建成了黄河上最大的公路铁路两用桥后，滨沾铁路建设成为重点工程，沾化火车站成为滨沾铁路段的标志性工程。总体建筑采用圆拱型造型，外型简洁气派，寓意"中部崛起，两翼腾飞"，象征着"两带三极"县域经济布局为重点的沾化发展蒸蒸日上。铁路通到沾化，对该区域发展的意义不言而喻。在听到为提升县域经济承载力，沾化县三年内修建了一条 157 公里的防潮大堤、一个飞机场、一条地方铁路、两条近百公里的过境高速路、三个工业开发区、1800 公里乡村路，规划建设了 11 平方公里的新县城的汇报后，厉老师登上站台，看着由远及近的两条铁轨，微笑着不住地点头，"好啊，真想不到沾化变化这么大！"

　　如何解决农民的增收问题一直是厉老师深深关注的话题。在沾化工作期间，我一直致力探索一条从根本上使农民富起来的路径。沾化冬枣是沾化县的独特资源，被称作"活维生素丸"、"中华奇果"。沾化县抓住冬枣产业不放松，倾尽全力扶持壮大，从农户庭院零星种植的56棵老枣树发展到50万亩密植园。2007年，总产达6亿斤，实现销售收入18亿元，枣农人均收入6000元，形成了富民强县的支柱产业，走出了独特资源产业化、产业资源品牌化、品牌资源市场化的县域农业发展之路。

沾化浩华果汁公司就是一家冬枣深加工企业，当时刚刚投产运营。企业负责人向厉老师详细介绍了生产情况，工作人员端上了刚刚下线的冬枣汁。厉老师和师母招呼大家都品尝一下。大家品尝后异口同声地说："不错，不错"。厉老师语重心长地说："拉长产业链条搞精深加工，是做强做大农业特色产业的必然选择。要进一步强化枣农的质量意识、科技意识和绿色食品意识，进一步叫响沾化冬枣品牌"。

沾化地处黄河三角洲生态区，属退海之地，自古缺淡水。为彻底解决群众吃水难题，沾化县始终把水利建设抓在手上，修渠引黄河水，建设大中型平原水库，一次蓄水总量居山东省县区首位，把自来水管道铺到了家家户户，彻底结束了老百姓祖祖辈辈喝苦水、咸水、脏水的历史，成为全国第一个按城市化供水标准村村户户通自来水的县，并实现了村村通柏油路、通电、通电话、通有线电视。在湖中心的水榭亭，欣赏着美好的水景，老师高兴地说："你们办了一件了不起的大事啊！"

行驶在还未正式通车的荣乌高速沾化段上，我向老师汇报了建议中央把县域经济作为今后20年内重点发展战略的想法和沾化县集中发展县域和3个重点城镇，使产业集聚、人员聚集，农民就地转移就业的做法，得到了厉老师的认可和首肯。直到我调到烟台市分管工业工作后，厉老师都在支持我进行研究和探索。城乡二元体制的变革会从根本上改变中国的社会结构形态和人的生存方式。要解决这个问题的关键是解决农民进城后的就业问题。发展近农工业是一条可行之路。我们研究提出的《发展秸秆生态板业探索破除城乡二元结构新途径的建议》得到了厉老师大力支持，老师亲自给中央有关部门写信建议予以支持。

　　厉老师的眼光是独到和深刻的。他倡导的股份制改造，历史证明为中国市场化取向改革的成功提供了内在机制上的活力和动力。他为一个13亿人口的大国在发展的关键时期提供了一个经济学的理论依据。现在厉老师又在深深关注着城乡二元体制的改革问题，这可能是中国经济转型过程中又一次根本性的变革。

　　在下洼沾化冬枣生态旅游园，厉老师沿着木桥、石板路前行，他摘了一颗红透的冬枣，环顾四周碧绿的枣园，看着农民的新楼房，赞叹不止，说："你们把一个穷县干成了这个样子真了不起！"。兴致使然，老师即兴赋诗一首《七绝——题赠沾化县》："喜看滩地泛清波，鸟落鸟飞碧水河。百里芳香冬枣树，万家欢唱富民歌。"

和厉老师一起研究集体林权制度改革

◐ | 蔡洪滨

近年来，在厉老师的领导下，我和光华的同事和学生一起对于我国的集体林权制度改革进行了研究。在此过程中，我真切体会了厉老师过人的洞察力及对于中国经济改革的深刻理解。

第一次听到厉老师谈到林业方面的问题，是 2006 年和厉老师、何老师、朱善利老师等在湖南调研考察的路上。那一次我们从湘东的攸县，经长沙，一直到湘西的沅陵。在去沅陵的路上，在途经山区林地时，我们正谈到农村的家庭承包责任制和城市的国有产权改造，我记得厉老师望着窗外感慨到，"林权也得改了！"当时我对于集体林权改革没有任何了解，没有理解此话背后的深意。

2007 年春天受云南省政府邀请，厉老师去云南讲学考察。回来后，厉老师马上打电话给我，以其一贯的直入主题的风格告诉我，云南大理的集体林权改革做得很好，要我带队去调研。交待了一些重要事项后，厉老师最后强调："这个问题（林改）很重要。"由此，我感觉了厉老师对于林改的重视。经过一番准备，当年秋天我和龚六堂、杨东宁老师、赵锦勇博士等到了大理州，在大理州副州长朱非同志和州林业局有关负责人的陪同下，就大理集体林权制度改革情况进行了专题调研。第一次亲身了解集体林权制度改革这项在崇山峻岭间默默推进的改革，对我们触动很大。我们感到，这项改革对促进林业生产和环境保护，增加农民收入帮助山区林农脱贫，加速城乡一体化的意义深远。回来后我向厉老师详细汇报了调研的收获，厉老师对集体林权改革在大理取得的成就感到非常振奋。

在随后一系列的公共讲演中，厉老师利用各种机会讲述集体林权改革的重要性。在得知厉老师对林改的关注之后，国家林业局贾治邦局长率领林业局的同志于 2008 年暑期来到北京大学光华管理学院，专程与厉老师就我国集体林权制度改革进行探讨。我与调研组的各位成员也参加了会议。厉老师比较完整地阐述了他对集体林权制度改革的看法。厉老师指出，集体林权制度改革在我国整个市场化改革中具有重要地位，其意义不亚于 1979 年的家庭联产承包责任制改革，要站在更高的高度看待，以科学发展观为指导，抓住重点，总结经验，不断研究，推向深入。林改的本质是理顺林业生产中的产权关系，根本解决林业生产主体（林农）的激励制度安排，由此将中国的广大集体林地由资源变成资本，为林区的发展和山区林农的致富提供体制的保障。贾治邦局长感谢了厉老师对推动我国经济改革和农村改革做出的重要贡献，并且希望能给予集体林权制度改革更多指导和意见，也希望就林改相关工作与北京大学光华管理学院开展合作研究，共同推进集体林权制度改革在全国的推广和深化。从那时起持续至今，由厉老师牵头，光华管理学院林改课题研究组正式成立，并展开了对集体林权制度改革全面而深入的调查和研究。

稍后，我和光华的同事们和博士生在国家林业局的支持和协助下，分别到集体林权制度改革率先突破的福建、江西、辽宁、青海等地实地调研，广泛地同国家林业局及地方各级林业部门的同志座谈，深入各地林区与林农访谈，走访了林业生产企业和林业产权交易中心，收集了大量的数据和资料。随着调研的深入，尤其是在福建江西等先行改革的省份亲眼看到的林改带来的林区巨大变化，使我们对于集体林权改革的重要性的认识越来越清晰。同时，对于在全国推广和深化林改的复杂性和所面临的困难和问题，有了更充分和全面的了解。

　　我们与国家林业局的合作，很多具体工作是和国家林业局林业改革办公室副主任黄建兴副主任直接联系的。我陪黄主任多次到厉老师家中，向他汇报调研的工作，在重要问题上向他请教。作为一名集体林权改革的先行者，黄主任对于厉老师的理论高度和对中国经济改革的深刻理解，每每发出真诚的赞佩。对于我而言，参加了一个改革的理论大家和一个改革的实践者的对话，让我更加直接感受到深入了解中国经济的实际情况，把握中国经济的大趋势，对于研究中国经济问题的重要。

　　2008 年 9 月 27 日，"中国集体林权制度改革论坛"在北京大学光华管理学院 2 号楼报告厅召开。国家林业局贾治邦局长和全国林业系统的干部，及有关的专家学者二百多人参加了论坛。厉以宁老师在论坛上作了"集体林权制度改革的思考"的主题报告，全面阐述了集体林权制度改革在中国经济改革中的地位。之后，由我陈述了北京大学光华管理学院课题组的调研报告。厉老师和贾治邦局长又联合举行了答记者问。"中国集体林权制度改革论坛"办得非常成功，厉老师的讲话得到了媒体的广泛关注和报道。

　　论坛结束后，我们又针对集体林权改革中最急迫的公共财政问题，成立了专题调研组，由我、周黎安、陈玉宇、颜色教授和赵锦勇等数位博士生组成的调研组分赴陕西、青海、福建、广东、云南等省就公共财政如何支持集体林权制度改革问题进行调研。同时我们也对各省的林业公共财政做了问卷调查，通过系统的数据分析来揭示各省之间差异和全国带有共性的问题。通过点面结合的研究方法，我们的调研报告就建立完善的公益林生态补偿制度、建立森林资源培育补助制度、加大林业基础建设投入、建立林业发展基金制度等问题进行了深入翔实的分析，提出相应的政策建议。厉老师在整体框架，对不同层面问题的轻重缓急的把握，对于政策建议的理论优化和现实可操作性的平衡，给了很多的指导。2009 年 2 月 28 日，在光华管理学院 2 号楼召开了"集体林权制度改革公共财政问题"的研讨会，参会者包括中央政策研究室，国务院政策研究室，发改委，财政部，林业局等单位的领导及有关专家学者。与会者对我们的研究报告给予了高度的评价。

此次公共财政研讨会召开之时，全球金融危机对我国的影响日益加深，出口企业经营困难，全国出现了农民工失业返乡潮。厉老师敏锐地感觉到，通过促进林改加快发展林业可以成为应对世界金融危机影响，增加就业，扩大内需，帮助林农增收致富的重要举措。在厉老师的建议下，光华管理学院研究就业和中国农民工问题的专家章铮教授领导了"林改促进就业"特别课题组，开赴江西、福建、四川等省进行了调研。

中国现代林业的建设将是一个漫长的过程，林业方面的改革也不会是一帆风顺。对于我们研究者来说，关于林改的研究可以说是博大深奥，充满挑战。和厉老师的最近一次讨论，他的视角又指向了林业合作社问题、林区城乡一体化问题、国有林场改革等一系列紧扣中国经济改革大趋势的林业发展问题。在他的头脑里，似乎有一张清晰而宏大的中国经济改革的结构图。在不断变化的经济环境下，厉老师的智慧和敏锐的洞察力使他总能把握住最重要的经济改革问题。然后他又能恰如其分的把这些问题放在那张大结构图中最合适的位置去研究。这是我在厉老师的带领下研究林改最大的体会。对于我这样的在国外留学工作多年的学者而言，如何避免照搬理论脱离中国实际，避免只见树木不见森林，是我们研究中国经济时最需要加强的方面。通过这次林改研究，我在厉老师那里学到了宝贵的一课。

记厉老师在纽约的一次讲座

▶ 车 耳

我从法国调到美国工作后两年多，有一次和北大经济系研究生同班的王家卓商议共同邀请厉老师和何老师夫妇来美国讲学，由他筹办去麻省理工和哈佛的讲座，由我安排在纽约的活动，其中包括我的朋友、也是北大毕业的邓琨先生帮忙谋划在德累斯顿银行的讲座。

因为供职一家投资公司的缘故，我当时和美国各大金融机构的人比较熟，从欧洲转任到纽约时为了尽快进入状态，积极拜访各个机构的人士，后来发现那里到处都碰得到大陆来的华人，让我倍感亲切。

北大毕业生在华尔街确实很成气候，人数众多又分布在各个行业，干什么的都有。而邓琨是其中的佼佼者，他当时已经是著名的投资银行——拉扎银行的董事基金经理，自己掌管的资金规模超过 10 亿美元。

人们习惯把华尔街工作的人分成买方与卖方。买方是指那些手中握有大把钱的基金经理、其代表的机构与个人投资者。卖方指那些交易和分析人员，他们替买方提供经济分析与预测，并指望买方通过自己来买卖股票以便赚取佣金。所以买方是华尔街最神气的那些人，是其他卖方追逐和讨好的对象。同样是金融人士，卖方人能在午餐会议座位不够情况下，自己起身让位给迟到的买方人员，让他吃，而自己饿着。

于是当邓琨提出让卖方德累斯顿银行接待并承担部分酒店住宿时，后者很痛快地应允了，并希望厉老师做个讲座。中国经济学界大师到访，他们当然不愿意放弃这个借此推销自己团队的机会。

即使到了国外，厉老师也是被各方争相邀请作报告，想见他、听他分析国内形势的人太多。我记得老师到纽约的当天晚上，几十位北大校友就在炮台公园旁聚餐，习习晚风中伴着哈德逊河浪涛声，聆听老师的见解，夜深人静后还久久不愿离去。

出访时，最累的还是老师本人，甚至连吃饭时也总是被提问。厉老师在纽约金融界的讲座最终定在 2001 年的 8 月 1 号，德累斯顿银行承诺除此之外他们安排我们一天的活动，包括参观纽约证券交易所和会见银行界人士。但在所有安排都完成后，华尔街日报却突然登出消息，这家银行要和另一家公司购并，为此大批人将被裁员，包括银行的亚洲部门。而安排我们行程的正是这个部门的人，主办者是有华人血统的菲律宾裔美国人，具体工作由一位来自大陆的王小姐负责。

时间愈往后，银行裁员的风声愈甚。按说访问是件严肃的事，且每个活动我都向老师事先汇报过，不希望谈好的日程因为这种经常发生的企业购并而半途而废。我当然也不好意思一天到晚电话盯问这家银行的联系人。毕竟他们连饭碗都保不住了，而对我们说来，这只是一次访问。

憋到最后，他们终于保证所做的承诺和准备工作均按计划进行，让我松了一口气。不过，就在老师到访的头一天，我从邓琨那里得知这家银行的亚洲部门真的整个被裁掉，所有人都丢了工作，活动安排照常进行完全是为信守承诺。

第二天早上，当那位身著优雅的王小姐姗姗来迟时，已经按时在纽约股票交易所门前等了二十分钟的我还是忍不住让她解释一下迟到的原因，毕竟面前的是年过七十的长者，而狭小的华尔街人来人往连个坐的地方都没有。站了半天的厉老师夫妇一句怨言没有。那女孩子低声细气告诉我，早上被裁掉的办公室已经空无一人，她独自在那又打电话又找资料，耽误了时间。听了这个回答我顿时没了脾气，想问她个人今后安排却欲言突止，因为问了更伤感，还帮不了她什么。过了一会儿，她又提起自己刚到这个公司不久，为了方便就在纽交所附近租了价格很高的公寓。现在工作没了，房子不能租了，毁约要付罚金，今后不知要住哪里了。听得老师夫妇一脸肃然，我心里还一阵悲哀。

中午讲座午餐时，我们在酒店订的房间里来了一大堆人。银行负责亚洲的那几个丢掉工作的人也悉数到齐，好像集体向我们表示敬意一样。虽然已经被裁员，但是他们男士西装革履，女士盛装得体，和往常一样提前到场，殷勤而有礼貌地和已经是过去时的买方客户们打招呼。

讲台前的厉老师有开门见山直抒胸臆的习惯和驾驭复杂问题举重若轻的智慧，在纽约世贸大厦旁酒店那个难忘的中午，在他深沉有力的叙述中，我们听到的是一个远方正在崛起的东方世界，而眼前面对的则是个开始衰落的西方金融帝国。在一双双神情专注的眼神中，我看到这些卖方的金融人士在中国奇迹般的经济增长故事中暂时忘却了天天都要进行的冒险交易，也淡忘了他们在这次活动后职业生涯将落下帷幕的复杂心境。

老师的讲演一如既往的精彩，最后语重心长地向德累斯顿银行的朋友们表示感谢。这一次让我理解了"尊严"这个词的另一层含义，这就是：即使被击败，也能让对手肃然起敬的那种精神。而这种精神我竟然是在金钱支配一切的纽约学到的，还是从丢掉饭碗的人中间！我为之动容，想说的还很多，终究没能说出口，安慰话可能多余，握手后就悄然告别离开酒店了。

在厉老师夫妇离开纽约一个月后，这个在国内被称作万豪的酒店和我所在的世贸大厦双子星座办公室随着 2001 年 9 月 11 号的自杀式恐怖袭击都消失在巨大的烟雾中，这一切都成了回忆。

重视国情社情的调查与研究

陈鸿桥

厉老师常称自己只是一位教师；但作为传统意义上的公共知识分子，他却时刻关心着国家的进步和人民的福祉，为此常常深入社会，寻找提出政策建议的依据。他在 20 世纪 90 年代中期的一次调研中说，"任何经济学家都不可能是先知先觉者，必须在实践中学习。我最初提出在中国实行股份制也只是一个假设，只有经过实践检验后才慢慢成为符合转型实际的理论。"最近十多年，我有幸多次参加了厉老师带领的对县域经济、民营经济的调研，感触很深。

民营经济在 20 世纪 90 年代开始迅速发展，但当时国家还没有明确民营经济在我国经济发展中的定位，没有充分肯定民营经济的重要作用。2003 年，厉老师带领全国政协经济委员会的调查组，专门到辽宁、江苏、浙江、广东等地进行深入调研，发现民营经济在发展中受到重重阻力，许多领域无法进入，在融资、税收、土地使用、对外贸易等方面遭受到大量不公平的待遇。调查结果形成了一份详细的报告，呈交给全国政协与国务院领导，促成 2005 年《关于鼓励支持和引导个体私营等非公有制经济发展的若干意见》的诞生。2008 年国际金融风暴发生后，民营企业经营遇到极大困难，2009 年厉老师又率领全国政协经济委员会调研组赴广州、珠海、深圳、大连、鞍山、沈阳等城市调查，为解决民营企业的困难寻找对策。

厉老师早期所受的经济学教育主要是苏联教科书影响下的计划经济

学说。他的经济思想的转变来自对社会现实的深刻观察与冷静思考。20世纪70年代初，他对苏联模式越来越怀疑，对当时流行的对计划经济有所改良的兰格理论产生了困惑。他认识到，只有彻底摒弃苏联模式，改革国有经济一统天下的所有制体系，发展民营经济，中国经济才有希望。

近年来厉老师把研究重点转向二元体制问题和贫困问题。2005年11月，他发起成立北京大学贫困地区发展研究院，专注于贫困问题解决方法的探索。他认为，只有深入实际，才能发展对当地经济真正起到提升作用的制度安排，达到可持续发展、彻底脱贫的目的。他特地为研究院定立了两条研究方法：一是实地考察的案例研究，以某一特定地区或者特定群体为对象，提出有针对性的缓解贫困的方案；二是政策考察的理论研究，以扶贫政策本身为研究对象，通过历史数据考察既有政策的实施效果，提出改进方向，使之具有可持续的效果。

厉老师曾多次亲率课题组深入走访与调研了两个贫困地区：贵州毕节地区和湖南怀化地区，研究成果已编入北大光华区域可持续发展丛书。我有幸参与这些调研，亲身感受到厉老师对中国偏远落后地区的关切之情。通过对贫困地区的考察，实际上才可能更全面把握、透视中国社会经济全貌。某些贫困地区的资源矿产项目对当地经济发展没有多少带动作用，反而会带来使居民长期受损失的所谓"资源诅咒"问题，而现有补偿机制却无法弥补居民长期遭到的损失。这个问题对于中西部资源丰富的贫困地区具有典型性。厉老师创造性地提出，我国次发达地区具有后发性优势，即使在同一个国家，国内的次发达地区与发达地区相比，也具有后发性优势。因此对次发达地区来说，要把潜在的优势转变为现实的优势，培育本地区的优秀制造业企业始终是重要的。这是因为，有了本地区优秀的制造业企业，就可以进行资源的深加工，然后再输出制造业产品，这不仅改变了本地区单纯的以输出矿产资源为主的格局，而且还能通过本地区财政收入的增加，使地方政府有可能在治理环境上作出成绩。资源富集，有可能是"祸"，更有可能是"福"。把"祸"变成

"福"，关键在于发展本地区的制造业，培育优秀的本地企业。

我还注意到厉老师有一个习惯，每到一个地方，总会找些大学生、研究生座谈，聊天、吃饭，其中也包括二十出头的年轻大学生。他用心倾听这些学生讲述的现实情况，从而实际上把这些聚会变成"调查会"，时时刻刻保持着对时代脉搏的把握。记得有次我随意提到林权改革过程中，农村老家农民趁机把树林砍光，获取短期利益的事。厉老师就特别注意细节，了解农民的心态，了解制度执行过程中可能的变异。他当时正参与集体林权改革制度设计，在随后相关课题报告中特别提出林权改革要配套完备，在林权制度改革中，集体林地的使用权和林木所有权都应当清晰。厉老师常说，如果只是待在发达地区、大城市、封闭的校园里研究经济学，是不可能找到解决问题的钥匙的。这种深入实践第一线，了解国情社情的治学精神，特别值得我们这些学生学习。

师生情，半生缘

◐ | 陈　凌

　　人生有许多幸事。在我求学过程的关键时刻能够师从厉先生，一直是我引以自豪的幸事。记得在复旦大学管理系读大三（1986 年）的时候，我就在琢磨如何走下一步。就是在那段时间开始接触先生的著作，那是自己二十刚出头求知欲最旺盛的时候，也是厉先生每年一至两本新著才思如涌的时候，因此我在研究生报考之前的一个晚上闪过一个念头，既然那么喜爱先生的著作，为什么不去报考他的研究生呢？这个念头一旦产生，就挥之不去，成为我后来近半年复习考研的动力。当时谢百三老师刚从北大毕业来复旦工作，他了解我的想法以后非常鼓励，还托人帮助我得到了几门考试科目的教材和听课笔记，北大人的热情让我感动。

　　1987 年 9 月我如愿以偿进入了北京大学成为厉先生的硕士研究生。厉老师始终坚持给研究生和本科生分别上课，我在北大的一年两学期就上了先生的三门课，先生一次不落，也从来没有出现调整时间的情况，换教室倒是出现过几次，因为外单位来听课的人太多。先生上课很有特点，开门见山就直奔主题，把他的话记下来就是非常好的文稿。那时还没有录音笔，上课就靠大家快速记笔记，一堂课下来人会觉得很累，但是非常兴奋，非常满足。那时我才意识到，印成书稿的文字只是先生脑海中的一小部分。比如当时上过一门先生的研究生课程"经济史比较研究"，这是我最喜爱的一门课，听后觉得收获特别大，分析经济现象的思路一下子开阔了许多，先生的许多独特观点一直保留在笔记上未见发表。

这门课中的部分内容要到十多年后——2003年——先生在商务印书馆出版《资本主义的起源——比较经济史研究》时，才正式发表。

先生一直告诫我们，研究经济学，一不是依靠记忆力，而是依靠缜密的逻辑，而这些逻辑是需要经济学理论作为支撑的；二是需要对经济现象的观察，这些经济现象既包括现实的经济现象，也要包括经济史，而这些条理的逐渐梳理、清晰则需要多年的日积月累。

这种日积月累的主要方法之一就是积累自己的读书笔记。我们在研究生阶段先生就让大家养成经常做读书笔记的习惯，他觉得无论是专著还是论文，尤其是英文论文，在看的过程中把它们转化成一篇篇读书笔记，多年积累会成为非常可观的学术材料；而且写读书笔记要用自己的话来写，英文论文不要逐字逐句翻译，而是要用自己的话来概括作者的意思，这本身是一种重新创作过程，不是原创，而是把别人的观点吃透了成为自己的一部分。

后来我们了解到，先生为八十年代以来的学术成果的爆发足足准备了三十年。先生1955年在北京大学经济系毕业以后被分配到经济系资料室工作，除了摘要整理英文杂志上的经济史文章以外，他翻译了苏联经济史专家波梁斯基《外国经济史（封建主义时代）》（约四十万字，1958年由三联书店出版），1959年起又与好友马雍一起翻译罗斯托夫采夫的《罗马帝国社会经济史》（该书上下两册1985年由商务印书馆出版）。由于那时政治运动的干扰，先生很多时间都要花在各种体力劳动和所谓的思想改造上，但只要有可能，他都能静心地积累他的读书笔记。

在读研究生的时候，先生经常说他不写别人五十年前就可以写的内容，也不写五十年后别人可以写的东西。先生经常强调：历史发展在每个时期都有最突出的重大问题，每一代人都有自己的使命，每一代人都需要承先启后，学术研究需要代代相传。随着年龄和阅历的增长，我逐渐明白了一些。先生在改革开放以前，由于国内政治气候的关系无法研究现实的经济政策问题，因此他把主要精力放在经济史和经济学说史的研究上，逐渐在头脑中形成现代经济理论体系。

　　我在北大学习了一年以后就被国家教育委员会公派去德国留学攻读博士学位，做出这一决定的就是当时担任经济管理系主任的先生。听到这一消息后，我很矛盾，好不容易考到了北大又要离开，先生说："不要犹豫，珍惜这个留学机会，我的书你有机会可以自己读，更重要的是现实经济这本大书"。1989年10月我在参加了一年德语强化训练以后到了柏林洪堡大学经济系学习，也亲身经历了柏林墙倒塌、两德统一和冷战结束等一系列的巨变。1995年底我学成回国到浙江大学工作，后来几乎每年都能够在北京或杭州见到先生和师母，得到先生的赠书、鼓励和教导，先生的诗词和著作一直陪伴着我长长的求学之路，我也在用先生的学识和精神影响着我的学生。

听雨到清晨

▶ 程志强

　　因工作需要，亦为了进一步完善自身的知识结构，2001 年 9 月，已在部队和地方工作数年的我前往美丽的江城，到武汉大学攻读工商管理硕士，如沐春风般徜徉于学海之中，并有幸认识了著名经济学家董辅礽教授。三年后，我继续在武汉大学随董老师攻读经济学博士，但令人悲痛的是，2004 年董老师驾鹤西去。虽至如今，每每思来，仍悲痛不已。

　　董老师生前，将当时所带的 7 名博士生托付于刘蔼年师母，希望联系其生前好友、任教于北京大学的厉以宁教授照顾好我们几人的学业。不久之后，在刘蔼年师母的安排和邹恒甫老师的引荐下，我作为代表，怀揣着师兄弟 7 人的求学之情来到厉老师家中，与先生第一次见面。时至今日，那次见面的场景依然让人难以忘怀，也正因为那次见面，让我们的人生有了新的起点。

　　我当时是怀着忐忑的心情敲开厉老师的家门的，一位精神矍铄、面容慈祥的老先生出现在我眼前，他戴着厚厚的眼镜，手里拿着一本书，很热情的让我到客厅就座。自董辅礽先生过世之后，我除了悲伤，还有很多迷茫，在道明来意之后，厉老师彷佛早已明白我的心境一般，和我寒暄了几句后，便语重心长地跟我说道："我和董教授是多年好友，董老师的学生就是我的学生，我同意。"随后厉老师详细询问了 7 位学生的情况，勉励我们要努力钻研和踏实地学习，按学校的要求取得博士学位。

　　短短的几句话让我长长地舒了一口气，我和我的同门有幸能继续完成学业了，也是这短短的几句话，开启了我和厉老师已达 7 年之久的师生缘。事过多年，我渐渐明白，厉老师对我们的接纳与认可不仅饱含着厉老师与董老师之间多年的深情厚谊，更饱含着厉老师为人师表、传道授业的认真与负责。

当时，我的博士论文题目还迟迟未定。过了一个月，厉老师主动联系了我。情急之下，我便匆匆赶到先生家中，见他依旧坐在一堆大大小小的书中间研究着什么。我小心谨慎地走上前，准备接受先生的指点。

"工作还忙吗？博士论文，有什么具体的想法吗？"他问。

"我今天和你探讨一下，博士论文你就结合你的工作回答两个问题：关于煤炭资源开发与欠发达地区的发展，首先要找出欠发达的原因，然后要提出解决的办法。"他继续说道。

厉老师简短的几句点拨，使原本一头雾水的我终于明确了研究方向和核心内容，对我的实际工作也有非常现实的指导意义，那一刻，一股暖流涌上心头，"我一定好好调研，不让老师失望！"

虽然厉老师已年近 80 岁，但仍然多次亲赴晋陕蒙宁等资源富集地区进行调研。考虑到我的论文研究方向，老师与师母同意我随同他们一起调研并指出：要想写好可操作性的论文，必须进行深入的实地调研，才能得到原创性的研究成果。随后，在老师的指导下，我又多次赴上述地区发了成百上千户的问卷，访谈调研了 600 户左右的居民和 100 户左右的企业，收取了大量一手的珍贵资料。每次调研归来，我都会找老师汇报调研情况，交流调研心得，进一步提升我对现实问题的认识水平。记得博士论文初稿完成后交予厉老师审查，他仅用了几天时间就提出了修改意见，并且让我此后每改一稿就要送给他看一回。我接过修改稿打开看时，很是惊讶，同时也感到一种惭愧和感激，原来我的论文已经从头到末，都用铅笔添改过了，不但有许多语句上的修改，甚至连标点的错误，也都一一修改无误，让我不得不佩服一代大师在细节上的严谨精神。

2007 年 3 月，由武汉大学牵头，我们几个学生在北京大学光华管理学院进行博士论文答辩，我的博士论文以全优的成绩通过。此后，论文的主要内容也在《管理世界》等一级期刊上发表，以论文改编的两本专著也由商务印书馆出版。转瞬已近三年，我仍清晰记得答辩那天，厉老师笑得格外开心，似乎是终于完成了故友的嘱托，如释重负一般。后来他又激励我进一步探索这些问题，要在原有基础上不断深化，努力用自己所学为社会做出贡献。

为了能在厉老师身边继续工作学习，提高自己，我做了厉老师的博士后，这也让我有幸进一步了解了何玉春师母，一位对学生无比关爱的慈祥老人。

对师母印象最深刻的是两次谈话。当时在北大博士后管理办公室的推荐下，我决定竞选北京博士后联谊会理事长，并且特地向厉老师汇报。老师听罢立刻表示支持："学习的最高境界就是知行合一，这是个难得的锻炼机会，对未来的发展也有帮助，好好把握。"临走时，何玉春师母再次叮咛我："刚刚听你们谈话，我认为在博士后联谊会竞选时你要对所有的同仁强调两点：一是博士后联谊会的工作开展要依靠团队的力量，大家的力量；二是要实事求是，以人为本，不虚假浮夸，少说空话多办实事。"师母的话对我之后的当选无疑具有极大的帮助，这也成为我之后在北京博士后联谊会开展工作时遵循和时刻铭记的准则。

北京博士后联谊会第一次活动刚好在谷雨节气，我们计划举办北京博士后趣味运动会，不巧的是那天刚好下雨，师母一大早就打来电话关照："今天可能要下雨，我有些不放心，你们办这个活动要注意安全，要有一个应急预案。"这个电话让我感到惊喜和温暖的同时，也体会到师母考虑问题的细致与周详。

也许是做厉老师学生的时间长了，便也愈加能体察到厉老师和师母对学生殷切的关怀。两位老人一直把我这个学生当作自己的孩子来看待，有时是一句问候，有时是一点警醒，都能让我在略显繁忙与枯乏的工作中找回最本真的自我。

厉老师和师母缘结湘西，情定北京，两人之间的深厚感情早已传为一段佳话。厉老师爱写诗词，我最喜欢的是他 27 岁时写给师母的十六字令：

春：
满院梨花正恼人。
寻谁去，
听雨到清晨。

这恐怕是当时最短的情诗，然而浓厚情义却跃然于字里行间。

光阴荏苒，我跟随老师师母的学习已达 7 年了，博士和博士后的学习阶段已经度过，但人生的学习旅程刚刚迈开第一步。老师和师母春风化雨般的教导将永远激励着我更加努力，更加永不停止的学习，不断前进！

正是新承师恩时

 窦希铭

戊子之秋，我如愿以偿成为厉老师的学生，心中充满着忐忑之后的庆幸。因为这是我多年的心愿，也是我年轻生涯中一段思想历程。

刚走入社会时我颇有些少年志气，以为投身于中华民族伟大复兴的壮业是一件势不可挡的痛快事。那时甚至天真地认为我们的共和国是锦绣前程天造就，我辈只要公行不懈便可成。但变幻不测的天下大事不断颠覆我稚嫩的认识，我开始由意外转入惊悚，最后陷入深深地困惑：体制与机制的结合是否是一种神秘的因缘？效率与公平是否是战略上的孪生兄弟？市场经济如何才能与中国国情天衣无缝地融为一体？中国特色社会主义是孤芳自赏还是独辟蹊径？我带着求知的渴望进行着探索，我需要智者醍醐灌顶般的棒喝。这时朋友给我推荐了厉老师的书。

这些巨著是智慧的大海，她铺延成一条柳暗花明的理性之路。循着厉老师的思考读下去，共和国改革开放的经济路径渐次分明。其中，让我最震撼的是厉老师义无反顾地大声呼唤股份制在中国的重出，以至在社会上出现"厉股份"称谓时也无暇顾及。

凭心而论，改革开放初期的"摸着石头过河"不啻是中华民族的一次冒险，但不过河我们就没有出路。可以想象在河水中铺开阵势时是多么的混乱。不仅政策不配套，就连思想理念也无时不在激烈交锋。当最初的混乱稍稍平静时，全国上下都徘徊在一个无法逾越的难题面前：乡镇企业、集体企业、国有企业下一步怎么走？新兴的民营企业能否搭上

现代企业的列车?

正当中国的改革走进关键之时，厉老师登高一呼股份制确实有石破天惊的效果。这不仅是厉老师本人的大智慧，也体现了新一代知识分子对祖国对民族高度的责任感和真挚的良知。对于厉老师来说，效率与公平协调、三次调节等理论的形成既凸显了他的智慧，又反映了他对中华民族深怀忧患的眷眷之心。

起初，当我们沉浸在邓小平同志"让一部分人先富起来"的振奋中时，很少注意到后面的一句嘱托：达到共同富裕。过了一些年后，当社会矛盾不断出现并开始激化时，我们不得不佩服邓小平同志那穿越历史的深邃目光。1993 年 10 – 11 月，厉老师在参加中央党校省部级干部班学习《邓小平文选》第三卷时，就已敏锐地捕捉到这个事关大局的苗头和倾向，很快就提出"就业优先论"和扩大就业的政策建议，以协调效率和公平。接着又执笔撰写了《超越市场与超越政府》（经济科学出版社）一书，从一次分配、二次分配和三次分配的角度论述了社会协调问题。

这里出现了一种两难选择：既要奉行政府的宏观调控政策，即厉老师说的在市场第一次调节后的政府第二次调节，又要力避权力参与市场，力求消除贪腐的土壤。厉老师的教诲让我当初的困惑和混沌如梦初醒。我对厉老师和他的经济理论无比钦佩。从那时起我就想投入厉老师的门下。

至今，厉老师仍然磅礴着生命的活力与激情。在学问和育人领域他肯定充满了智慧与垂范。我亲自领教过他严厉的数落，但数落之后仍是诲人不倦的谆谆教导。

正值厉老师 80 华诞，学生不揣浅陋，撰一寿联：

八十岁授业解惑自是智翁逢盛世
五十卷经世济民遥祝吾师过百年

功力不逮，求切不求工，聊寄芹心耳。

与老师同行

傅振邦

我于 2008 年上半年开始跟随厉老师做博士后。开题那天，老师就说，9 月份在贵州毕节要举办第二届中国贫困地区可持续发展战略论坛，鼓励我们撰写论文。那时，我对毕节会议毫无概念，只是觉得应该珍惜与老师同行的宝贵机会，因此抓紧写了一篇论文。

9 月 18 日在贵阳机场与老师会合奔赴毕节，切身感受了什么是德厚风高，切身感受了什么是"桃李不言，下自成蹊"，切身感受了什么是慈怀苍生。

坦率地讲，我开始是怀着忐忑不安的心情与老师同行的。因为此前仅与老师有过几次接触，并不很熟。心里想着老师名气那么大，学问那么高，一定非常严厉，觉得心理距离很远。

从贵阳机场到毕节，与师兄弟们陪老师和师母坐同一辆中巴，一下子觉得与老师的距离是如此之近。车辆在贵州的崇山峻岭中飞驰。早听说贵州是"地无三分平"，但我是第一次入黔，依然觉得新奇，尤其是那些山与我湖北家乡的山完全不一样。这里的山有点象许多圆锥形大馒头散落在大地上。一个个山头上往往都被开垦，用石头垒起梯田用来种植庄稼。公路两边的景色非常秀美。我坐在车辆靠后的座位上，一边欣赏两边的美景，一边听着老师与同行的中国扶贫协会谷永江副会长聊天。

去毕节的路上，我就在想，为什么老师对如此偏僻的毕节情有独钟呢？到了毕节，果然是丛山怀抱中的一座小城。所到之处，大家都是自然而然地流露出爱戴之情。我发觉，这种爱戴，不单单是对老师学问的崇敬，那是什么呢？

慢慢我才从师兄们那里知道，毕节是贵州有名的穷乡僻壤，1988年在胡锦涛任贵州省委书记时，经国务院批准在毕节地区建立"开发扶贫、生态建设试验区"。当时成立了钱伟长教授任组长的毕节试验区专家顾问组。2003年，厉老师接任专家顾问组组长。从此，厉老师与毕节结下了不解之缘。厉老师不顾年高，多次行走在毕节的土地上，潜心研究扶贫开发，为毕节的发展和毕节人民的福祉呕心沥血、不遗余力。毕节学院的教室里，多次留下厉老师作学术报告的身影；毕节地区2.7万平方公里的土地上，到处留下了厉老师的脚印。

实际上，厉老师不仅思考着如何使毕节人民过上幸福日子，更在思考着如何打破中国的城乡二元体制，使得广袤的农村地区得到发展。在毕节论坛的主题演讲上，他提出要加快城镇化进程，搞好土地流转，搞好集体林权制度改革，搞好"三农"工作，提高农民收入。

正如当年构建股份制改革理论推动城市发展一样，年近八旬的老先生，思维依然在最前沿，他在把毕节作为一个样本，研究如何通过体制机制创新，解除农村发展的锁链。地处乌江源头的毕节，有百里杜鹃国家森林公园，有威宁草海和珍鸟乐园。这号称花海鹤乡的神奇土地上，因为有这么一位哲人的思考而更加令人神往！

返程的路上，我思绪万千，写了首七律以记此行：

七律·贵州毕节

乌江东去几重山，

黔道一如蜀道难。

近处彝村横岭下，

远方苗寨缀峰峦。

鹤鸣草海隆冬景，

花满夜郎仲夏观。

小路蜿蜒林海里，

药农虽倦不知还。

从仰慕到从学

◎ 高建民

我们的老师 厉以宁

　　我认识厉以宁先生已有 22 年之久了。那是 1988 年，我在河北大学教育系读大二时，刚刚学习到教育经济学这门课程，时任教师韩宗礼教授推荐的前两本书就是厉先生所著的《教育经济学》和他主持的国家"六五"计划哲学社会科学重点科研项目"教育投资在国民收入中的合理比值和教育投资的经济效益"的最终成果《教育经济学研究》。也正是先生的这些优秀著作引导我步入了教育经济学乃至西方经济学的殿堂，成为我由一名教育系的学生转入经济学研究的一个起点。可那时厉先生并不认识我，只是我作为一个农家子弟和青年学生仰慕先生的学识而去不断搜集、查阅、学习先生的论著与资料，只能算我单向的仰慕而已。

　　此后，受先生学术思想的影响，我大学毕业后专门考取了教育经济学专业的硕士研究生，毕业后一边努力工作，一边继续攻读博士研究生。最后，终于有幸成为先生的弟子，从其学习和研究，了却了平生的大愿。

　　进入北京大学光华管理学院博士后流动站后，与先生近身接触、耳提面命，更觉先生学识的渊博、伟大与师长的风范。刚入站时，以为老师必威严而矜持，见到先生总有惴惴之感。接触以后，顿时豁然。先生平易近人，与学生总是平心论道、齐身交流，从不摆大师架子。每次讲座、答辩或报告，先生总以鼓励的目光、平和的语气、虔诚的神态鼓励着每一位学生发表自己的见解，即使与己观点相左甚至对立，先生都认真倾听，切蹉研讨，令学生们叹服。

2009 年冬月，一场 50 年一遇的大雪突袭华北，北大光华的几名博士后进行出站答辩或中期考核，几位同学都是从外地赶来。厉老师刚刚进入教室，还未等学生们向先生问候，他就对几位远道而来的学生一一叮嘱，"你穿得太少了，赶紧再加点衣服"，然后又询问大家的工作、生活情况。短短的几句话让每位学生心头发热，慈爱的目光如一股温暖的甘泉沁入学生心脾。先生就是这样，对每位学生都象对自己的子女一样，关爱有加，细致入微。

给我印象最深的是，每次我们师生相聚，每次有重要的仪式和活动，厉老师与其相爱五十多年的何老师总是相挽出席，无论是在公开场合还是家中，两人相敬相爱的身影、言行让我们这些自以为懂感情的 60 后深感敬慕。记得 2008 年 12 月举办中国博士后"改革开放 30 周年论坛"期间，先生带着自己的《厉以宁诗词选集》赠送部分师生，向每个人送书时先生都亲笔签名致意。每次签名时，不管是男同志还是女同志，先生都要问一句"你爱人叫什么名字"，听到答复后，他亲笔签上"某某、某某贤伉俪惠存，厉以宁、何玉春赠"。他作为一位举国公认的理论大师就是以这样的细言微行引导着每位学生和朋友：珍惜爱人，相濡以沫，严守道德，做有爱有教养的人。正如厉老师纪念结婚 50 周年所作的一首《七绝·金婚纪念》所言："携手同行五十秋，双双白了少年头，凄风苦雨从容过，无悔今生不自愁。"

世人皆知先生是一位经济学泰斗，但少有人知道他还是一位诗人。先生自小就喜好诗词，十来岁就开始作诗填词、抒情咏志，每每有感而发，佳作名篇不断。选一首他高中二年级时填的词："桨声篙影波纹，石桥磴，蚕豆花开一路水乡春。　　长跳板，小河岸，洗衣人，绿裤红衫都道是新婚"（相见欢·仪征新城途中，1947）。作诗填词一直是先生所爱，从少年到现在，从城市到乡村，从学习到工作，从逆境到顺境，从事业到家庭，可谓诗意人生、儿女情长。先生 1996 年的一首《七绝·答友人》道出了心声："诗是沉思词是情，心泉涌出自然清，从来奉命无佳作，莫给后人留笑名。"诗词跟随了先生几十年，体验着其人生的欢喜忧悲，每每读来，令人叫绝。"沿路看山未见人，溪流弯处有孤村，院墙石砌柳遮门。　破晓风来云淡淡，午前雾起雨纷纷，红霞再现已黄昏"（浣溪沙·有所思，作于滇藏公路途中，2007）。这首词实际上是厉老师一生三个阶段（少年、青中年、老年）的写照。"穿户，穿户，小燕巢边寻路。轻轻两翼低挥，停停又复起飞。飞起，飞起，明日长空万里"（调笑令·记厉伟学步，1964）。这虽然是一首写给儿子一岁的词，也可以看做对学生们的鼓励并寄以厚望。

从河北大学教育系的一名教育专业本科生到北京大学光华管理学院的应用经济学博士后，这就是我的学习历程，从仰慕到跟在厉老师身边学习，这就是我与先生之间走过的距离。22 年来，对老师的仰慕更加浓厚、对先生的敬爱与日俱增。祝愿先生与师母健康长寿、学术长青。

厉老师教我了解中国经济

▶ | 龚六堂

　　1999年我从武汉大学进入北京大学光华管理学院，说实话，刚到北京大学来，我是诚惶诚恐的。北京大学是我的梦想，大学没有能够进入北京大学学习，是我人生的遗憾，如今进入北京大学教书了却了我的心愿。但是到北京大学来对我也是最大的挑战，这里有最优秀的学生，有令人向往的学术氛围，有如厉以宁教授般令人敬重的大师。而且，我原来不是学习经济学的，从本科到博士一直学数学，是机缘巧合让我学习了经济学。因此对于中国经济缺乏深入了解，到了北京大学如何尽快对中国经济社会进行了解是我最迫切的问题。从2003年开始，厉老师带着我参加了大量的社会调研，通过厉老师的言传身教，慢慢地我对中国经济问题有了一定的了解，特别是对于城乡二元经济结构问题的了解。

　　我们知道，始于20世纪70年代末的农村改革，确立了农户在农业生产经营中的微观主体地位，极大地激发了农民的生产积极性，促进了农业生产力水平的提高。但另一方面，随着改革逐步推进，小规模农户经营也引发了农业技术进步相对迟缓、投入能力较弱、规模效益差、难以适应市场需求变化等问题。如何在稳定家庭承包经营的基础上，加快农业技术进步，提高农业规模经营效益，解决小农户与大市场的对接，成为继农村家庭承包经营改革之后农业经营体制创新的主要课题。

　　农业产业化经营最早产生于20世纪80年代后期，是山东等沿海地区在发展外向型农业的过程中，部分农产品加工企业为了稳定原料供给、提高产品质量、满足出口要求而采取的贸工农一体化、产加销一条龙的生产经营模式。80年代中后期以来，在经历"双层经营"、"社会化服务体系"、"适度规模经营"等多种探索之后，农业产业化经营作为一个在实践中总结出来的生产经营方式，逐步被政府认可并形成社会共识，成为转变农业增长方式、推进现代农业建设的重要途径。

90年代中期以后，随着农业产业化经营认识的深化和实践的发展，特别是在政府的推动和政策扶持下，农业产业化的内涵不断丰富，内容不断完善。农业产业化经营作为一种以市场为导向、以家庭承包经营为基础、依靠龙头企业等组织带动，将农产品生产、加工、销售各个环节有机结合起来的经营组织形式，成为我国现代农业建设的重要生产经营方式，是我国农村经济制度改革的一个重大突破。这种经营制度的创新，有效地实现了小农户与大市场的对接。

进入新千年，全国各地一直在不断探索农业产业化之路。和其他领域一样，我国的农业产业化之路也正实现着激动人心的历史突破。尤其，2007年7月1日实施的《中华人民共和国农民专业合作社法》给农业产业化的组织形式提供了新的法律依据。这一措施必将促进我国农业和农村经济结构发生战略性调整，推动农业和农村经济的发展。

但是农业产业化实施过程中存在诸多问题，农业产业化的模式也需要总结，厉老师敏锐注意到了这点。2007年5月到10月，在厉以宁老师指导下，我和我院朱善利教授、程志强博士后以及多位博士研究生开展了对农业产业化的系列研究。先后我们去了河南漯河、广州徐闻进行调研。此课题的研究成果得到了有关领导和专家的肯定，引起广泛的社会关注。我们明确指出土地流转是农业产业化的立足之基，经济合作组织是农业产业化的必要保障，龙头企业是农业产业化的主导力量，而先进的农业科技是农业产业化的支撑。

2008年3月22日上午，由国家农业部农业产业化办公室和北京大学管理科学中心联合主办，河南省漯河市政府承办的中国农业产业化发展论坛暨漯河市农业发展模式研讨会在北京大学召开。发改委、商务部、农业部等国家有关部委领导及北京大学有关专家参加了研讨会，充分肯定了课题组的意见。这些调研对我国的农业产业化发展有重要的贡献，特别对当前我国的新农村建设提供相应的理论依据。

通过这些系列的调研，我对于中国经济有了充分的了解，也为我的研究和教学提供了大量的现实案例。

随着年龄的增长，一晃已近不惑之年，从开始学习经济学，我就阅读过厉老师的著作，厉老师著作很多，很遗憾没有来得及把厉老师的所有著作读完，今年把厉老师的巨著《罗马—拜占庭经济史》作为手边的书籍，随时翻看，感受颇多，《罗马—拜占庭经济史》是厉老师多年以来研究罗马和拜占庭经济史的成果总结。书中的许多见解，对于今天的经济发展仍有很大的借鉴意义。我不敢评论书中的观点，只是说说我对阅读本书的感受：

本书涉及政治、经济和文化，通过罗马和拜占庭的经济史把地中海的历史景象贯穿起来，既有经济理论的深刻分析，也有经济事实的具体叙述，还有政治人物的思索与行动。和厉老师的所有作品一样，如行云流水，丝毫没有一般经济史枯燥乏味的感觉。

特别值得提及的是，厉老师作为一位著名学者，经常参加各种会议，而且奔波于各地调研与考察；但是，在百忙之中，厉老师居然还能挤出时间，写这么一部大部头的历史著作。全书 60 余万字，光引用的文献就有三百余种，而且每篇文献的引用都规范之极，具体到每页。这是最值得我们晚辈学习的。

老师发火了

○ 郭武平

我们的老师 厉以宁

在近二十年的印象中，厉以宁老师总是不厌其烦地指导每一个学生，但 2002 年 3 月的一次发火使我至今记忆犹新。

我上大学时读应用数学专业，对经济学了解甚少，后来学校允许申请第二学位，就报了经济系。由于名额有限，申请未得到批准，但从那时起开始在业余时间阅读经济学著作。1991 年暑假，偶然在图书馆看到厉老师著的《非均衡的中国经济》，本着"看热闹"的心态借了一本，未料到越读越有兴趣，越读越感到作者对经济理论和现实问题的洞察达到了非凡境界，作者用诗一样的语言把其经济学思想表达得淋漓尽致，把深奥的"非均衡理论"和"所有制改革主线论"能够让一个非专业学生所理解。直至今天，我仍然认为这是厉老师独特的职业魅力：作为一名经济学家，把复杂理论简单化，而不是把简单理论复杂化。正是这种魅力吸引着我阅读厉老师的更多著作，记得为阅读《社会主义政治经济学》，我找遍了兰州大学图书馆，又去了新华书店，最后在甘肃省图书馆用同学的借书证借了一本。厉老师早在 1986 年就提出"商品经济就是市场经济"、"市场调节是第一次调节，政府调节是第二次调节"等论断，我当时一知半解，今天看米这是厉老师独特的人格魅力：作为一个经济学家，把自己的观点坚持到底，而不是把他人的想法加以阐释。

1992 年到北大读研究生，有机会聆听厉老师讲授"国民经济管理学"、"西方经济学"等课程，但无缘其言传身教。经过笔试面试等环节的激烈竞争，我于 1999 年成为厉老师指导的博士生，北大光华管理学院正是从那一年开始推行教学改革，提高了博士生课时和考试的要求，当时心理很矛盾，高兴的是终于有机会师从厉老师学习，担心的是难以按要求完成学业。刚修完学分，老师就要求做博士论文，并明确了每一阶段的时间表。论文开题顺利通过了，但阶段性报告完成后，他非常不满意，认为既没有理论突破，也缺乏对现实问题的透彻研究，要求重新选题。当时已写了 2 万多字，我第一次体会到老师要求如此之严格，甚至有些不尽人情！

第二次开题后进展顺利，但 2002 年毕业时恰逢北大光华管理学院推行博士生论文匿名评审制度，老师对论文的要求和审查更严格了。我已记不清当时修改了多少稿，最后一次约好上午八点去他家里。学生们都知道老师时间观念很强，记事本上从早到晚都有安排，所以我一大早从南二环赶往北四环，但等我满头大汗跑到他家时已经八点半了。刚一开门，他就皱着眉头问"你怎么搞的？不是说好八点吗？"未等我开口，他又问"你看你的论文还有多少问题？你还准备答辩吗？干脆年底再说吧"。说完就拿包准备出门了。

我看一向敬重的、已过古稀之年的老师发火了，心里非常愧疚，一时也不知道说什么为好。悄悄问何师母，才知道老师那天九点要去学院给本科生上课。令我惊讶和惭愧的是，老师几乎对论文的每一页均进行了阅改，甚至把标点符号和参考文献的错误也一一指出。预答辩时，厉老师要求我把所有参考文献再读一遍，确保引述的观点是经典的，而不是"二手货"。这是厉老师的一贯要求，他认为如果通过第二手、第三手资料"速成"，那么"对原著精神的理解往往是片面的，有时甚至是扭曲的"，他本人从毕业留校开始一直坚持如此。最终，我成为班里第一个正式答辩的博士生，并顺利通过。

老师将迎来八十岁生日，令学生们高兴的是他身体安康，而且仍然孜孜不倦地为我国经济学研究和培养学生贡献自己的力量。每次想起老师那次发火，每次翻阅老师修改过的那本论文，我总是提醒自己要尽职敬业，勤恳工作，不愧对老师的教诲，不愧对自己的年华。与他当年的处境相比，我们没有任何理由抱怨；与他现在的年龄相比，我们没有任何理由懈怠。我们应该不论在顺境还是逆境中，都不放弃学习和提高自己，以抓住我国改革开放和快速发展的大好机遇。

厉老师和我的个人"危机"

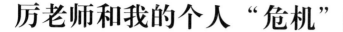 何小锋

　　我是 1977 年考上北大的大学生。在当时的北大经济系（后为经济学院以及衍生出来的光华管理学院和中国经济研究中心）的老师队伍里，大致可以分为三代人物。第一代是以陈岱孙为代表的一代宗师，第二代是相隔二、三十岁的、以厉以宁为代表的中年教师，第三代是又相隔二、三十岁的以 77、78、79 级为代表的新生力量。我有幸受教于前两代宗师，更有幸的是，在人生的关键时刻甚至是人生的危机关头，得到老师的出手相助，化"险"为夷，这是令我终生难忘的。

　　说起当年的北大经济系本科 77 级真是人才汇聚，思想纵横。厉老师等一批优秀教师是大家的偶像。按说厉老师教的当代西方经济学属于高年级课程，应与同学们接触较晚；但是通过阅读厉老师的文章、著作，更主要聆听厉老师的讲座，大家早已领略厉老师的风采。我记得厉老师给我们做过"西方国民收入统计"的讲座，使我们大开眼界。虽然当时学术界批判西方把服务业也计入产值的做法，但我国经济统计不承认服务领域即第三产业也创造价值的做法，却引起青年学生们的激烈讨论。

　　也正是在厉老师的启发下，我研究了大量文献，撰文认为我国的经济统计只算"物质生产"领域的产值，是一种拜物教的表现，不仅脱离了现代经济发展的现实，本身也违反了马克思的原意。马克思并不否认服务劳动创造价值和存在剥削关系，但因为马克思理论从抽象到现实的研究方法，在《资本论》前三卷主要讨论物质生产领域，舍弃了服务领

域，但在后来的手稿即剩余价值理论中有大量对服务劳动的生产关系的分析。而学术界片面地、孤立地和停滞地理解马克思经济理论，造成对现实经济发展不利的统计方法。因此我写了一篇文章：《劳务价值论初探》批评了过去"狭隘的"劳动价值论，论证了服务劳动也有产品即劳务，劳务有使用价值和价值；现实中存在"三大部类"：农业、工业和服务业；三大部类也存在互相平衡的关系式，因而第三产业也是生产性的；因此作为政治经济学基石的劳动价值论的外延应该拓展：包括商品价值论和劳务价值论；这种新的劳动价值论不仅对政治经济学的完善、而且对中国现实经济的发展都是有好处的。

这篇文章锋芒甚健，触动了当时的政治经济学的基础，可以说是闯下大祸之作。但是初生牛犊不怕虎，我把文章投寄给最高的专业刊物《经济研究》了。

1981年4月，这篇一万多字的文章居然在经济研究杂志上发表了。马上掀起了轩然大波。不久，最权威的经济学家孙冶方先生召见我，我赶到中国社科院经济所会议室一看，满满地坐了50多人，刘国光先生主持，还有国家统计局的领导，都发言点名批评我的观点，虽然也点了于光远、萧灼基等人的名，但他们都不在场，只有我一个人在，我最后表示了不同意见，就说一句话：感谢孙老的批评，但是我不打算改变观点。8月，孙老的发言发表在经济研究杂志上，上面也点了我的名字。还有外校的著名教授写信批评我，甚至在火车上都听到外校的学生说他们老师在课堂上批判我的文章。

当然在系里也有反响。有的老师找我谈话，反复争论。更要命的是，系里安排一位周教授指导我的毕业论文。周老师是资本论研究的权威，平常很严肃，上课要是有人瞌睡，周老师会扔粉笔头，百发百中，同学们都有点怕他。我准备了两天，心里默念着不要紧，硬着头皮上门请教。结果是一场互不退让的争论。我就是一个态度：虚心接受指导，但是观点不改变。周老师只好说，我不指导你了，换导师吧。系里只好安排了

萧灼基教授来指导，于是皆大欢喜。

但是高潮还在后头：全系师生欢送 77 级毕业的典礼上，在大家的欢声笑语中，突然站起了年轻的解老师，他很严肃地说，个别毕业生发表反马克思主义的观点，我们无产阶级不能培养自己的掘墓人云云。顿时气氛紧张起来，谁都知道是指我，但我只是一个学生，不好反驳。就在这节骨眼上，厉老师站起来大声说，不能这样对待学生，不能这样上纲上线。还说了一句令人深思的名言：有些大人物一言九鼎，但他的话十年后没人记得；有的年轻人人微言轻，但他的话十年后仍然有人想起。这番话顿时给大会和我解围，至今想起来仍然使我感动不已！

当时理论界中"左"的思想余毒还很深，"反马克思主义"的大帽子是很吓人的。外有孙冶方等权威的批评，内有系里教师的批判，要是在过去，早被打成右派了。我只是一个普通的本科生，面临很大的压力。我最怕的是此事会影响毕业和研究生的录取，还可怜担惊受怕的父母。幸亏时代不同了，在厉老师等有影响力的教授的挺身支持下，我被录取为当代西方经济学专业的研究生。

事后我与厉老师谈起此事，厉老师说为了支持我，采取了不过激反抗、拖延时间的策略，让时间来解决问题，"十年之说"果然奏效。几年以后，国家提出大力发展第三产业，国民经济统计也吸纳了第三产业产值，服务经济学理论得到迅猛发展，我的文章也逐渐增加了"被好评"。

可以说，厉老师的丰富经验和挺身救助，对我处于关键时期的人生发展是太重要了！幼苗易折，然而一旦呵护成功就会茁壮成长。厉老师有过类似亲身经历，因而以"四两拨千斤"的策略保护了我。我在以后的教师生涯中，也尽量呵护学生。这也得益于厉老师的教导。

老师与我的人生轨迹

何志毅

有的老师教授学生知识，有的老师赋予学生能力，有的老师提升学生境界，有的老师改变学生的人生轨迹。厉以宁老师于我而言，是上述的一切。

我跟随厉以宁老师做了两年博士后；在老师任院长期间当了五年院长助理；跟老师和师母到新疆、安徽和江西两次长时间考察；在老师担任主编的《北大商业评论》任执行主编；老师离任后组建了北京大学贫困地区发展研究院，我当副院长帮助老师做一些贫困地区的研究和公益事业；平时可以经常向老师讨教，偶尔到老师家里蹭蹭饭吃。在一生中，我深深地以成为厉以宁先生的弟子为荣。

比较其他学生与老师的关系，我觉得老师早年的一些学生似乎比我跟老师更亲近。我跟老师的时候，他已经如日中天，尽管他对我和蔼亲切，但我还是有些诚惶诚恐，我更羡慕老师早年的弟子，对他更加随意一些，而他有时"骂"起他们来也更把他们当"小孩"一些。但是没有办法，因为我跟老师当学生时已经四十岁了。

那是 1996 年，我写完了博士论文，当时并没有想走学术道路，以为这会是我一生中唯一的大块文章，想请老师为我的论文写写评语。尽管当时与老师曾有一面之交，我还是斗胆敲开了老师的家门，那时老师还住在中关园 60 多平方米的屋子里。老师听我说明来意，犹豫地指着胸前的两会代表证说，我正在开两会，估计没有时间。我解释我不着急，我并不是为了博士论文的通过，而是为了得到老师的评语做个纪念，于是老师收下了我的论文。没想到过了三四天老师打来电话，说来拿吧，评语写好了。我喜出望外，赶快跑去拿评语，更令我惊喜的是，老师说，志毅，你愿意来做我的博士后吗？我博士毕业后有很多好机会，但能够成为厉以宁先生的博士后对我的诱惑力太大，我不假思索就答应了。又没有想到的是，当年报名要当老师博士后的有 30 多人，最后经过筛选和考试取了二人，我是其中一人，这更令我觉得珍惜。

跟老师做博士后的第一个春节，老师问我是否愿意与他们一家人一起在深圳过春节，我当然十分愿意。于是，我们一家人和老师、师母，厉放、厉伟，和老师从台湾来的亲戚一起，在深圳吃了一顿十分温馨的年夜饭，从此我也与厉伟结下了兄弟之情。每年春节我经常想起这段往事，但我不敢奢望还有这样的机会。

今天，我自信自己是中国最优秀的 MBA 和 EMBA 教授之一，学生评估经常近乎满分。但 1997 年我做博士后时还没有讲课的经历。有一天，老师突然问我，志毅，你能讲课吗？我说能啊，他说你能讲什么课？我说出了我认为能讲的三门课程名字。他说你告诉国有（张国有教授，时任光华副院长，后任北京大学副校长），让他给你排课，老师写了一张字条让我交给张国有教授。后来张国有教授给我排了 97 级硕士研究生的战略管理课程，那个班的许多学生至今都与我来往密切。得知排好课后，老师多次叮咛我，志毅啊，第一次上课千万要注意备好课，第一次讲课的口碑极其重要，第一次讲砸了，以后要花好多努力才能补回来，他还举了一些例子吓唬我。我开课以后，有一次老师见到我笑眯眯地说，我听说了，你的课讲得不错！后来我又开了第二门课，也得到了学生们的好评，当我得意洋洋地向老师报告时，他只是淡淡地说了一句，我知道了，往往第一门课讲得好，第二门课就讲得好。

做博士后的两年充实而愉快地度过了，我承担了一个教师正常的课时量和两个课题，一个是老师指导的民办教育的课题，一个是老师和曹凤歧教授一起承接的教育部"九五"重大课题"中国企业管理案例库组建工程",我顺利地通过了出站报告。决定我后半辈子人生轨迹的一天到来了,那一天晚饭前,老师约我到他家里去。到了家里后,老师说,今天是师母的退休日,师母单位的同事们要为她举办退休晚宴,你和我一起陪她去,我们两人在边上自己吃饭说说话。那天晚饭的主题是老师动员我留校任教,我当时原没有留校任教的打算,但是老师语重心长的一席话和他对北京大学的一往情深极大地触动了我。十多年后的事实证明了老师的正确,他当时主要说了两个观点,一是我留在学校的价值比我去做企业更大,二是北京大学在中国极具独特地位。从企业管理者向学者的转变不是一件容易的事,更重要的不是行为的转变,而是价值观和心态的转变,我在北大栉风沐雨十二年,随着时间的推移,我越来越认识到老师所言之深刻,我也潜移默化地变成了骨子里的北大人。今天,我庆幸自己当时遵从了老师的教导,做了一个正确的决定。尽管我在学术的道路上走得并不轻松,因为我比别人晚了十多年,后来学界又刮起了海归风,但我从来没有后悔过。何况,老师和师母在我遇到困难的任何时候,总是给我温馨的鼓励、坚定的支持和智慧的指点。

时间过得飞快,老师七十岁生日时,我是主要的筹办者之一,那时我们出版了《厉以宁诗词解读》,十位师兄弟分别就老师诗词的十个方面写了体会和评论,我和陆昊合作写了厉以宁诗词中的人生哲理一章,还单独写了厉以宁的夫妻情深一章。为此我特地采访了师母,从师母的叙述中多一些知晓了老师早年的生活和感情,深受感动,更加体会了老师给师母的一首首诗词的背景和意境。那时我深切地感受到我们这些弟子们可以从老师那里得到科学之真、师德之善和艺术之美,这三种东西交织在一起是一种极大的享受。当时在没有请示老师的情况下,我找中央音乐学院的教授把老师的诗词进行了交响配乐谱曲,并联系好了乐团,准备用专业演员朗诵、交响乐团伴奏,以烘托老师诗词的艺术效果。后来老师知道了没有同意,坚持以简朴的方式由学生们业余排演。师命难违，我只好让准备排练的交响乐团停止活动，把谱好的曲子束之高阁，我不知道老师以后还给不给我们这样的机会。记得那时老师说，七十岁生日时办诗词研讨会，七十五岁生日时办从教五十周年纪念，八十岁生日时办经济思想研讨会。一转眼，老师八十岁生日纪念即将到来了，我们希望老师再规划一下九十岁、一百岁的生日纪念如何搞，让弟子们有所期盼。

前一段我特地到老师家里要了一幅师母画的梅花图，请老师题了字，挂在办公室里，不时感受和提醒自己学习老师、师母的铮铮风骨和"谁敢雪中试淡妆"的从容淡定，以及诗情画意般中国知识分子的儒雅。在学术上，我们要学习和继承的是老师的忧国忧民之心、高屋建瓴的宏大视野和理论联系实际的作风。我当了十多年教师，和老师相比我的教学和学术轨迹还很短，老师高高地、遥遥地在我们的前面作为明灯，我相信我会在老师为我指引的轨道上做出无愧于老师的成就，因此而无愧于老师弟子的头衔。

毕业 20 年感言

▶ | 侯松容

　　厉老师今年 80 大寿，我们这些远离校园的学生们都想给老师写点东西。我从北京大学光华管理学院的前身北京大学经济管理系毕业 20 年了。学生时代的往事已日渐模糊，但就在提笔的这一刻，一切都无比清晰地又浮现出来。

　　1986 年的某一天，我作为北大物理系的一名一年级本科生，去旁听厉老师的讲座。厉老师以通俗易懂的语言透彻地分析了"英国病"的来龙去脉，指出了 20 世纪英国经济出问题的过程和原因。那堂课为我打开了一扇门，我看到了整个经济生活中各个环节之间的联动、社会中不同角色的互动，我看到了一个与我正在攻读的物理学体系截然不同的世界。这个世界不再是冷冰冰的电子和能量，而是由人组成的、能动的、变化多端的真实世界。大一刚上完，我就申请转系到了厉老师担任系主任的经济管理系。厉老师亲自面试，面试结束后，我看到厉老师在我的申请表上写下"同意"两个字，我知道我的人生轨迹就此改变了。二十年过去了，我没能成为一名物理学教授，但是我确切地知道，这二十年来的生活，我过得丰富、充实，多彩多姿。

　　我们能够有幸师从老师，一窥经济管理的门径，的确是今生一大幸事。跟着老师，我们学到的不仅是他的思想，其实更关键的是在他的言传身教之下，我们所领会到的严谨的治学方法，是"渔"而非"鱼"，让我受益了这二十年。到现在为止，我最习惯的思维方法，仍然是当时所学到的系统、逻辑所主导的实证方法论。

但是，在从事了实际工作之后，真正让我受益最大的，其实还不是这些理论知识和理论方法，老师真正教给我们的，是坚持的勇气和乐观的信念。

对于研究社会科学的学者而言，有的时候敢于讲真话，并且坚持讲真话，是相当困难并且需要极大的勇气的。在八十年代初甚至是到了九十年代刚开始的那两年，厉老师极力倡导中国企业进行股份制改革该有多大的勇气。无论这个观点在当时遭到了怎样的批判和非议，厉老师仍坚持研究和呼吁。二十年后的今天来回顾，这已经成为了社会的主流思维和共识。然而二十年前的时代背景之下，没有大勇气，怎么能够，又怎么敢于坚持这样前卫的观点？敢于提出自己的思想，而且敢于坚持自己认为正确的思想，我想这是北大精神的重要内涵。

厉老师不仅研究和相信经济本身运行的规律，而且相信人的积极作为是经济运行中的重要变量，这使我们可以用动态、能动的态度而不是静态、被动的态度来观察和研究中国经济，这使我们相信中国政府、企业、个人的积极作为可以创造中国美好的未来。我觉得这不仅是一个道理，而且是一个信念。

老师从来都很低调，从不张扬。虽然本身已经是经济学的大家，但是在他的脸上，从来都是平易近人、和蔼可亲的笑容；在他的文章之中，在他的讲演之中，从来都是最朴实的语言和最简练的数字。用最直白的语言，最贴近生活的方式，讲述最深刻和意义深远的道理，这是我对真正大家的直观理解，也成为我这二十年来身体力行的实践准则。

老师 80 大寿了，真正发自心底的一句话，就是"谢谢您，老师！"

受益于厉老师的责任观

◉ 黄 波

1985 年我考入北京大学经济管理系，非常幸运，时任经济管理系主任的厉以宁教授给我们班讲授《社会主义政治经济学》、《国民经济管理学》和《经济发展国际比较》三门课。厉老师授课的最大特点，就是把一些艰深的理论和抽象的数学模型，用朴素的语言、形象的比喻和浅显易懂的故事讲述得清清楚楚。课余时间，我阅读了他当时的最新著作《体制、目标、人——经济学面临的挑战》一书，细细品味，虽有心得，但对有些观点仍然理解不透。有一天下课后，我鼓起勇气请教老师：您为什么从"体制"、"目标"和"人"这三个层面来设计社会主义政治经济学理论体系？经济学为什么还要研究体制和人的活动？老师耐心给我解答，用简朴而深动的语言解开了我心中的一长串困惑。最后，老师把书拿过去，认真地在扉页上题写了"经济学工作者应有高度的社会责任感"这句深刻精辟、令我终生受益的警世之言。

1994 年 11 月，一纸调令改写了我的人生情节，组织上把我从原四川省万县地区工商局局长挪位到云阳县县长的岗位上，1997 年 5 月改任县委书记。

云阳县在长江三峡库区具有特殊的县情，它是移民大县、人口大县、农业大县、资源富县、财政穷县和工作难度极大的县。全县 128 万人口有 91% 处于土中刨食的生存状态，1/3 的农民还挣扎在贫困线下。作为三峡库区的移民大县，动态移民 16 万人，综合淹没指标占整个库区的

1/8。我到任之时，三峡工程即将开工，挑战与机遇共存，作为北大人能运用自己所学的知识参与破解这道世界级难题亦感荣幸，历史的责任与重担也使我有一种临危授命奔赴疆场的凝重感。

筚路蓝缕的第一步如何走？厉老师的区域经济发展理论启示我要从调查研究入手。我承担了国家移民局的重点课题《三峡库区农村移民安置与可持续发展研究》。课题提出了从补偿移民转向开发性移民的思路，强调因地制宜地选择移民方式，实施全面协调可持续发展的生态经济战略，得到了国务院三峡建设委员会和国家移民局的认可。

移民们难以割舍的故土乡情，难以丢弃的良田沃土，还有那从祖辈手上开始积攒的家园，他们能否顺利完成崭新而又陌生的生活转换？能否"搬得出，安得稳，逐步能致富"？面对移民、扶贫、发展、稳定四大任务，励精图治，统筹兼顾，终于破解一个又一个难题。到 1997 年，云阳县跃居原万县市 11 个区县经济发展"三快"县，综合目标考核第一名；1998 年实现整体越温达标，35 万贫困户跨过了温饱线，农村经济发展整体上了新台阶；1999 年县城整体搬迁到 30 公里以外的双江镇，新城不仅是重庆库区第一搬，而且与旧城相比是焕然一新，成为当时三峡库区最好的生态移民新城。云阳县连续 4 年获重庆市委、市政府移民工作考核一等奖，在 2001 年国务院召开的全国移民工作暨对口支援大会上作为典型代表介绍了经验，并受到大会表彰，有"库区移民看云阳"之称。在工作中，我始终记得厉老师给我们讲大禹治水的管理学故事。大禹治水就是采取疏导的方针，疏导才能把水治好。针对方方面面的意见，自己不回避，主动与移民沟通，坚持有容乃大，事业为重，终于赢得了各方面的认同。

2002 年元月，我调到重庆市主城区北碚，先后任区长和区委书记。北碚曾经是重庆乃至西部地区有名的老工业区，但由于诸多原因。到 21 世纪初，由于基础设施滞后、交通不便和处于主城"边缘化"，好项目招不到，但一些滥用资源或能耗高的项目是可以抓一些的。老师关于"一个经济学工作者要有高度的社会责任感"这句话再次警醒自己："决不以浪费资源、破坏环境、牺牲子孙后代利益为代价换取眼前一时的快速发展"！

经过几年的艰辛努力，北碚的发展态势越来越好，GDP 和工业总产值每三年翻一番，财政收入、固定资产投资和招商引资实际到位资金每两年翻一番。2008 年市委、市政府对 40 个区县的综合目标考核，北碚在 19 个区中进入前 3 名，市发改委和市统计局对 40 个区县的社会发展水平综合测评，北碚排次第 3 名，实现了强区升位的目标。

厉老师在基层调研视察中，发现一些好的典型和经验，总不会忘记我这个在基层工作的学生。2009 年元月，当他在天津东丽区华明镇视察农民新村时觉得很有借鉴价值，当场打电话给我，吩咐一定要抽点时间去学习。近几年还指派北大光华管理学院的博士组多次来北碚调查研究，为我区的发展出谋划策；我也偶尔借到北京出差的机会去请教老师，每次老师都不倦地给我讲解经济运行中的"未知"，站得高才能看见群山的壮阔和江水的流向。我从老师那幽默而形象的话语中，真切地体验到了一种照彻心肺的愉快，同时感受到老师的胸怀就像一个安详的港湾，我却像一只疲惫的小船，每逢自己载满了委屈和困惑，摇摇晃晃地划到老师身边时，心绪就变得宁静而温馨。

正是这种挥之不去的"责任"情节，北碚才闯出了一条独具特色的生态文明建设之路。2003 年以来，先后荣获国家园林城区、中国最佳人居环境范例奖、国家卫生城区、全国绿化模范城市、国家环保模范城区、全国生态示范区和国家可持续发展示范区等二十几项国家级奖励，联合国人居环境署也为北碚授予迪拜国际改善人居环境良好范例奖。

在北人毕业前夕，老师为我们班的毕业纪念册留下了这样一段话："一个经济学工作者，如果具有高度的社会责任感，他就会感到自己在研究中有一种无形的巨大推动力，不怕挫折，接受挑战，他总是意识到个人能力的有限而会谦虚谨慎，孜孜不倦的学习，虚心求教，永不自满，他会不断地深入实际，联系实际，不把自己限制在经院式的注释工作中"。这段充满理性和思辩的教诲，成为我后来不断探求新知的内驱力。

在我离开北大已 20 多个春秋寒暑的今天，借纪念老师 80 大寿和从教 55 周年的美好时光，我想说一句心里话：老师的学与识，德与行，永远扎根于我的内心。

随厉老师在珠江三角洲调研

● | 黄国华

　　2005 年 11 月下旬，全国政协经济委员会组织"珠三角地区经济协调发展问题"专题调研，厉老师担任调研小组组长。考虑到我博士论文研究的内容是珠三角经济发展问题，厉老师让我一起参与了调研。

　　在去珠三角调研之前，调研小组召开了一次珠三角基本情况座谈会，邀请了国家发改委和国务院发展研究中心有关同志介绍珠三角经济社会发展基本情况。在陪老师前往座谈会的路上，我借机将论文前期研究情况向老师进行了较详细的汇报。由于此前的大半年里，我已基本完成了对珠三角相关文献和数据的收集整理工作，并运用现代区域经济理论和经济增长理论等进行了相关分析，自以为有了比较清晰的认识，因此就珠三角经济增长因素分析、未来发展战略等发表了自己的见解。听完后，厉老师没有对我的观点进行评论，只是说了句：先调研，了解实际情况以后再谈。原本以为老师会夸奖自己理论研究工作做得扎实，没想到老师似乎更看重调研，当时心里着实有点失落。但接下来几天的实地调研，让我对珠三角经济发展的看法有了根本的转变，对理论联系实际这几个字的认识也有了更深刻的理解。

　　11 月，我们动身前往调研的第一站深圳。登机后飞机发动机突然出现故障。几经周折，我们到达深圳的时间比预计晚了 5 个多小时。第二天上午，深圳方面考虑到厉老师年龄较大，前一天旅途劳顿后需要休息一下，本想将座谈会推迟到下午召开。没想到老师一早就赶到调研座谈会场，按时召开了座谈会。后来听师母说起来才知道，其实那天上午厉老师身体确实有点不适，早餐基本没吃，但为了不麻烦深圳方面和影响调研行程，老师是硬撑着参加座谈会的。

与厉老师一贯简洁、务实的作风一样，在深圳调研座谈会上，老师开门见山简要介绍了一下调研的目的，即主要是了解珠三角在经济发展和区域间协调配合等方面的现状和存在的问题，以利于政协更好地为珠三角协调持续发展出谋划策，不带有考核考评的目的，请与会同志不要有过多的顾忌，而是作为一个亲历者、实践者、建设者放开来谈。简明扼要的开场白，一下子消除了大家的拘谨。

在调研的第二站——佛山进行考察的时候，我就亲眼见证了老师这种难能可贵的禀性。记得当时是在佛山华夏建陶研发中心调研，有位一起参与调研的政协委员提出，佛山传统的陶瓷、铝材等产业附加值太低，应大力发展钢铁、石化等重化工业。厉老师当场就指出：珠三角产业需要适度重型化，但并非每个城市都要这样做，是否适合发展重化工业要与当地的资源、环境等统筹结合起来考虑；佛山环境污染已经比较严重，且不容易解决，在佛山大规模建设钢铁厂、化工厂是不太合适的。事实上，当时佛山的废水、废气和二氧化硫等污染物的排放量已经很高，即便是在珠江三角洲也属于污染比较严重的地区。而且，由于佛山地处珠江三角洲中部内陆，不直接靠海，污染物不易扩散，容易对其下游的江门、中山、珠海等造成较大影响。因此，厉老师建议佛山统筹考虑环境与经济发展，通过加大技术研发投入力度，进一步提升传统产业的技术水平，以实现产业升级。

如果说调研中厉老师展现出来严谨、正直的为人品格让我敬重的话，他勤奋不懈的工作精神和对社会高度的使命感则让我感动不已。老师的著作，如《资本主义的起源——比较经济史研究》、《罗马—拜占庭经济史》、《非均衡的中国经济》、《股份制与现代市场经济》、《中国经济改革与股份制》等，都是老师一个字、一个字手写出来的。厉老师早已年过古稀，就其学术成就和社会影响而言，已达到了一定的高度，按理应该在家颐养天年，但老师却没有就此止步，仍然在为中国经济改革、民营经济成长、贫困地区发展奔走呼吁。老师在黑龙江伊春林区考察时填的一首《忆秦娥》中，我们体会到他壮心不已的雄阔情怀和恬淡自然的悠然心境：

风初定，
朦朦湖上红松影。
红松影，
浮萍点点，
水平如镜。

斜阳未必黄昏景，
悠闲自觉群山静。
群山静，
两行野菊，
伴游仙境。

如今，我已离开学校，走上了工作岗位。工作繁杂而忙碌，在倦怠和松懈之时，我常常想打个电话向老师倾述一番，但我知道老师很忙，在各类媒体上经常看到他忙碌的身影。老师依然以其严谨的态度治学著说，依然以其直率和耿直痛陈体制机制的弊端并给以善意的建议，依然以其敢于担当的情怀为民请愿，依然以其倔强的个性在谋求变革的道路上艰辛前行。愿老师身体健康，学术生涯长青。

经济学家的人文关怀

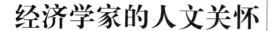 黄　涛

　　1997 年我在光华管理学院从事博士后研究，即参与厉老师关于城镇就业问题研究的一个课题，2006 年后参与厉老师创立的贫困地区发展研究院的研究工作。厉老师长期对就业、贫困问题的关注给予我启示，让我也开始思考，经济学家如何在自身的研究中体现人文思考和人文关怀。

　　自改革开放以来，经济学家关于经济政策的争论中，我个人体会到厉老师的一个重要观点在于对就业的重视。经济学是一种平衡的艺术，需要在众多社会经济目标中寻找一种平衡，厉老师认为，在这种平衡中，应该对就业赋予更重要的权重。最初，我不是太能理解其中的关键，经济学的教科书告诉我们，就业也是一个市场，也服从市场经济规律，劳动力供大于求时会产生失业，只要经济恢复高增长失业人员可以会为市场所吸收，市场的自由运作会达到劳动力配置效率。

　　然而，这些年我跟随厉老师从事一些贫困地区的研究后，我学会从另一个角度理解厉老师对就业的重视。在闭塞的落后地区，最初我看到了很多人，他们的生活同高速发展的我国经济似乎没有什么关系。而这些年过去了，即使是最落后的农村，大多数家庭也同电视里沸腾的生活产生了真正的联系，原因就是农村里的年轻人走了出来，真正参与到改革和发展提供的生活中去，虽然他们在城市中处于底层，辛苦而艰难，但能参与才能有新生活的开始，开始了才有发展的种种可能。

　　我渐渐有些理解厉老师对就业的强调。就业与否并不仅仅是劳动力

市场上的一个数字，还意味着决定了一个人是经济发展的局内人还是旁观者。如果一个人只是局外人，即便政府、社会给予他生活保障和救济，使他能够生存，也无法接续他和经济系统之间被切断的联系。

在贫困地区我听说过这样的故事，有人拿到救济的衣服，转手就拿去换酒。有些人生活中最主要的一件事就是等待救济，有些官员工作中最主要的一件事就是等待拨款。对这种现象的解读很多，我觉得，其中最重要的一个事实是，这些人甚至这些地区，属于我国经济高速发展中的局外人，他们没有参与到增长中来，只能等待政府和社会各界的施舍、救济和拨款。

因此，厉老师强调就业，希望在经济政策制定中给予就业更多的重视，强调贫困地区的可持续发展，推崇授人以鱼不如授人以渔。我体会就是一个中心思想，让更多的人、更多的地区更深入地参与到经济增长中来，成为经济发展的参与者和原动力。

这就是我体会到的经济学家的人文关怀。经济学不仅仅是关于经济数字的学问，还要看到数字所代表的一个个人，看到这一个个人他们的感受和期望。作为一个局外人，不仅仅没有收入和报酬，而且意味着和社会的脱离。对这样的问题，经济学家应当长怀于心，对经济问题的关注不能脱离对人的问题的关注。

厉老师对股份制的贡献，对民营经济的重视，可体现为对经济发展原动力的认识，即人的主动精神，只有发挥市场经济参与者的主动精神，才能培育和发展出适合市场竞争的主体，才能带动整个经济的快速发展。这是为什么厉老师走遍大江南北，愿意在各地宣讲自己的经济观点的原因。润物细无声，厉老师在用他深入浅出的演讲，让听课的人体会到什么是市场经济，如何主动去参与市场经济，政策如何去培育活跃的市场经济主体。这也是为什么厉老师特别重视贫困地区干部和企业家培训的原因。他长年不断引导着社会各界去支持这样的项目，正是因为只有这些地区的带头人们了解市场，主动参与市场，才能让更多的人融合到全国的快速发展中来。

陪厉以宁、何玉春老师去巴黎

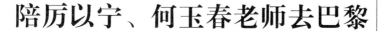 黄伟业

　　1998 年元旦之后，我出差到北京，恰逢我的老师厉以宁夫妇准备出访法国。为了能陪伴他们飞往巴黎，我将返程机票时间定在 1 月 13 日，并于出发前夜在酒店订了一辆宽敞的轿车，准备一大早随车去老师家，和他们一同去机场。

　　80 年代上半期，我大学毕业后留学法国并在当地工作，90 年代起经常出差到北京。我知道，由于厉老师对改革开放的经济理论贡献多，名声大，法国学术界和商界多次邀请厉老师前往演讲，交流。由于太忙，也由于中法之间的学术交流当时赶不上中国与其他国家，主要是与英语国家间的交流，厉老师直到 90 年代末，才第一次出访法国。能陪同厉以宁老师与何玉春老师夫妇一同飞法国，我高兴极了。

　　其实，在社会主义计划经济与资本主义市场经济两条道路之间，当时理论界认为法国实际上代表了第三条道路，也是中间道路。它的国民经济中，国有经济成分比一般资本主义国家高，二次大战以后又长期实施五年计划，社会福利高，80 年代后才开始搞私有化。中国经济改革的理论和实践可以从法国那里得到借鉴。攻读学位之余，我本人也对法国的国有企业和私有化浪潮做过一些研究和学习。我想，这次能利用厉老师与法国专家们做交流的机会，近距离的聆听学习，实在幸运。

　　不巧的是，当天夜里北京下了一场中雪。早晨出门后才发现满街的汽车排起长队，像乌龟一样在公路上爬行。我只好请厉老师他们坐北京

大学的车去机场。即便如此，我们还是都花了很长时间才到机场登机手续办理柜台。要知道，当时首都国际机场的规模和现代化程度，远远不如今天。

那天正是法国著名知识分子代表左拉发表《我控诉》一文的纪念日。法国报刊以各种形式纪念这个日子。1896 年 1 月 13 日，左拉在法国《震旦报》发表的《我控诉》是一封致法兰西共和国总统的公开信。它要求为因间谍罪被陷害的军官德雷福斯鸣冤叫屈。这一天，是法国知识分子作为社会良心和独立的社会力量登上历史舞台的开端。

正是这一天，1998 年 1 月 13 日，我陪伴厉老师何老师飞巴黎。老师访问法国期间的一言一行，处处是我们做学生的楷模，给我留下难以磨灭的印象。

厉老师不仅博文广记，思想深刻，且为人豁达，兴趣广泛。我的儿子当时只有 12 岁，因为之前曾学过一段时间的中国象棋并十分喜欢，所以只要碰上会下象棋的朋友，他总嚷嚷着要与之对弈。厉老师的象棋水平相当高，所以在访问讲学之余，他欣然执子，与孩子对弈，教授他棋艺；老师还时不时对我说，他之前有点小瞧这孩子了。当时孩子在学习中文，厉老师与何老师还常帮助我们给儿子做中文听写。

厉老师身体硬朗，记得在世界经济合作发展组织总部长达两个多小时的演讲，老师是站着完成的；他不用一个字的提纲，两个多小时讲下来，条理清晰，深入浅出，一气呵成。关于中国经济问题的演讲和回答，极具感染力。不仅对外国人演讲如此，老师对大使馆组织的对驻外人员和留学生的演讲也是如此。

当时担任世界经济合作发展组织秘书长的是日本人，名字读起来很像嘻嘻哈哈。演讲结束后，他单独会见了厉老师并与厉老师夫妇进行了长时间谈话。

第一次访问法国，厉老师夫妇的行程安排得满满当当。除了与法国学界，企业界，商界交流，还接受邀请访问了法国参议院，法国白兰地生产销售协会，在世界经合组织演讲以及在中国驻法大使馆、教育处给驻外人员、中资人员和留学生演讲，与驻法大使共进晚餐。工作演讲交流之余，参观访问巴黎的名胜古迹埃菲尔铁塔、卢浮宫、巴黎圣母院、凡尔赛城堡花园、荣誉军人院、凯旋门、卢森堡公园等，并专程前往参观了法国人号称的世界第八大奇迹圣米歇尔山，第二次世界大战盟军开辟第二战场的诺曼底登陆海滩以及美军阵亡将士墓地。

近距离接触使我发现，厉老师何老师十分随和，达观。我想，这是他们几十年生活经历的宝贵精神财富。访法期间，由车耳同学陪同，老师夫妇访问了德国、荷兰、比利时和卢森堡；我则陪老师夫妇去西部圣米歇尔山及美军墓地，并飞往西班牙，参观了马德里及近郊的名胜古迹。由于我和家人前几次去西班牙都是在夏季，以为南欧的西班牙会比较暖和；加上行程匆忙，到了当地后才找到饭店住下。晚上睡觉发现，没有暖气，冷得很。我心中十分不安和自责。第二天问起来，厉老师反而笑呵呵的，没有一丁点的责怪；还带着开玩笑的神态说，冷啊，冷。接着就催促我出门吃早饭，赶紧参观访问。

幸好，看完计划中的所有景点，回到巴黎奥利机场后，老师夫妇安然无恙。我心里的一块石头才落地。

化身红烛勉后人

● 黄湘平

　　2005 年 9 月，时值初秋。鄂东大别山区，山峦起伏、层林尽染，溪水清澈，田园静谧。我跟随厉以宁、何玉春老师，此时正踏行在这片山色秀美的红色土地上。

　　这是一片神奇的土地。它浓缩着中华民族历史的风雨沧桑，珍藏着中国近代革命血雨腥风的战斗征程，也孕育着魂牵梦萦的人文风情。伟大的革命斗士闻一多先生，就诞生在以河为名的地方——浠水县。时任民盟中央副主席的厉老师，有着民盟前辈人物所共有形成的民盟精神和老一辈知识分子的峥峥风骨。他专门来到了位于大别山南麓的闻一多先生故里。在闻一多先生昂首飘髯、执杖而立的全身铜像前，老师伫立良久，如若神交，并以他深切忠诚的爱国心怀和饱满灵动的诗人情感，为闻一多故居博物馆题写了"一心为国化红烛，多难兴邦勉后人"的留言。化身红烛勉后人，这固然是老师对闻一多先生的缅怀，何尝不是老师对我辈后学，谆谆教诲，竭尽终生的不悔人生的真实写照！

　　我是 1978 年恢复"高考"后从全国有名的老少边穷地区——湖南省平江县来到北大经济系求学的。厉老师是抗战时期迁居当时的湖南省会湘西沅陵县。在这里，老师不仅在"雅礼中学"挥洒了他的如歌岁月，而且后来又与当年同窗何重义之妹何玉春结为伉俪。厉老师自然对他曾经生活过的这片土地，对我这个三湘学子有了一份特殊深厚的情感。那时"文革"刚刚结束，北大百废待兴，学习课本都是油印的，而学生则是旱地里的禾苗，等待着春风化雨。当时厉老师在资料室搞翻译工作已经面壁二十年。他要尽其所学、用其所爱、把这群"文革"中荒废学业的青年学子培养成国家急需的有用之材。那时，老师为我们主讲比较经济史和西方经济学。从古罗马的兴衰到当代西方经济学各流派的形成与发展，从新古典综合派凯恩斯主流经济学讲到以弗里德曼为代表的各种货币学派、理性预期学派，还从哈耶克的新自由主义理论体系讲到加尔布雷斯的新制度学派。讲授浅显易懂而充满哲理，课堂上精心讲解，下课后耐心指导，不厌其烦，润物无声，正是老师这样精心授业、诲人不倦的教学方法和精神，让我得以尽窥经济学门径，也使我坚定地把经济学理论研究和实践作为一生的追求。

一别数年，毕业后再次见到老师已是1988年了。那一年，厉老师应湖南省委、省政府邀请来湘讲学并推行股份制。记得那时的厉老师已近六旬，但他为国为民的宏远志愿，让他再次焕发青春，带领一群青年学子，为推行国有企业的股份制改革奔走呼吁。我当时在湖南省人大常委会工作，做过秘书处长、研究室主任、法工委副主任。当湖南省委书记熊清泉和省长陈邦柱要厉老师推荐股份制改革的人才时，老师立即推荐我来做这项工作。从1992年上半年起我开始担任湖南省体改委副主任、兼湖南省股份制改革领导小组副组长、湖南省证券监督管理委员会主任，开始了我人生事业的新起点。

九十年代内，厉老师几乎每1到2年都要来湖南一次，穿越湘资沅澧四水，踏访洞庭渔米茶乡，翻越雪峰山，造访二酉洞（厉老师在沅陵县多次探访并留下深刻记忆的地方），不辞劳苦，不畏艰辛地宣传和推动股份制改革。他曾到过湖南省首批公开发行上市公司股票的"湘申意"、"湘火炬"等国有企业演讲，也曾和"三一重工"、"岳阳化工"等一批民营企业家促膝交谈。有时一天连走两个地市，作两场报告。辛苦劳累程度真是难以言尽。我还清楚地记得陪厉老师从湘中娄底地区翻越雪峰山去湘西怀化讲学的情景。行走在陡峭的山路上随时都有翻车的危险，而且沿途就看到多辆翻下山沟的货车。经过数小时爬行到达雪峰山脚下时，我们每个人的脸上都挂着不知汗水还是泪水！在山下农家，我们放肆地吃了一顿地道的湖南腊肉农家饭。这顿饭不因其芳香而特别，但它却留下了一个学者在山乡调查期间对儿时生活的回忆！春华秋实，如今的湖南省证券市场已然是一片生机勃勃的景象。到 2009 年，全省已拥有上市公司 55 家、证券公司 3 家、期货公司 4 家。历年来累计通过资本市场融资近千亿元，投资者总数超过 300 万户。

如果说国有企业和股份制改革理论凝聚着老师在经济学理论前沿的大智大慧，那么城乡二元体制改革理论则深深体现了老师对农业、农村和农民的大爱情怀。厉老师是湖南选出的七、八、九届全国人大代表，还担任过全国人大财政经济委员会副主任、法律委员会副主任。每年他都要履行代表职责，到选区调查走访，特别是到最困难最落后的老少边穷地区调查，访民情，问民意。他经常对我说，一个经济学家不了解中国农村，就不可能了解中国国情，更无法奢谈改革。我记得 2002 年 5 月，厉老师在湖北荆州市作完"加入 WTO 以后，中国经济战略的调整"的报告后，坚持要到当年他下放江陵县滩桥镇期间所住的农户家去看一看。时隔近 40 年，老师对住户一家一直还牵挂在怀，一定要去看看他们现在的生活状况和变化。我们一行颠簸半日到了住户家门口，但大门高锁，住户一家农忙下地去了。五月的江汉平原午后已是酷热难耐，老师就坐在这家住户门口耐心等待。这户人家位于四面高、中门低的凹下之处，房子低矮潮湿，有些地方还发霉了，更加上后门口就是养猪所在，屋子怪味扑鼻，随行的人都觉得无法立足，老师却毫不计较。待住户返回家后，就一直拉着他的手，家长里短、殷殷而谈，问起田间农事，聊着收入分配。临行之际，老师将早已准备好的一叠钱馈送予住户。老师是贵州毕节试验区专家顾问组组长，近年为毕节发展出谋划策，创立北大贫困地区发展研究院，亲任院长，还用自己获得的亚洲文化奖奖金捐建了希望小学，多次在毕节地区召开扶贫会，为毕节脱贫多方奔走，一片扶贫救苦之心让当地官员百姓无不感动。1998 年，我被选为第九届全国人大代表，有幸跟随老师在一个代表团里共商国是。亲眼目睹老师履行神圣的代表职责，他既关注宏观大局，但又始终不忘"三农"状况，所提议案和建议、批评、意见许多内容都涉及农业、农村和农民问题。

老师经常和我说，他关于经济改革的理论可以概括为三句话：其一，价格改革与所有制改革，所有制改革更重要；其二，通货膨胀带来的危害与失业带来的危害相比，失业的危害更严重；其三，在稳定中求发展还是在发展中求稳定，在发展中求稳定更现实。这三句话我记了一辈子，也影响了我一生。

老师在湖北黄梅四祖寺时写的"世间何必论衣钵，自古真经心底传，得道不须分早晚，有容顿悟海天宽。"这让我想到，人间有这么一种人，他在自己的道路上绝然奉献出完全的自我，因为他深知他的爱和目标所在。只有这样的人，才是我们这个民族的脊梁，也将是我们这个民族复兴的希望之所在。

执子之手，与子偕老

▶ 季向宇　王咏梅

我们的老师 厉以宁

厉老师和何师母的爱情，平凡、宽容而又震撼人心。没有太多的轰轰烈烈惊天动地，有的是朴素的爱和相濡以沫的深情；没有太多的海誓山盟风花雪月，有的是真心携手走过一生一世的灿烂。经过了人生的风霜雨雪，他们已经是彼此生命中血脉相连、无法分割的一部分。

那一年，他和她在北京不期而遇。两颗年轻的心蕴藏多年的爱意悄然萌发。他把自己翻译的经济学书籍作为定情礼物送给她，她也把自己的照片送给他。他得到这张照片很高兴，天天把它贴身收藏，形影不离。每当他看见珍贵的照片，就会引起无尽的遐思。因为那里蕴涵着温馨的回忆，也蕴涵着火热的爱恋。他为她写了很多诗，笔尖在纸上飞走，心意也随着流转，将写不尽的思念都融入到一行行诗句里。没有黄金和钻戒的爱情更经得起时间的磨练，因为他和她追求的不是名利富贵，而是人间真爱。

那年除夕，经过漫长的等待，有情人终成眷属，他和他结为夫妻。新房是租来的简陋的平房，一张饭桌，一个碗柜，一个洗脸盆架就是全部的家当。即使这样的清贫，对于他和她也充满了温馨和诗意。有家的感觉就是幸福，不管那个家是豪华还是简陋。虽无仗剑天涯风尘作伴的豪情，却有红袖添香温情相对的默契。从此，可以携手享有每个美丽的清晨和黄昏，可以执手走过漫长的夜坎坷的路，哪怕黑暗，哪怕艰难。沉醉于爱情中的他和她是幸福的，长长的人生有彼此的陪伴扶持就足够了。

那年冬夜，漫天飞雪，华灯映照着银色世界，他再一次为心爱的妻送行。婚后的生活聚少离多，但他们依然希望分手的时刻迟一点儿到来。离发车还有一段时间，他们从火车站步行至建国门桥头，依依难舍。站台催促的笛声再一次响起，她挪动着脚步往前走，一次又一次地回头，忧郁隐藏在心里佯装出轻松，挥挥手和他互道珍重。他专注的眼眸目送着她的身影逐渐被流动的人潮遮掩，直至被那道门挡住。火车远去，他独自骑自行车冒雪回家，心一下子变得空荡荡的，充满了离别的落寞。少了她娇小的身影，少了她悦耳的声音，少了她俏皮的话语，家里显得格外冷清。许多年过去了，站台上的来去匆匆是他们记忆中最不想触碰的印痕。

那些年，没有手机没有电话，信成了唯一的联系方式。鸿雁衔着深情眷恋在两地回旋，每个收到信的日子就是最快乐的节日。每一封信里都是热切的思念和深深的牵挂，细数无数个美好的瞬间编织成的浪漫回忆，却绝口不提生活的艰辛和烦恼。他不想让她担心，她总是支持和鼓励他，为他分担忧愁和烦恼。他和她就是用这样的方式深深地爱着彼此。写满思念的日子里，充满了欢笑，充满了真诚，他和她更加珍惜彼此，珍惜共同走过的岁月。

那一年，"文化大革命"开始了。正直的他受到冲击，经常被红卫兵批斗和抄家。那个动荡混乱的社会，人与人之间的感情越来越单薄，爱情更是脆弱的不堪一击，"大难临头各自飞"的夫妻很多。许多人劝她为自己着想，她却不为所动。她写信给他：在我们贫困的生活中，从未感觉到寒冷。虽然磨难重重，但是包围我们的始终是浓郁厚重的的爱！两个人分担一个痛苦，只有半个痛苦；而两个人共享一个幸福，却有两个幸福。无论如何我要和你在一起，只要夫妻能够相聚，就比什么都还要幸福。费尽波折，她终于来到了他的身边，虽然是生活在艰苦的农场，新家就安在一间堆放工具的茅草房里，但是他们却很满足，人生最大的幸福莫过于永远同自己所爱的人在一起，在困难的时刻相依相偎不离不弃，相互安慰，共享欢乐。逆境中的他和她，感情并没有因此而受到波折，相反，他们更加相亲相爱了。在不平静的岁月建立的感情，其深厚静谧远远胜过那朝暮夕改的激情。这种爱情不是一种尘世的感情，乃是一种天上的感情……

那一年，突然传来消息，农场撤消，全部人员回到北京。他和她终于结束了颠沛流离的生活在北京团聚了。生活安定了，他终于有机会专心从事自己热爱的经济学研究，他埋头苦干，潜心做学问，每天都坚持阅读和翻译西方的经济学著作，不断地发表独特的学术观点和创新的经济理论，带着强烈的使命感和"十年磨一剑"的坚韧不拔的毅力，在广阔的经济学领域里劳作耕耘，取得了丰硕的成果，成为了著名的经济学家。他传授给学生的，不仅仅是前沿的观点，还有知识分子的独立人格和深邃思想。他用真学识和真性情博得了学子的崇敬和爱戴。随着名气的增加，他越来越忙，她担心他忙坏身体，就主动放弃自己的爱好，默默地为他担当起秘书的工作，帮他收信、接电话、处理杂务，但却从来没有半句怨言。在她看来，爱一个人意味着什么呢？这意味着为他的幸福而高兴，为使他能够更幸福而去做需要做的一切，并从这当中得到快乐。爱情不是索取，而是给予；它是善良，是荣誉，是和谐与纯洁。没有爱的光辉，人生便无价值。

那一天，他和她携手来到当年约会的水湾草地。那是他们爱情生活中的一块圣地，是相识后第一次约会的地方，多年之后又到这里相会，真是旧梦重温，但心情却完全不同。那层林尽染、万山红遍的秋色里，他们驻足观望，夕阳西下，玫瑰似的晚霞染红了天际，缤纷色彩交相辉映，高楼大厦隐露其中，真是美不胜收。此情此景，他和她别有一番滋味在心头。虽然已经不再年轻，但是年少时的爱情沾染了岁月的芬芳，更让人沉醉。幸福的降临总是来之不易，经历了种种磨难，最终收获了珍惜和感动。他们在那田间小径上留连忘返，夜深了，露水湿了他的衣服，湿了她的头发，却都感觉不到。他和她执手相看，幸福像一条河流淌在他和她的心里，抚平生活带给人的伤痛。生命中有太多的不如意，但他和她从来都没有后悔过这样地爱着生活着。

他们的生活简朴到说不出的平淡，但幸福却是无庸置疑的。他和她从没有送过对方玫瑰花和巧克力，也从没有把"执子之手，与子偕老"的话挂在嘴边，却把爱的誓言融入了生命中的每一天，共同经受风霜雨雪的洗礼。执子之手，看似平淡无奇，却包含大无畏的勇气和气魄。

爱是万水千山也无法阻隔的普天下共同的最美好最本真的情感。在这个快速多变的时代，我们的生命里有太多的浮华喧嚣，唯有爱可以让每一个人在内心深处找到永恒的温暖。不需要浪漫的形式，也没有华丽的包装，爱如同涓涓细流浸润生命的长卷，淌遍岁月的角角落落。当他和她都老了，当两双不再清澈的眼睛在暮年相望，还能听到爱情的钟声从容地敲响最后的忠诚，这是永远感动心灵的古典的爱恋，这是人们灵魂深处永远不会落幕的演出……

我心目中的厉老师

江明华

我们的老师 厉以宁

　　每个学生心目中都有一个或几个厉老师：经济学家、教育家、思想家和诗人等。在我的心目中，除了这些之外，厉老师还是一位平易近人的师长、人性关怀的领导和启迪社会的智者。

　　我在北京大学光华管理学院及其前身北京大学经济系国民经济管理专业、北京大学经济学院经济管理系上学和工作已经二十八年了。在这二十八年的时间里，曾在教室里静静地听厉老师讲授"国民经济管理"，也曾在北京大学办公楼礼堂心潮澎湃地听厉老师讲中国经济改革的基本思路。留校工作后，更近距离感受过厉老师的关怀。

　　除了春游和秋游，每年一度的年终联欢会，是北大经济管理系的重要日子。我记得有一年在北大西门外的函授办公室开联欢会的时候，轮到厉老师出节目，厉老师给大家清唱了一段京剧"让徐州"，学的是言派，字正腔圆、韵味十足的唱腔让大家惊喜不已：没有想到厉老师还有这么一手。

　　其实，我认为最能体现厉老师平易近人的是：一直坚持给本科生讲课，并以此为乐。大家都知道，有些学校的老师在晋升为教授之后，就以各种理由，很少、甚至不给本科生讲课了。而厉老师在承担了非常繁重的社会工作的情况下，一直坚持给本科生讲课，直到今天都如此，并认为这是教师应尽的职责。

　　在担任经济管理系的系主任和光华管理学院院长期间，厉老师不仅思考并规划着系和学院的发展大计，还对系和学院的教师队伍的发展有着长远规划和具体的策略。其具体体现就是关心着每一位教师的发展。

我从 1989 年留校，工作到 1992 年年底，由于没有规划，我在科研上一直没有什么进展。1993 年年初，厉老师推荐我去参加由全国人大常委、著名经济学家董辅礽教授领导的《期货交易法》起草小组的工作。当时，我觉得非常意外。后来，才知道是厉老师在了解到我一直忙于学校工作，决定推荐我去参加如此重大的研究项目。在厉老师的推荐下，我除了在学校讲课的时间之外，住在全国人大财经委的办公室，积极参与起草小组的各项工作，刻苦研究期货交易的各种理论和中国的实践……最后，不仅完成了各项工作，还在有关的学术刊物上发表学术文章，迈出了我学术生涯的坚实一步。

直到今天，当我想起厉老师不计较我没有任何研究背景而作出推荐，感激之情依然难以言表。

厉老师脍炙人口的诗句："缓流总比急流宽"，对个人、组织和国家在处理各种事务中都有着耐人寻味的启迪：个人在实现远大抱负的过程中，当遇到困难和挫折的时候，往往后退一步天地宽；组织和国家在追求更高目标遇到障碍或不同意见的时候，放慢步伐，调整节奏，以和谐发展促发展，往往能够"更快、更省"地实现组织快速发展和国家的长治久安。

以上，仅以自己的经历和管见映射厉老师形象的几个侧面。

厉老师生活轶事

◎ 江小军

　　我是北大光华 EMBA02 级的学生，因为机缘缘分，能有机会在学习和工作之余接触到先生。近几年，先生出入深圳的次数比较多，在深圳的一些事务性事情我有幸接待过数次，如大家逢年过节一起吃饭聚餐，他接受一些采访之类的，常常由我作为司机陪同前往，这就使我有机会能了解到他在平凡生活中的一些场景。

　　作为晚辈弟子，通过在先生身边看到他的为人处事及生活点滴，进而对此产生一些感触，最终将之汇聚成这样一篇文章纪念先生的八十诞辰，以表达对他的崇敬和祝福。

　　一次，在先生的生日聚会上，祝寿的人来了很多。席间，大家深情地回忆起生活及工作中的先生，并各自讲了一件关于先生的趣事。听着同学及同仁们绘声绘色的描述，坐在一旁的先生笑得像个孩子似的合不拢嘴，还不住的插上几句，为讲述者将故事补充完整。每到这时，旁边的何老师则会用骄傲又略含责备的目光对着先生微笑，她那该是责备先生的这么多趣事没与自己分享吧！

　　最后，先生也讲了一些当年他与何老师两地分居并诞小孩的趣事。先生与何老师两地分居达 13 年之久，两人天各一方，犹如牛郎织女一般，在座的各位听完无不被二人一如既往的爱情所打动。其实，对我们年轻人来讲，先生所讲的趣事是件艰苦的往事，他的女儿厉放听他讲这些旧事的时候都有些哽咽了，但面对老人的超然与侃侃而谈，厉放还是露出了幸福的微笑，那微笑之中充满了对父亲的感激之情。

时隔多年后，这件事仍历历在目，先生与何老师对爱情那种坚贞如一、一如既往的劲头儿，及他们在事后的淡定、从容等都给我留下了深刻的印象。

2008 年 6 月，先生被深圳广播电视台邀请为嘉宾做客王梅的"对话改革"节目，这个栏目是以编年史的方式介绍一些改革开放的代表人物，先生是其中一个。那天，天空飘着小雨，空气异常清爽，先生去电视台时，我负责开车并和何老师一起做先生的陪同。

上镜录节目前，电视台的专业化妆师提出要给先生化一个简单的妆，先生应允并大方得体地在化妆间的镜子前坐下。我和何老师作为陪同也在化妆间的椅子上坐下，何老师转过身，认真地看着镜子里的先生，笑着对我和周围的几个化妆人员说："这一化妆还真年轻了啊！"

这时，就有化妆师笑着冲何老师说："给您也化一个妆吧，您也会年轻起来的。"正说着，这个化妆师就过来拉何老师到化妆台化妆。

"得了吧，都一把年纪了……"何老师口口声声拒绝着，但人却随着化妆师往化妆台走去。在我和好几个化妆人员的笑劝下，何老师方才在镜子前坐下。坐下后，她仍一直推说不化妆，但眼睛却盯着化妆台上的道具不放。

在整个化妆过程中，何老师和化妆师有说有笑，同时还不忘与坐在旁边观望的我说上几句，她像个刚刚受过奖励的孩子似的，显得异常兴奋和高兴。待整个妆化完之后，在场所有人都夸何老师人长得漂亮。何老师就站起来对着镜子照，这时，她似乎忘记了周围的一切，完全沉醉在自己的美丽之中，缓缓地转过身，再回过头来，继续凝望着镜子里的自己。少顷，何老师方才回过神来，忽然意识到了刚才自己有些"失态"，便有些不好意思的吞吞吐吐地对大家说道："我，我，我这是第一次化这样的妆啊！"

随后，我和何老师走进录音棚，在编导旁边坐下。先生当时正在讲関于经济体制改革，如何推出股份制，中间遇到哪些挫折以及他对股份制初期的一些想法等。这时，坐在台下的何老师显得异常安静，她认真地听着台上先生说出的每句话，每个字，目不转睛地望着他，那目光中充满了欣赏，欣赏之中又有一种淡淡的自豪。

有一次，先生和何老师去给家住深圳的厉伟的孩子买床，当时厉伟在香港有事回不来，就由我开车带着二老到商场选购。车一停下，何老师就风风火火地走在最前面，我和先生像跟班一样跟在后面。

何老师进去后看这个，看那个，每看完一个还都回过头来评论一下，将自己的主意和看法说给先生，先生也只是点头应允，偶尔争上一句，也是被何老师给压回来。一大圈转下来，我都快走累了，何老师却仍力气十足，给先生摆手示意继续跟着她转。先生则说："我抽根烟去。"不等先生把话说完，何老师就又投入到挑选床的"行动"中了。

我陪着先生吸了根烟并简单聊了几句，不想，何老师却在等着我们了。她看见先生就诉苦道："哎呀，还是由你来定买哪张吧，我是没招了，看得头晕眼花的……"

两人虽已年过七旬，相扶共度半个世纪，却仍同新婚夫妻，让人看了心生羡慕。

一次，侯松容同学在深圳民族村里请先生吃饭，席间先生拿出他新出版的诗集赠送给在座的每位学生，就有同学提出我们在座的各位分别来吟读先生的诗。最后，我们按照这位同学的设想去实施，由先生点出来他的代表作，然后分别由同学独自吟出来这首诗。

先生的诗，清韵流芳，读来琅琅上口，待同学们一一读完所有的诗，一幅反映中国改革开放三十年政治、经济变化的图卷便跃然纸上，清晰可见。他在经济研究方面的巨大成就，和他动人的、深邃的诗词作品相互辉映，构成了他独具魅力的人生。

先生不但关爱年轻人，也很关心和喜欢小孩子。我儿子江东瑞与先生非常熟悉，像侯松容同学的孩子，罗飞同学的孩子等，先生对他们都非常喜欢，非常关心。先生记得每位孩子的名字，尽管他每天都有很多事情要忙，与孩子们一年也只有两次见面机会。

去年的大年二十九，我们的同学、校友等年老年少的一大堆人在一起聚会。何老师和先生二老来参加聚会时带了很多书画作品，画是何老师作的画，诗是先生题的诗，诗与画正所谓是珠联璧合。当时，学生们都瞪大了眼，虎视眈眈地望着二老的伉俪佳作，甚至有人当场索要道："先生的真迹难得啊!"先生笑而不答。

后来，大家才知道这些书画作品是他们给每一个来参加聚会的小朋友准备的新年礼物，诗的落款处还题着与某某小同学共勉等内容。

我已将先生送给我儿子的书画裱好挂在他的书房里，我想这幅书画会对他产生一生的影响，能让他时刻铭记这位经济学大家对他的疼爱和期许。对于我们年轻的家长，年轻的夫妻而言，何老师和先生的平易近人以及夫妻之间的恩爱依旧、夫唱妇随是值得我们羡慕和学习的，希望我们老了之后也能像他们一样恩爱、幸福。

春播桃李，秋收硕果

◐ | 蒋　承

在读中学的时候，我家所在的小城市开始经历如火如荼的企业改制过程，街头巷尾谈的都是这类事情——当时的政治经济学课本里面还没有股份制这一名词，那时的我也不理解厉老师为了坚持这一学术观点而曾经承受的巨大压力——我只是发现周围的人开始变得忙碌，各家各户开始有了洗衣机、彩电、冰箱……带着对这一系列社会现象的兴趣，我本科选择了经济学作为专业。

北大的学生宿舍往往是一个学术辩论最自由的地方，我们这些学生常常就一些经济社会热点问题进行漫谈与争辩。记得在一次讨论时，一位同学就提出了"中国目前是微观经济单位不具有活力条件下的经济非均衡"这个观点，并且为我们一一道来，赢得了大家的一致认可。当我们开始称赞他的见解时，他哈哈一笑，说你们怎么连厉老师的《非均衡的中国经济》都没有看过啊。于是第二天，羞愧的我赶紧去图书馆借了这本书，认真的研读起来，恍然大悟。原来经典的西方经济理论告诉我们，如果一个市场是完善的，可以通过竞争来达到均衡，资源也就得到了最优的配置。可是，这个很美的理论如果成立要有一个很强的假设就是，参与市场竞争的"微观经济单位必须是自主经营、自负盈亏的独立商品生产者"，否则这个理论的现实指导意义无从谈起。

今天，从改革开放三十年的辉煌历史看来，厉老师的理论是正确的。老师能够在改革开放的初期就结合西方经济学的前沿理论与中国经济社会的具体实践，创造性地提出"两类经济非均衡"的理论体系，提出中国的经济体制改革必须按照"改企业"和"完善市场"两步来走，这样的大智慧给中国的经济改革节省了巨大的成本，这样坚持学术观点的胆略和勇气对于我们年轻人来说更是塑造了一个学术典范。

跨进新千年，我国的经济社会体制改革也进入了一个新的阶段，厉老师仍在为国计民生不停地忙碌。大江南北、长城内外都留下了老师调研的足迹。在充分思考的基础上，老师又提出"改革下一步的重点是城乡一体化发展"的重要论点，指导着一批不同年龄、不同职业的学生就县域经济和金融、农村宅基地、农地流转、农业产业化、民营经济发展等各类课题进行深入的研究，我也非常荣幸成为其中之一。厉老师听说我是湖北人，就指出湖北是粮食大省，以水稻种植为主，而研究水稻规模经营和土地流转是当前的一个空白点，非常适合我来做。老师和师母都嘱咐我"要多下去看看，多了解基层的情况，不能总待在屋子里面读理论"，并给我写了推荐信，让我去江陵调研。

除了在学业上的指导，老师和师母对我们这些学生们的关心和期望是全面、朴实而真切的。记得在老师和师母金婚的宴会上，大家请师母讲话，师母拿起话筒就说了一句非常简短而感人至深的话——"希望你们每一个人都能够金婚"。这句话让现场的很多师兄弟都感动得落泪。今年是我博士后出站确定工作之年，心里一直不安。我看到老师平时的研究工作很忙，不敢多打扰两位老人，本想着准备过一段时间再向老师汇报自己寻找工作的进展情况。可是，刚刚过完元旦的第二天，老师在一次谈话时就问起了我未来工作的打算。是想留北京还是去外地？是想继续做研究还是去企业、或政府？家里有什么意见？老师问得很细致，师母也不时提出一些建议。两位老人为我的事情耗费了这么多心思让我这样一个晚辈真是万分的感动，更感觉不能辜负老师的培育之恩。

春播桃李，秋收硕果。这些年来，老师和师母共同指导、关心和培养了我们这些学生。随着和老师师母交流的不断增多，我慢慢开始理解，能够有一个健康的身体、幸福的家庭，是老师和师母对学生们最大的心愿；而学生们每取得一点让老师和师母开心的进步则是我们对老师和师母最大的感恩。此生能够在老师的指导下进行研究和学习，是我永远感到万分荣幸的事情。

我们的老师 厉以宁

▶ 1997 年于加拿大尼亚加拉大瀑布

▶ 1999 年于北京

▶ 2001 年于美国耶鲁大学

▶ 2002 年于宁夏银川

▶ 2003 年于贵州黄果树

▶ 2005 年于河南郑州

▶ 2005 年厉老师从教 50 周年庆祝会

▶ 2005 年厉老师从教 50 周年庆祝会

厉老师在浙江

◐ 金汝斌

　　近年来，厉老师来浙江考察、调研、开会、讲学的次数比较多，浙江的每个地级市他都去过了。厉老师对在浙的学生也特别有感情。他在来杭之前或到杭之后一般都会与我取得联系，告知何时来杭，下榻何处，有无时间一起吃顿饭，或需要我做些什么等等，至少要与在杭的学生们见一次面，这是铁定的。也正因为此，使得我有幸多次接待厉老师和何师母，有机会陪同他们到浙江各地走走，接受老师的教诲和指点。下面仅就我个人的接触谈一些感受。

　　早在 1979 年 4 月，全国经济学界著名教授、学者会集在杭州，研究并开展《经济学辞典》的编审工作。厉老师和陈岱孙老先生都来了，下榻在钱塘江边的屏风山招待所。当时我在浙江省劳动局工作，厉老师得知我在外地开会，便立即通过长途电话联系上我，希望在杭州见上一面。接到老师电话，我十分激动，恨不得插翅飞回杭州。几天后，我去拜望老师时他已转到西子湖畔的新新饭店。厉老师向我详细了解在杭工作的吴前夏、高来鑫两位学生的情况后说，明晚要给杭州大学研究生授课，你们已有较长时间没听我讲课了，通知吴前夏和高来鑫同学一起来听听。老师给了我们毕业后能继续听课的机会，大家都感动不已，按时赴约聆听其精彩的讲授。

　　讲到师生的情缘，还有这么一件事。20 世纪 90 年代末，厉老师来杭参加民盟中央的会议，由于在杭只住两晚，而且第一个晚上有会，只有次晚可机动，时任省人大常委会主任的李泽明同志请他吃饭，浙江大学请他做学术报告，而他自己又想见见在杭的学生们。矛盾之中他作了如下选择：婉言谢绝李泽民主任的宴请，与我们几位学生一起吃了碗面条，然后到浙大邵逸夫科技馆作学术报告，并要求我们一起去听讲。类似的情况以后多次出现。我们都按惯例享受到"终身听课"的待遇。

与此同时，厉老师每来一次杭州，都带新作赠给我们。我们每一次听讲都如同回到母校，接受熟悉而又亲切的教诲，都有一次新的收获。

厉老师从来十分重视我国的就业问题，提出要"以就业扩大就业"等重要观点。早在 20 世纪 80 年代初期，他针对当时大量知识青年返城，城镇失业率飚升，而就业观念又比较落后的社会现象，利用各种机会，通过一些生动的例子来矫正错误的就业观念。他在有关演讲和学术报告中常举这样的例子：某地返城知青开了商店、饭馆，挂的牌子却是"某某待业青年商店"、"某某待业青年饭馆"。他风趣地说，都当了"老板"，并且有了雇工，怎么还算是待业青年吗？类似的例子还有很多。

世界各个发达国家都重视经济增长率、失业率、通胀率及汇率（国际收支平衡），以此作为衡量一国经济发展水平和社会稳定的四大宏观指标。厉老师针对我国的国情，20 世纪 90 年代以来就提出当前我国应更加重视就业问题，从某种意义上说控制"失业率"比控制"通胀率"更重要的观点。记得在 21 世纪初，我趁厉老师来杭之机，请他给全省劳动局长和就业局长作了一次学术报告。他深刻阐述了高通胀的危害性，但失业会使一部分人失去生计，如果失业率超过一定限度，失业者的心理不平衡状态会加剧，将对社会稳定构成严重的威胁。厉老师的鲜明观点和大声疾呼，为后来政府把就业作为民生之本，出台一系列就业优先的政策措施，起到推动作用。我在省劳动厅任职时，曾分管劳动就业工作多年，切身体会到厉老师观点正确，也深刻感受到老师一直在指导着我的工作。

厉老师学识渊博，观点鲜明，看问题一针见血，阐述深入浅出，表达风趣幽默，每一次听讲都是一次享受。比如，在我国房地产市场刚刚兴起且颇有争议时，厉老师在深入调查研究的基础上，看清楚了房地产业对经济发展的重要推动作用，认为发展房地产不仅能推动整个经济的快速发展，而且还能不断改善民生，提高居民生活质量。他说，"一个优秀的市长是能让市民不断搬家，旧房换新房、小房换大房的市长"；但他又说，房价应当同居民收入水平相称，如果房价上涨比收入增长快得多，谁买了就欠下终生债务，谁还有余钱来扩大消费。他还指出，要在解决好经济适用房、廉租房等政府保障性住房的同时，配置好不同档次的商品住宅。首先要使无房者有其居，租房也好，买房也好，都是"安居"的形式。总之，要让不同收入阶层各得其所。他娓娓道来，思路清晰，逻辑严密，导向十分明确，可操作性也强。还有，在企业改制方面，提出了"靓女先嫁"的观点；在鼓励民营企业家投身于公益事业和履行社会责任方面，提出"儿子超过我，留钱干什么?""儿子不如我，留钱干什么?"的管理哲学理念。这些独到的见解，都是令人深思的。

我求知路上的引路人

◎ 金中夏

一九八一年，我满怀着对知识的渴望、对国家前途和对更广大世界的憧憬，考入北大经济系世界经济专业。当时厉老师主要给高年级上课，我在校园里并不容易见到。第一次见到厉老师纯属偶然。我当时担任系团刊《窗口》的主编，一心想学当年蔡元培兼收并蓄的风格，办出一个有声有色的学生刊物。一天晚上到系主任陈岱孙教授家中采访并请教治学经验，出门时正好碰到厉老师来拜访，在旁边同学的指点下我第一次对厉老师有了直观的印象。后来我逐渐读了厉老师在西方经济学流派以及西方经济学理论方面的著述，感到厉老师是个学问很深很有才华的人。

在经济系上了两年基础课和专业课后，我感到对现代西方经济理论了解不够，并很想从比较的角度对东西方经济学的理论和实践进行研究。当时我利用业余时间写文章给系团刊《窗口》和系学生会刊物《学友》投稿，其中一篇试图研究马克思经济学方法论中的古希腊本体论渊源，另一篇是介绍国外对东亚经济奇迹中儒家思想影响的探讨。这些在当时是非主流的东西，并不是每一个老师都认可的，但令人欣慰的是当时作为《学友》顾问的厉老师是国内经济思想史比较研究领域的先驱。

终于到准备考研究生的时候了，我发现厉以宁与陈良焜和秦宛顺老师合招的"比较经济与管理"专业是我非常喜欢的。这个方向在当时汇集了北大在经济学、数学和统计学方面的师资优势。那年学校还推荐一些应届本科生免试升学读研，我很不幸不在被推荐之列。但幸运的是厉老师所招的方向并不招收免试生，而是全部开放给考试竞争。我被录取了。

我后来选定的硕士论文题是"麦金农和肖的金融深化理论"，厉老师还特地请中国人民银行及其研究生部的专家参加论文审阅或答辩。通过这篇论文的写作，我学会了如何深入系统地了解、分析和评价一种理论，并结合本国实际对这种理论进行运用的方法。

厉老师对学生的帮助远远超出辅导论文的范围。研究生毕业时，厉老师曾建议我留校任教。我感到自己更需要对中国经济的实际运行有所了解，厉老师表示理解并亲自为我写了向用人单位的推荐信，那封信决定了我迄今为止大的职业发展方向。刚到单位工作的一两年，我有时到厉老师家看望并谈起工作的情况，厉老师对我的每一点进步都感到高兴。

1997 年年底，我从美国完成了博士生学业并在国际金融组织工作一段时间以后归国，正逢某金融监管机构招聘部门副主任，我打算应聘并请厉老师写一封推荐信。厉老师出于对自己学生一贯的爱护，为我写了推荐信。但从他的言谈中我明显感到他不支持年轻人过于功利的倾向。由于我本人良好的基础和厉老师的推荐，我顺利通过了众多应聘者参加的笔试和第一次面试，但我最终选择了放弃应聘，选择了在当时既定的方向上走一个普通人必然要走的路。那是一个涉世不深的书生的选择，但我认为是尊重厉老师并对得起自己、对得起北大精神的一个选择。十多年过去了，我为自己在平凡的人生路上所经历的艰苦、快乐和由此而带来的成就感而感到欣慰和骄傲。

厉老师的学术修养和造诣是相当全面的，但有一方面可能是人们注意不够的。那就是他与陈岱孙教授共同主编的《国际金融学说史》。北大经济系的一个优势方面是经济学说史，经常有老师说"论从史出"。厉老师和陈岱孙教授的这本著作系统地介绍、评论和分析了近现代以来西方在国际金融领域几乎所有的重要理论和流派，成书于 1991 年。后来我到美国做经济学博士论文"论中国转轨时期均衡汇率的决定"时，曾经想找一本类似的英文参考书，但不知为何居然找不到一本比这更全面的。最近10年来，随着中国经济地位的提高，人民币汇率和国际收支平衡问题日益成为国内外讨论的焦点，我在工作中不断地体会到这本书的价值。

转眼我毕业已超过20个年头，工作和学习的性质使我一直游走于东西方之间，北大兼收并蓄的大环境，特别是以厉以宁老师为代表的一批学术大师学贯中西、融会古今的大比较、大综合的治学风格，对我有着深刻的影响。在参加工作几年以后，我赴美国学习现代经济学。在读经济学博士课程时，我不禁思考在大量数学表达背后的西方的方法论传统，以及这种传统与东方传统的差异。周末到教堂看人们做礼拜时，我曾倾听一位汉学家牧师关于基督教与儒家思想的比较和评论。几年后，我又怀着传统中国人挥之不去的"修齐治平"情节回到祖国，选择了一种无愧于心、同时又非常不安逸的生活。

厉老师的很多研究可能将不断被历史证明他的价值。历史不会简单地重复，但历史有时会惊人地相似。去年夏天我到罗马度假，驻足于古迹与神迹之侧，徘徊于历史与现实之间。正在此时我惊喜地得知厉老师不久前出版了一本巨著《罗马—拜占庭经济史》，那应是他多年以前讲授经济史课程和研究工作的产品。毫无疑问，他对很多问题早就思考过了。而我刚刚对这本巨著的价值有所领悟。厉老师的视野和功底使我坚信他无愧于大师的称号。

师爱无疆

◎ 景　柱

我人生的一大骄傲是成为厉老师的学生。

当年我参加高考的第一志愿是北京大学数学系，那年北大在河南招生12名，我不幸未能如愿。大学毕业时又赶上一个如火如荼的改革年代，十万大学生闯海南，我就是其中一员。

人虽到了海南，根却留在了大学，继续深造一直是我四十岁之前生活中的重中之重。湖南大学全职博士毕业后，有幸考入了北京大学应用经济学博士后工作站。当拿到北大录取通知书和国家人事部人才司的调档函时，我确实欣喜若狂。这不仅因为我圆了北大梦，而且还因为投入自己深深崇敬的厉老师的门下。

老师和我商定的研究课题是"中国民营汽车企业发展前景研究"。这个课题的显性主题词是：民营、汽车、前景；隐性主题词却是：充分竞争、支柱行业、环境友好。我在汽车行业搞产学研三结合二十年，但对老师的要求心中无数，课题研究一度陷入了迷茫混乱状态。

作为学界泰斗，老师博大精深，他浩瀚如海的学问功底显然在经济学之外，正所谓读万卷书、行万里路，写天下文章、做千秋学业。老师的几十部著作我未能一一领会，但有几部对我影响很大。一是老师在三十年前同秦宛顺老师合著的《现代西方经济学概论》，至今仍放手头作为参考；二是《走向繁荣的战略选择》，这是老师和他的几位弟子在改革开放之初对中国改革开放的方向和路径进行的战略研究，所圈所点均得到以后的实践验证，其眼光之深邃、思想之前瞻确实让人叹为观止；三是《罗马—拜占庭经济史》，一部经济史巨著，却能深入浅出，以散文般的语言表述，让读者朗朗上口、爱不释手；四是《论民营经济》，对我国民营经济的过去、现在和未来进行了深入和系统的辨析，用经济学思想对新生、复杂的现象进行了整理归纳和科学定性，为后人的研究引路。

在老师的经济学思想启迪下，我的研究课题逐渐明确了思路，具体章节老师又多次对我当面指导并组织专家研讨，确立了以下基本观点。

一是股份制是民营汽车企业发展的重要平台。这不仅是民营企业由家族化管理向现代企业制度迈进的必经之路，也解决了民营企业普遍遇到的融资难问题。对此，我有切身体会。正是通过资本市场融资，才使企业渡过了创业初期的艰难阶段，有了今天施展拳脚的领域。

二是从股权控制度、品牌权属、知识产权、战术收益和战略收益五个维度对自主品牌进行了定义性研究，纠正了行业和经济领域中自主品牌概念模糊不清、鱼目混珠的混乱现象，使国家的自主创新战略得以更加科学地贯彻执行。

三是提出了自主品牌"开放合作、学习创新、自主多赢"的行业科学发展观。开放与自主是一个大国应有的国际形象，但开放不是放开，自主不是自我封闭。在开放中积极合作，在合作中认真学习，在学习中消化创新，在创新中沉淀自主，在自主中取得多赢。这才是中国汽车产业的科学发展观。

四是研究了 2008 年世界金融危机对全球汽车产业格局的影响。作为汽车企业，除了体制创新、管理创新和技术创新之外，更重要的是实行企业文化战略下的人才战略。在 2008 年国际金融危机中，通用、福特等著名企业都岌岌可危，一个重要因素是频繁使用职业经理人，使企业战略得不到延续。而大众、丰田巍然不动，一个重要因素是慎用职业经理人。一帮人，一辈子就干一件事，即使笨点，不断艰苦奋斗也终有大成。老师曾讲过，"同甘靠制度，共苦靠认同"，不同的企业文化战略导致不

同的人才战略，最终导致两种完全相反的企业战略的结局。

以上一些观点得到了汽车行业的广泛认可，也验证了近几年中国汽车产业的发展实践。我的论文在中国改革开放三十年博士后论坛上宣讲并被收录，使我深深地体会到作为厉老师弟子的成就感和喜悦感！

作为一名经济学教授，老师巨大的人格魅力也深深地感染着我。他创立的具有划时代意义的非均衡中国经济学说虽经实践验证为正确的，但仍然常受指责和无端中伤。对此，老师总以"烦恼皆因缘未尽，心宽无处不桃源"而坦然处之。

老师和师母几十年走来，雨雪风霜，相濡以沫，更是我们这些弟子学习的榜样。每有疑惑不解之事，常到老师家中求教，两位老人对学生的关心和指点，只能用"师爱无疆"来表述。

受老师的学术精神影响，我的科研成果五次获得省部级科学进步一等奖，并得到了多项国家级的荣誉。离开北大后，我调回湖大任教，参加建设中国汽车产业发展研究中心，继续追随老师的学术精神。现在，我一直在自己的教学研究中认真工作，教学、培养博士生，推进新学科建设。

每次回到老师身边，总会得到一份学问收获和一份家庭厚爱，至今我一直深深地感受着老师诲人不倦的爱心。让我再一次引用本文的标题来感谢老师：师爱无疆！

关注社会，关注民生

◐ 雷 明

我们的老师 厉以宁

　　1992 年，为加快我国科学技术的发展，北京大学设立了经济学博士后流动站。我作为北大经济学博士后流动站招收的第一名博士后，从武汉的华中理工大学（现在改名为华中科技大学）来到北京，开始了在北京大学的学术生涯。博士后研究期间，厉老师担任了我的合作导师。

　　厉老师并没有让我跟着他搞股份制理论，而是让我加入了他主持的另一个研究课题——中国资源环境问题研究。在这个课题研究组中，厉老师让我具体研究资源环境的经济核算，并请陈良焜教授作我的另一位合作导师。

　　从 1992 年加入厉老师的资源环境课题组开始，我跟着老师参加了国内外许多相关学术研讨会，到不同地区调研，考察矿山、电站、工厂、企业等，经常聆听老师的学术演讲，厉老师的耳提面命，让我有了更多机会领会老师深邃的学术思想，感悟老师的人格魅力，每每为老师的智慧叹服不已。博士后两年研究工作结束后，我选择留在北京大学光华管理学院，继续从事资源环境核算的科学研究至今。正是由于老师的指路，在资源环境核算领域，我取得了一些成绩，以至于今天，在全世界都开始关注环境资源问题时，对这一新兴学科的有关研究依旧让国内外同行认可。

　　2005 年，老师找我谈，希望我能关注中国社会发展中另一个严肃的问题，即贫困问题。在学校的大力支持下，老师领衔成立了贫困地区发展研究院，并亲自担任北京大学贫困地区发展研究院院长。我加入了老师研究贫困问题的团队。

从 2006 年至今，在老师的带领下，研究院师生奔赴贵州、甘肃、宁夏、云南、新疆、广西、湖南、湖北、四川、山西、河南、河北、广东、福建等地，针对当地贫困地区实际情况，开展有针对性的深入调查研究。取得覆盖东中西部、充分体现我国区域发展多样性特征的系统性研究成果，2008 年 7 月由经济科学出版社出版了研究成果丛书第一辑六本，2010 年内即将出版丛书第二辑六本。同时两年一届的贫困地区可持续发展战略论坛，目前已召开两届（第一届在天津，第二届在贵州毕节举行），今年即将召开第三届，地点定在云南昭通。在总结中国贫困地区发展的经验教训，研究贫困地区发展的规律，探索贫困地区的可持续发展道路，形成关于贫困问题的跨学科交叉学术研究成果，为政府提供关于扶贫和地区发展的政策建议等方面取得突出成绩。2009 年 12 月，研究院也因此被北京大学评为校优秀研究机构。

回顾跟随老师从事科学研究十八年来，耳濡目染老师的风范，感慨颇多，写出来，会令人深受启迪的。

老师有超级敏锐的学术目光，善于高屋建瓴把握问题。

"厉股份"在质疑、批评中以坚持倡导"股份制"，让中国经济改革走出了关键的一步。但老师并没有在硕果面前止步，老师密切关注着中国经济的发展，在中国经济的快速增长中敏锐地判别着问题，见微知著地将资源浪费、环境污染作为阻碍中国经济社会未来可持续发展的核心问题，组织力量着手进行研究，成为国内经济学界较早关注人类可持续发展、呼吁转变粗放生产方式、为循环经济、节能减排出谋划策、为国家确定"科学发展"战略提供决策参考和理论支持的重要学者。

以后老师从中国经济快速繁荣、群众收入普遍提高中，觉察到地区发展不均衡，群众收入差异带来的贫富差距，意识到贫富差距可能破坏我国社会发展必需的安定。老师在七十五岁高龄关注中国的贫困问题。

北京大学贫困地区发展研究院已经在老师的带领下，深入田间村寨，根据实际第一手资料，研究探讨了中国贫困治理的途径，出版了如何科学发展摆脱贫困实现和谐的系列丛书，用思想、智慧和行动投身在国家的科学发展中。

调研中，我一再切身感到理论如果离开实践，就会成为空谈。比如，我做了十多年的环境核算研究，曾疾呼中国严峻的环境资源形势。在扶贫考察中，有这样一个实例让我震动，当地农民土法炼锌，环保部门制止不听决定罚款。农民就把炼锌炉搬到自己家里，说为了不挨饿，污染自己家总可以吧！用现成的理论和方法揭示环境资源破坏的程度与危险性并不难，但稳妥有效的可持续发展实现路径是很难确定的。

最后，我还想谈谈我身边的事。我在留校之初，工资低，居住条件差，有时发发牢骚，老师说这条件比他们当年在北大留校时要好得多，鼓励我好好干，条件会逐步改善的。1994 年我的孩子生病住院，老师和师母知道后拿出自己的 500 元让人送给我们应付急需，并叮嘱其他学生帮忙照应，这些钱连同闵庆全老师送的钱一起给孩子交了住院费。后来，孩子长大了，老师把自家的缝纫机送给我们，还与师母一同指挥几个学生搬运缝纫机。师母说，当年是等了好长时间才轮上的这台缝纫机票的。这台缝纫机给我女儿补了许多衣服。现在当身高一米七多的女儿来到老师面前时，老师和师母流露的那份欣喜和慈爱是难以用笔墨描述的。

不怨春迟，独秀寒枝

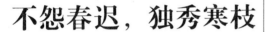　李金波

2009 年秋天，我有幸忝列厉老师门下。先后陪同老师参加了几次讲座后，我发现老师每次发言，从来都是开门见山，言简意赅："今天讲三个问题……"继而直切主题，每每连主持人都颇感意外。老师演讲时神采飞扬、引人入胜，分析问题精辟入里、毫无赘余之词。每次聆听老师的讲座，对我来说都是一次精神愉悦的畅快之旅。我在品味老师的众多论断如"中国经济刹车容易启动难"、"就业是靠就业扩大的，失业是因失业而造成的"同时，也在琢磨这样的问题：老师是如何做到对中国问题把脉如此精准的？闲聊时，我向老师提出了这一问题。老师微笑："这与我以前的经历有关"。我明白，老师文革期间遭批斗下放，经过多年磨难与潜心研究，老师对社会变革的机理和方向洞若观火，加上谙熟现代经济理论，分析起问题自然切中要害。

然而，这么多年以来，老师提出的每一项改革主张在最初总要遭到这样那样的非议和批评，但最终却一再被实践证明是正确的。从运用股份制改造国有企业到就业优先的宏观调控目标，老师饱受了各种批评和责难。对这些，老师一笑而过，"心宽无处不桃源"！我知道，这句话说起来容易，做起来却是何等的艰难。

我酷爱老师的诗词，在字里行间品味咀嚼与感受的，是一位精神生产者点亮健康社会的温暖烛光。仔细翻阅老师的诗词，"一番秋雨一番

风，换得心宽南北亦西东"①，不难感受到一位知识分子独有的从容淡定、独有的傲骨铮铮。我时常想，老师身上的这种精神气质也许来自于他学贯东西的底蕴：老师早年研习西方经济史，后来逐步推动将西方经济学引进中国的工作，并针对改革困境，极具洞察力的提出中国经济面临着一种特殊的非均衡——即由于市场不完善以及企业缺乏利益约束和预算约束条件下的非均衡。这一观点直击计划经济之根本，也指出了改革的基本方向。正是基于这一洞察，老师创造性的提出用股份制对国有企业进行改造、进而重塑社会主义经济的微观基础的理论。现在，经过实践检验的这一理论已然全面胜利。

我有幸蒙老师教诲，围绕县域经济的财政问题进行相关研究。记得我博士后研究报告开题之时，我曾提出要建立一个统一的模型来考察分税制与"省直管县"改革的激励效应的想法，对此，老师语重心长地告诫我："年轻人做学问，不要贪大，要懂得割爱。年轻人总是有一种冲动，想搞一个重大创新，搞个模型将什么问题都解决了。这是年轻人做学问的大忌。要踏踏实实的，一步一步来，对经济问题的理解和把握要靠积累。"这一番话不仅点醒了我的研究思路，也被我时常拿来鞭策自己的学习和生活。我们这些出生于中国改革开放肇始之年的一代人，也许对这个国家过去历经的磨难知之甚少，也许对正在发生的巨大变革感悟不够，但对于国家未来的持久繁荣却承担着不可推卸的责任。而正是抱有这样的责任感，抱着对现时代种种变革的理论困惑，我来到了厉老师亲手创办的光华管理学院。然而在求学过程中，我一方面知道机会难得，每天恨不得夙兴夜寐，奋发苦读；另一方面也容易犯急躁冒进、贪大求洋的毛病，对理论问题关注过多，而对中国经济的实际问题却关注甚少。这也反过来成为我追随厉老师就中国经济问题进行博士后研究的一个重

---

① 引自厉老师词《虞美人》，"少年观海天无际，故土绵绵意。轻舟好去莫回头，破浪直前随处有芳洲。　老来得失应知矣，潮退潮升起。一番秋雨一番风，换得心宽南北亦西东。"

要原因。对经济规律的理解和把握，不光是要读万卷书，更要行万里路，要靠一点一滴的实践和积累逐步参会。而这，更需要学习老师那种淡定、那种从容，那种"不怨春迟、独秀寒枝"的风骨！

一场春雨催桃李

李 克

一场春雨催桃李，这是我从厉以宁老师 1996 年 2 月的旧作《七律·广西靖西旧州》采撷而出的。先生的这首七律已收录到《厉以宁诗词选集》之中。诗曰："争说边城多秀丽，果然平地起峰峦。一场春雨催桃李，半幅闲云遮远山。日照丛林烟漠漠，月笼村寨路弯弯。靖西景色谁相似，只在桂林阳朔间。"

而今，老师喜度 80 春秋。10 多年前我有幸投师门下，终身受益。往事虽过，却非如烟。咏诗动情，就让我把追忆先生这篇诗作的缘起，作为老师生日之礼物！

那是 1996 年 2 月，临近春节。老师受我之邀，与师母一起来到我工作的地方——广西百色。学生原本是想让老师来放松休闲，走走看看，同时我也可趁机向老师当面讨教工作中的困惑和问题。没想到的是，老师这一走一看，完全改变了学生我的最初动意。

开始，老师还寄情山水，心存诗情画意；然而，很快老师的行程便发生了改动：接下来的时间里，六十有六的老师遍访田阳、德保、靖西。正像他在诗中所写的"靖西景色谁相似，只在桂林阳朔间。"但秀美山川的背后是一个残酷的现实，百色曾有 10 个县被列为国家级特困县，田阳、德保、靖西均列其中。它们都是有名的大石山区，大多数耕地都是"东一块，西一块，帽子还盖一块。"别说现代化农机用不上，就连牛都无法使用，只能用锄头刨。山上植被很少，"一场大雨地成河，三日无雨地冒烟。"难怪世界银行的专家在实地考察后也来了一番"中国式幽默"：你们中国人真了不得，连乌鸦都呆不住的地方，你们还能繁衍生存？

事实上，党和国家对革命老区百色的关注和关爱一直没有停止过，党和国家领导人多次到百色地区考察指导工作，鼓励老区群众发扬革命光荣传统，发奋图强，把百色地区建设好。同时也安排了大量的扶贫基金，倾情支持老区建设。当时，我在百色地区担任主要领导已有几年，山水如画，草木有情，这片铭记红色记忆的土地上寄托着我的梦想和追逐。众所周知，1929 年 12 月 11 日，邓小平同志在广西百色组织领导武装起义，创造了中国工农红军第七军。百色起义是我党继南昌起义、秋收起义、广州起义等之后举行的又一次影响较大的武装起义。起义后创建的右江革命根据地，是党在少数民族地区创建的全国瞩目的革命根据地。为了让老区人民生活富裕，我们想了很多办法，用扶贫款为群众劈山修路、打井抽水、拉线送电、造田造地……虽然做了大量的工作，取得了不少的成就，也发生了很多变化，但总觉得观念还不够新，办法还不够多，成效还不够显著。我努力着也困惑着。

作为经济学大家，致力消除贫困、解决国计民生历来是老师心中神圣的责任。老师常说，中国是个大国，还有不少地方的群众忍受着贫穷的煎熬，如何加快脱贫致富的步伐，始终是他关注的重点。一天晚饭后，我们讨论这个问题时，老师语重心长的对我说：你是这里的主要领导，一定要解放思想，更新观念，拓宽思路，学以致用，我也帮你想想办法，让大石山区的老百姓尽快脱贫致富。

老师虽点了题却没有马上开出"药方"。这是因为，老师治学严谨，世人皆知。我记得他在为《转型经济理论》一书出版而作的《相见欢》中曾写道："边城集镇荒丘，大山沟，多半见闻来自广交游。　下乡怨，下海恋，下岗忧，了解民情不在小洋楼。"没有充分认真的调研，没有缜密的理性思考，老师的"不发言"就是最好的发言！

经过一番走访、调研、思考之后，老师方才给我"授课"：大石山区要脱贫致富必须要有新理念、大举措。一定要彻底冲破计划经济的束缚，真正按照市场经济的要求加快发展；在市场经济条件下生产要素不是凝固的，而是流动的，只有在这种条件下各种生产要素才能达到最佳配置组合，才能实现效率最大化；在你们贫困地区，更应该积极推行股份制，除了充分有效地调动本地资源外，还能够尽可能地把国内外各种资源为你们所用；我看了你们一些扶贫工作搞得比较成功的地方，感到自力更生的精神很可贵，应该要肯定而且这也是最重要的，但应该注意扶贫开发要开放，用足内力是对的，还要广借外力，形成合力；有条件的地方可以就地扶贫开发，但条件恶劣的地方为什么还要死守在那里？为什么就不能大胆的走出山门，搬下山去，到有条件的地方发展呢？你们完全可以拓展思路，实行异地扶贫开发；贫困地区虽然有很多劣势，但也有不少优势。比如这里的土壤、气候、劳动力都有自身特点，应充分发挥比较优势，调整产业结构，什么在市场上有竞争力就做什么，什么在市场上赚钱就做什么。

大师破题，众人行动。我们及时拓宽大石山区扶贫工作思路，多策并举：有条件的地方，实行开放式的就地扶贫开发，引进懂技术、会管理、善于营销的能人帮助当地群众扩大开放；生产条件恶劣的地方，鼓励群众搬到山下人少地多的地方，实施整体搬迁；利用国家扶贫资金解决路、电、水等问题，开荒种地，进行异地开发扶贫；不愿意搬家下山的，引导山上劳动力带着扶贫款，到山下条件好的地方和当地村民合作；引进各地的公司参与，采取"公司＋基地＋农户"的经营模式，搞养殖、种植；山上老百姓还可以用资金入股，以股份制形式入股当地或外地公司，办片石厂、水泥厂和各种农副产品加工厂；发挥比较优势，调整产业结构，种植反季节蔬菜、优质水果等等。

一把金钥匙，打开万家门。千家万户的小生产与千变万化的大市场实现了对接，在把当地劳动力价值发挥到最大化的同时，也使国家的扶贫基金效益最大化。老师的此番点金术使百色在全国开创了"两个较早"；一是异地搬迁扶贫，一是"公司＋基地＋农户"的经营模式。而且，这些生动的实践和成功的经验也得到了国家的肯定和推广。

岁月如歌，但隽永而深刻的音符却弹跳的那么温馨如昨。而正是因为回望我和老师14年前的这段往事，又勾起了我进一步的思考；

——老师是大家。他著作等身，是经济学界的泰斗。老师的教诲使我没齿难忘。理论来自实践，理论指导实践，两者完美的结合就能迸发出巨大的活力，就能产生巨大的效应。

——老师知识渊博。老师以其坚实的文学功底创作了几百首诗词和多篇散文，其中充满激情，洋溢着思辨色彩。谁能想到，这些诗词和散文出自一位经济学家之手？

——老师是严谨的学者。他对自己要求严谨，每天早晨起来撰写一千字左右，经年如此；调研思索，带徒授课，成为他不变的日程。对学生要求严格，他一再叮嘱我，不要因为做领导干部而放松学习读书，他每每有新作付梓，都会邮寄给我；每每看到好书出版，他都及时推荐给我，并经常提醒我，要根据国内国际形势变化，研究新问题。这种严谨的治学观是弟子终身的学习楷模。

谨以这篇短文，献给您的80华诞——敬爱的厉老师！

我跟老师学参政

▶ | 李庆云

　　今天路上不堵车。当我到达政协礼堂时，离开会差不多还有半个小时。这已是第十一届全国政协常委会第六次会议了。我像往常一样，拿了一张座次表，走进常委会议厅，找到自己的座位，习惯性地向前扫视一眼，发现厉老师已坐在最前面的位子上，正低着头在写着什么。"老师到的这么早"！我轻声自语，但并不惊讶。老师开会，总是早到的。我走到老师身旁问好，他放下手中的笔，慈祥一笑，和我握了握手，寒暄起来。看到老师很忙，我不忍打扰，很快回到自己的座位。

　　老师连任全国人大、全国政协五届常委和专门委员会副主任，一个五年接一个五年，老师也由壮年进入老年，参政议政工作却仍一如既往的繁忙。老师在经济改革和发展的很多方面，如股份制改革、证券法的制定、民营经济发展和扶贫工作等，都倾注了巨大精力和智慧，收获了丰硕的果实，在社会上产生很大影响。想到这里，一个联想油然而生：如果说老师在参政议政上也是我的导师和榜样，毫不牵强。

　　我是1962年进大学的。十几年的文化大革命等政治运动葬送了我们这代人一生中精力最旺盛的青春年华。多亏邓小平拨乱反正，扭转中国社会的发展方向，给了我重新学习深造的机会。终身感恩北大经济系，接纳了我这个由俄语专业跳到西方经济学的半路出家学生。1978年秋天，34岁的我幸运地成为文革后第一届研究生，拜在厉老师等四位老师的导师组门下。我十分珍惜这得之不易的机会，除了课堂，成天泡在图书馆里，学习上争分夺秒，对政治避而远之。还记得，三年后毕业留校任教，和老师在同一个教研室。到了1994年，我担任了北京市政协委员，正式走上参政议政之路，也是得力于老师的举荐。

我1998年成为全国人大代表，那时老师任全国人大常委和财经委员会副主任，我们师生同堂开会的机会便多了起来。在人民大会堂举行全体代表会议时，代表的座次按姓氏笔画排定，老师和我所在代表团的座位紧挨着，老师的座位自然就在我的前面。每次开大会时都能见到老师，坐在位子上，也能看到老师的背影。

到我继任下一届全国人大代表时，老师已转任全国政协常委和经济委员会副主任。我们师生便很少同堂开会了。时光轮转，悠忽又是五年。2008年，我也转任全国政协常委，与老师同堂开会的机会又多了。最有趣的是，每年在人民大会堂举行全体委员会议时，主席台上的座次仍是按姓氏笔画排，我自然仍坐在老师的后面，仍能看到老师的背影，不过更贴近了。

我还在想着和老师在政协分组会一起开会的事。预备铃声突然打断了我的回忆。我才发现，会场已快坐满了。第二次铃声响起，全国政协领导人依次走上主席台，引起一片掌声。又过了片刻，会议主席宣布开会。今天是大会发言，发言者有16位，老师也名列其中。轮到老师发言了，我的目光随着老师而动。老师不慌不忙，像在北大的讲堂上一样开始发言。他精辟分析民营企业的自主创新能力、讨论企业面对的不公平竞争和融资难题，提出可行的解决办法。老师讲的看似老话题，他长期以来在很多场合都讲过，但结合应对国际金融危机来谈，不仅颇有新意，而且更能为大家所理解。听着听着，我好像突然明白了一个道理。老师在参政议政上取得成功，固然得益于老师的水平和名声，但老师的那股锲而不舍的韧劲也至关重要。老师的很多建议、特别是那些对改革有重大影响的建议，都是经过很长时间和实践的检验、甚至在遭受不理解和反对之后才被接受的。我深深地感到，老师的这种执着，弥足珍贵，尤其值得我好好学习和效仿。

特殊年代里的师生关系

▶ 李深清

我们的老师 厉以宁

　　我是在非常特殊的时期有幸成为厉老师的学生的。1975 年 9 月，在一片"工农兵上大学、管大学、改造大学"的叫喊声中，我作为部队优秀人才被推荐到北大经济系。那真是个理论上荒谬、逻辑上颠倒的时代。记得入学第三天，文科六个系——文、史、哲、政、经、法的学生就被送到"教育革命基地"大兴分校——京郊大兴县"天堂河"农场去了，说是在那里搞教育革命实验。学生的身份不叫学生而叫"学员"，即"工农兵学员"；本来是送来学习的，却被赋予"上、管、改"大学的说法；既然要你"上、管、改"，却又要求你"接受工农兵的再教育"；工厂里来的师傅只有小学文化水平，却作为工人阶级领导一切的"宣传队"成员领导系里的教学工作，可以随时组织师生搞"评教评学"。学生们在困惑迷茫和莫名其妙的状态下学习，老师们在受歧视被管制的状态下教学。当然，那时还要"边劳动边学习"，每个系都有一大片稻田的农活要干。有时候还要到农村人民公社、生产大队开展"农业学大寨"或"大批判"活动。六个系的师生在那里被折腾了一年。也就是在这一年的折腾中，我接近了厉老师，熟悉了厉老师。

　　那时大搞所谓"教学改革"，其中一个措施是实行每个老师负责包教一个小组，不仅教学在小组，吃饭、劳动也在小组，厉老师就负责我们二组。我们组十二名同学与老师同在一间小屋里学习讨论，同在一块稻田里劳动干活，同在一棵大树下、坐在水泥板凳上喝粥、吃玉米面窝头。

南方有的同学从来没有见过也没有吃过玉米面窝头，可以不吃，大家也不会说他们什么闲话，可是老师却不能说不好吃，而且还要吃得很自然，否则就有"忘记阶级苦"的嫌疑。老师所享受的唯一特权是值班同学像勤务员一样给他盛饭、洗碗。

"教学改革"的另一个措施是把师生赶到农村，在阶级斗争的"风口浪尖"上锻炼。那是1976年春节过后，"四人帮"掀起了所谓的"反击右倾翻案风"，竟然把大家派到农村，发动农民搞大批判。一个小组去一个村子，住在农民而且首选贫农家里，我们二组被派到大兴县东方红公社皮各庄村。我和另外两个同学与厉老师住在一户老农家，共同睡在一个土炕上。那土炕不大，四个人横挤在上面，我紧挨着老师，相互间的呼吸声依稀可知。如此我们住了一个多月时间。快毕业的时候，厉老师知道我有了相好的同班女同学吴玉杰，竟然这样撮合我们："李深清不错，就是晚上睡觉磨牙！"现在回想起来，当年尽管历经荒唐事，且吃了不少苦头，但是除了老师的家人，谁又能够和老师这么近距离呢？这才叫做"零距离接触"啊！

在那样艰苦恶劣的环境下，有两件事让我们感动不已，至今记忆犹新。一是坚持真理，在愚昧势力和政治高压面前不屈服。那是厉老师在讲解剩余价值论时，解释劳动力价值包括三个组成部分。这本来是经济学常识，但当时监管教学的"工宣队"师傅无法忍受了，批评老师"不顾事实"，缺乏"阶级感情"，说什么："世界上哪有那么好的资本家，不仅让工人吃饭休息，还管工人生儿育女、养家糊口，更不可能让工人学习受教育啊！"为此要老师承认错误写检查，经济系的空气被搞得很沉闷。在令人哭笑不得的荒唐局势下，厉老师承受着巨大压力，一方面向工人老师傅说明那是马克思阐述的科学理论，一方面继续深入浅出地向同学传授经济学知识。

另一件事是恪尽天职，在极端艰苦困难的条件下坚持教学。当时厉老师体弱消瘦，牙痛、感冒不断，口腔经常溃疡起泡，尤其是在皮各庄村那一个多月里，更是受尽了苦头。可是你怎么也想不到，老师曾经几次在农家的炕头上为我们讲课。有时是阴雨天不能下地干活，有时是在饭后的夜晚，这家农舍里有一个25瓦的电灯泡，还有一支蜡烛，供电时就用电灯照明，停电时就点燃蜡烛发光。我们十二个同学围绕老师，有的坐在炕上，有的坐在土坯凳子上，那种情景就像搞地下活动。为了使资料数据准确，老师步行数公里，换乘多次公交汽车，到北大资料室查找核实，很快又匆匆返回。面对这样的老师、这样的教学，我对老师的红烛精神理解得更深切了。

作为最受同学喜爱的老师，当年厉老师的穿着朴素得无法再朴素了。夏天，一身搭配不太协调的短衣长裤，一双不知穿了几年的塑料凉鞋；冬天，一件陈旧的灰色"人字呢"中长外衣，一条厚厚的棉裤；手中经常提着变质发硬的"人造革"提包，里面装着老师的笔记本、眼镜、喝水用的玻璃瓶子。我们对那件"人字呢"中长外衣印象格外深，因为老师经常不自觉地用衣袖擦黑板，袖子是那件衣服中最"倒霉"的部位，也是直接贡献于教学的用具。因为他讲课很少用厚厚的讲稿，只有几页提纲或者几张小卡片，就能把最复杂的理论，用最通俗、最简洁的语言，在规定的时间内让学生弄清弄懂。听厉老师的讲课，同学做笔记都做得很完整、很成功，大家收获很大，却是在十分轻松的状态下进行的，简直是一种享受。

那几年里，老师的手提包中有个又小又旧的小本子，上面画满了工作和生活计划的表格。他的计划有个鲜明特点，表格重点规划的不是在什么时间干什么事情，而是干什么事情要用多少时间。我第一次看见那个小本子是在和老师同住一个炕上时，只见那一篇篇计划，许多是一天一个表格，30分钟作为一个单元，当时我就被震惊了。这不仅反映出老师对生命的认真与负责，也反映出老师对事业的执着和毅力。直到今天，老师已80高龄，谁人不知他的时间永远安排得满满的！

在厉以宁先生获"中国经济理论创新奖"颁奖会上的贺辞

李源潮

首先,我要向我国经济改革的杰出理论家厉以宁先生获得"2009 年中国经济理论创新奖"表示热烈的祝贺!

我是厉以宁先生的学生,20 多年前厉老师是我的硕士论文指导老师。今天(2009 年 11 月 22 日)是厉老师 80 华诞(虚岁),作为学生,我为老师在 80 华诞获得中国经济理论创新奖感到高兴、感到自豪。我想用一些平实的话向厉老师表示敬意和感谢!

厉以宁先生对中国改革开放的一大贡献是提出了国有企业股份制改造理论,这在中国当时的社会条件下是很不容易的。这个理论在改革的实践中逐渐引人注目,成为中国经济改革和发展具有代表性的经济理论之一。我是这个理论的观察者、学习者、实践者。21 世纪初,我在南京担任市委书记,推动国有企业改革最难的是那些大型国有独资企业怎么办。比如,南京钢铁厂,当时有一万多名在职和退休职工,而且经济效益还不错,没有关门倒闭的危机感。这样的厂能不能改?怎样改才能是人民群众认为成功的改革?这是一个考验。改革的实践运用了厉以宁先生的理论,第一步把这个万人大厂改造成国有股份公司,第二步引进战略投资者,把股份公司扩组成上市公司控股企业,转变了企业经营机制。前两天,我遇到南钢现任董事长杨思明同志,他介绍南钢改制后,通过技术创新、管理创新,实现了生产和销售倍增、国有资产倍增、职工平均收入接近倍增，上交国税则超过倍增。这是改革的成果，是改革理论在实践中应用的成果。现在，中国的国有企业越做越大、越做越强，全国国有企业资产总额已经超过22万亿元，中央企业资产总额超过17万亿元，其中23家进入了世界500强；成为世界上重要的经济力量。我们应该向厉以宁先生表示敬意和感谢！

我们向厉以宁先生表示敬意和感谢，还在于他树立了一个学者治学的榜样。厉以宁先生的大多数经济理论著作都是在斗室里写出的。我清楚地记得，当年大家在厉老师的小书房里讨论，连转身去取书都很困难。但就是在这样的条件下，厉老师心怀天下，研究我国企业改革大计，进行艰苦的理论创新和思想创新。20世纪80年代初，在厉以宁先生和其他一些受人尊敬的专家们提出国有企业股份制改造理论时，怀疑者多，赞成者少，甚至还有很多严厉批评的声音。厉以宁先生一方面积极宣传他的创新思想，一方面以一种求真、务实、平和的心态发展和完善他的理论。他不断地到国有企业改革的实践中总结和验证，使自己的理论更加符合实践的需要。他不是急于求成，不是现买现卖，不是追求一时的影响，而是追求对社会进步真正的贡献。这种对历史负责、对人民负责、对实践负责的治学态度，给我们树立了很好的治学榜样。

我们向厉以宁先生表示敬意和感谢，还因为他是一个诲人不倦的老师。我当厉老师学生的时候只是一个名不见经传的干部，而厉老师当时已经是很有影响、受人尊重的著名教授。他审阅我的硕士论文时，从题目、结构、观点到打印格式，都给予细心指导，花费了大量心血，甚至用错的标点符号，他都发现并向我指出来。厉老师这种扶持后生、诲人不倦的精神，每每想起，我就十分感动。

中国的改革开放已经走过了30多年很不平坦的历程，再走30多年就该到基本实现社会主义现代化的时候了。我猜想后30年的道路可能不会比前30年更容易。我们走的是前人没有走过的道路，在这样的道路上探索前进，需要更多的理论家、更多的创新者进行包括社会科学在内的理论创新。社会需要学者们继续进行艰苦的理论思考和学术探索，党和政府，社会各方面包括大学、学术组织和出版单位，也应给理论创新更多的鼓励与支持。设立和评选中国经济理论创新奖就是一种很好的鼓励。因此，我希望这个奖与之理论创新的源泉——实践之树一样，它的生命是常青的。

耐心、信心和宽心

◎ | 梁鸿飞

2003年11月，在我准备写作博士论文的时候，厉老师安排我参加由他主持的全国政协经济委员会"非公有制经济"专题调研组，到基层作实地调研。当时的情况是，一方面，我国非公有制经济或民营经济的发展已经形成相当规模。在南方沿海经济发达的一些城市，非公经济占经济总量的比重甚至达到了"三分天下有其二"的程度，为经济增长和解决就业问题发挥了举足轻重的作用。另一方面，随着非公经济规模的扩大，原来计划经济体制中排斥和限制非公经济的制度缺陷和政策障碍也越来越显现出来。在这种形势下，非公经济的生存环境和发展前景并不乐观。有的民营企业家感受到了无形的压力，不少人在观望和犹豫，有的甚至准备撤资出走。在这种情况下，"非公经济"调研组应该如何开展工作呢？我想，这个问题也许是当时每一位调研组专家都在思考的，但未必人人都能像厉老师那样看得那么透彻。

深圳市是我们调研的第一站。11月9日傍晚，调研组一行十多人到达深圳。晚饭后，厉老师马上召集全体调研组成员开会。在会上，厉老师针对当时社会舆论中存在的对发展非公有制经济或民营经济的一些质疑进行了回应。他说："我们要从振兴民族经济的角度去看待发展民营经济，不要把民族经济局限在国有经济。国有经济和民营经济都是我国民族经济的主要部分。'非典'来了，不少外资撤走了，但是我们的民营企业不愿走，也不会走。"这番话说得大家连连点头。

厉老师强调，发展民营经济并非权宜之计，而是关系到中国经济长期发展的必由之路。对民营经济发展要有耐心，也要有信心。他认为，要保持中国经济的发展优势，就必须想方设法促进民营经济发展，想方设法为民营经济的进一步发展创造条件，让民营经济做大作强。

调研组成员中有一些前官员，他们私下对我说，原来以为厉老师只是一位"学院派"知识分子，对民营经济实际层面的东西未必了解，但是，听了厉老师观点犀利的发言之后，感觉耳目一新，很受启发。

在解开大家心里的疑惑之后，厉老师又对包括调研方法和调研重点在内的整个调研方案作出了部署。他提出：到工厂参观和实地考察；请政府有关部门汇报情况；同民营企业家座谈。这几种方法各有长处，也各有不足，应该合并采用，以达到取长补短的效果。他要求大家在听取基层政府部门汇报时要主动多问一些问题，并且不能让汇报情况的地方官员念稿子；在同民营企业家座谈时，不要听成绩，而要问他们进一步发展有哪些具体问题需要解决。这些部署和安排对于保证调研过程的顺利进行至关重要。

此后几天，我们在深圳市参观了当地一些民营高科技企业，听取了当地政协、总商会、经贸局、科技局等部门的汇报，又和部分民营企业家进行了座谈。在整个过程中，厉老师总是鼓励我和大家一样多问一些问题。地方干部很赞同厉老师关于积极发展民营经济的观点，他们了解到调研组是抱着发现问题和解决问题的诚意来的，就没有什么思想顾虑，畅所欲言。我们和民营企业家座谈时，每一场座谈会气氛都十分活跃。在涉及企业实有资产、盈利水平、技术含量等略带商业机密性质的敏感问题时，有的民营企业家甚至愿意向我们透露一些内部底细，当谈到融资、税负、市场准入、政府服务等实际问题时，有的民营企业家也敢于当着地方官员的面倒倒他们心里的苦水。

我们调研的后两站是中山市和珠海市。这两个地方民营经济发展也很迅速。两市所面临的局部性问题各有不同。从政府角度看，中山市似乎更看重企业管理的规范性，而珠海市则希望当地市场应进一步繁荣，让人气再旺一些。不过，中山市和珠海市所反映的涉及民营企业发展的普遍性问题也和深圳市大致相类。

在珠海市，厉老师在即将结束调研的时候语重心长地对参加座谈会的民营企业家说："珠海的地理位置和创业环境比较独特，政府对民营企业给予适当的引导和扶持是必要的。尽管当前在发展中会碰到一些困难，但是，我们对中国改革开放要有信心和耐心。中央已经针对民营企业市场准入和税收金融方面的问题制定了一些政策，并且鼓励有条件的民营企业做强做大。不要因为碰到一些困难就失去耐心，也不要因为没有耐心而失去对中央政策的信心。"

回到北京后，厉老师立即着手起草调查报告。他根据"非公经济"调研组的调查结果以及自己在基层调研中的所见、所闻、所思，向中央大胆建言，建议针对现实中存在的各种不利于非公经济发展的障碍和问题，采取更加明确具体、更加果断有效的政策措施进一步促进非公有制经济的发展。厉老师的直言进谏最终促成了"非公经济36条"（即《国务院关于鼓励支持和引导个体私营等非公有制经济发展的若干意见》）的出台，为民营经济争取到了更加有利的发展条件和更大的发展空间。

参加厉老师主持的这次"非公经济"调研这件事虽然过去将近七年了，但我所见所闻的许多细节仍然历历在目。在这次弥足珍贵的经历中，厉老师求真求实、不懈探索的治学态度和高度的社会责任感就像一面镜子，照亮了我的心灵，照亮了我前进的道路。

中国体制改革的探索者

▶ 刘光溪

　　厉老师自 1955 年北京大学经济系毕业以来，一直在北大工作，教书育人、潜心治学已经五十五载。期间，厉老师著述丰厚且影响深远，桃李满天下且人才辈出。尤其是改革开放 30 多年来，在推进中国经济体制改革转型的伟大历史进程中，厉老师以其渊博的学识、开放的视野、包容的胸襟、深邃的思维、独到的见解实际上成为中国体制改革的探索者。

　　厉老师的著作、思想、人格渐渐吸引了我。作为外校大学三年级学子的我，有幸早在 1984 年 7 月就登门拜见了厉老师，并当面聆听了教诲。自此，我便追随着厉老师的治学足迹，或细品其著作，或深入思考其观点，或勉力践行其理论。所幸的是，我每年都有 2 - 3 次机会，当面聆听厉老师的谆谆教诲，而且交流后自己都受益匪浅。

　　进入 90 年代，中国经济体制改革进入了是否承认并确立市场经济改革目标的关键时期，厉老师有关中国经济体制改革的诸多理论有力地指导、推进了中国市场化体制改革的攻坚和现代化进程。在晚辈看来，诸如《非均衡的中国经济》、《股份制与现代市场经济》、《经济学的伦理问题》、《转型发展理论》、《超越市场与超越政府》这些深邃独立独到的理论，不仅是对中国特殊经济实践的深刻剖析，也是对国际经济学领域最新研究成果的广泛吸收与汲取，有力地推动了中国经济体制改革的整体进程。

　　渐渐地，随着中国的改革实践和历史的车轮进入 21 世纪，中国的经济发展仍然受益于厉老师的重要理论指导，并且厉老师仍然笔耕不倦，为中国的经济发展和体制改革的路径依然奔走疾呼。2003 年出版的《资本主义的起源》一书更是深刻剖析了资本主义市场经济的来龙去脉与实质内涵，并为中国如何更好地发展现代市场经济做出了意义深远的探索。

厉老师的治学态度和理论研究呈现以下几个鲜明的特点：

第一，独创性。厉老师的理论探索具有原创性、开拓性。中国的现代化进程一直是在探索中前进，而厉老师就是这样一位领头人，为中国独特的经济改革进程创出了一条理论出路。

第二，独立性。厉老师的研究具有客观性和独立性。多年来，他耐得住寂寞，从来不追求时髦、时尚，而是孜孜以求地追求着真理。正因为如此，他不畏世俗的言论，对于打上计划经济时代烙印的国人，不断带来激荡心灵与思维的冲击和挑战。

第三，独到性。厉老师的见解具有创新性和突破性。他的观点具有深入问题内核，深刻剖析问题实质的特点。他的研究从来不避重就轻，而是深入探索，深邃思考，他的见解经得起实践的检验。

此外，厉老师治学十分严谨，他在治学中耐得住清闲，埋头于研究。纵观中国 30 多年的改革开放与发展历程，通过实践的检验，深感厉老师有关中国转型发展理论具有重大的实践意义：

1. 企业改革优先论。改革开放初期，关于中国改革路径存在着价格改革优先和企业改革优先的争论。厉老师的企业改革优先论正是将企业视为经济改革的微观经济主体，作为建立完善市场经济的基础，突出了产权市场相对于商品市场的重要性。而在如何进行企业改革方面，厉老师认为，应该实行股份制改革。最终，党的十五大、十六大充分肯定了"股份制是实现公有制的主要形式"这一重要论断。

2. 非均衡经济理论。厉老师提出了自己的非均衡经济理论，并认为中国目前的转型经济处于第二类经济非均衡状态，即市场经济不到位和价格未理顺同微观经济单位不能自负盈亏和不具有活力并存的经济非均

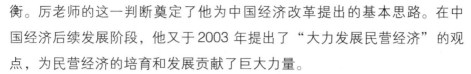

衡。厉老师的这一判断奠定了他为中国经济改革提出的基本思路。在中国经济后续发展阶段，他又于2003年提出了"大力发展民营经济"的观点，为民营经济的培育和发展贡献了巨大力量。

3. 就业优先论。就业乃民生之本。在宏观调控的四大目标中，厉老师提出，根据中国的国情，应该优先促进就业，兼顾物价稳定。实践证明，优先促进就业是完善宏观调控和转变经济增长方式的重要内容，也是新时期深入贯彻落实科学发展观和建设和谐社会的重要途径。由于就业问题严峻，在面临转型和发展的双重任务之下，厉老师认为，首先要考虑就业优先，可以容忍适度的通胀。

4. 重化工阶段不可逾越论。厉老师认为，中国作为一个大国，存在着对重化工业和装备制造业的发展需要和广阔空间，同时必须看到，服务业的大发展有赖于第二产业的大发展。即使是服务业，中国并不缺乏一般传统的生活服务业，而更多的是缺少生产性服务业，缺少现代服务业。

5. 城乡二元体制理论。二元结构存在于任何一个国家和地区，唯独在中国却存在严重的城乡二元体制。由于一系列的制度因素和历史因素，中国的城乡差别很大，城乡二元体制促成了"三农"问题的严峻性。厉老师提出，改革城乡二元体制，统筹城乡经济发展，将成为破解"三农"问题的关键环节。

6. 经济伦理学。中国市场经济的发展应该充分考虑经济伦理问题。市场经济的发展一方面需要法治，另一方面也需要德治。法治具有强制性、规则性；德治具有自觉性、意识性。唯有将两者结合起来，将规则和伦理结合起来，才能促进市场经济的健康发展。

26年来，我一直追随厉老师治学的足迹。回首往事，点点滴滴，历历在目。展望未来，祝福厉老师老当益壮，再创理论辉煌。

在厉老师身边的点滴记忆

● 刘建兴

从学校毕业至今转眼快 5 年了，在学校时老师身边的许多记忆时时涌上心头。最难忘的是毕业前夕老师一遍又一遍给我们改论文的情景。特别是在论文答辩会结束时，老师还在论文末尾附录的参考文献中指出一处错误（我把台湾著名学者李国鼎的名字记成李鼎国了），令我现在想起来仍羞愧如初。

我作为厉老师的博士生，毕业工作之后，感受最深的就是自己不仅深深受益于老师的教导，而且直接受益于"厉老师的学生"这一巨大光环，相信众多师兄弟都有类似的经历和感受。记得当年去单位面试时，单位领导问我的第一句话就是"听说你导师是厉以宁？"当得到我非常肯定的回答之后，面试的问题就转向问我是否了解该单位的情况，是否愿意在此长期发展，似乎对我的学术水平已经没有考察的必要了。此后的工作中，每次需要介绍我的时候，领导都是这么说"这是我们研究部的刘建兴博士，北大厉教授的高足"。有了这句介绍，不管多大场面，似乎总不用担心自己会被忽略，被人忘记，真的没有什么头衔或名片会比"厉教授的学生"更令人刮目相看了。也因为此，每每心中极感愧疚。细想作为学生，老师的人品、学问，我究竟秉承多少呢？受老师、师母恩惠如此之多，我又能报答什么呢？

去年 3 月份，我非常高兴得知厉老师将担任我们新成立的高级别智库——中国国际经济交流中心执行副理事长。最早向我透露这一消息的是我们单位主任,他还特地补充,是经曾培炎理事长亲自推荐和邀请厉老师出任此职的。因为这一原因,我非常幸运经常有机会以老师学生和中国国际经济交流中心工作人员的双重身份接待老师,陪同老师参加一些高层次的活动。在这种场合,厉老师总是领着我,并不忘介绍我,说这是自己的学生,现在在哪工作等等。对我来说,印象最深的一次是老师出席 2009 年 7 月份全球智库峰会的情景。全球智库峰会是中国国际经济交流中心成立之后举办的第一次大型活动,据说也是全球智库第一次如此大规模聚会(基辛格的话),其规模之大、规格之高被媒体盛赞一时。因为峰会不仅是国经中心成立后的亮相会,一定程度也代表中国智库的国际形象,因此各级领导高度重视,所有演讲嘉宾都经过精挑细选。厉老师作为中国经济学界的泰斗、中国国际经济交流中心的执行副理事长,被安排在最重要的位置上发言。记得与厉老师同时段发言的其他嘉宾,分别是来自美国、俄罗斯、巴西等国著名智库的负责人。

然而,上午第一阶段的会议就进行得不如预想中顺利。前面几位发言人,说的都是一些一般性的东西。接连几个发言下来,本来期待甚高的听众开始急躁。接着,终于等到厉老师上场演讲了。老师以他惯有的风格,不带讲稿,一句客套话也没有,直奔主题"我发言的题目是'全球金融危机和西方国家的制度调整'"。嗡嗡之声顿停,全场一片寂静,回荡着的是老师特有的抑扬顿挫的声音。嗓音之清晰、中气之充沛,难以想象出自一位 79 岁高龄的老人。也不知道究竟是这抑扬顿挫的嗓音,还是鲜明直白的主题,一下抓住了全场听众的心。

老师的演讲,首先回顾了 1929 到 1933 年的世界性经济危机对自由市场经济的冲击及资本主义制度的自我调整。老师认为,资本主义制度是不断进行调整的。如果把 19 世纪后期到 1929 年之间资本主义制度零星的、初期的调整称为"资本主义调整的第一阶段",把 1929 年以后的资本主义制度调整称为"资本主义调整的第二阶段"的话,就可以把 2008 到 2009 年看成是另一个分界线,是否可以把 2008、2009 年以后称作"资本主义制度调整的第三阶段"？不改体制，制度难以维持；改了体制，制度将继续保存下来，这就是制度调整的实质。最后，老师把话题转向中国，指出中国的社会主义制度也正在经历着制度调整，前30年的改革就是从计划体制转向市场体制的调整。现在改革仍在继续，受到世界金融危机的冲击以后，中国的体制改革、制度调整不仅不可能止步，而且只会加紧推进。"邓小平的伟大功劳就是把中国从一个刚性的社会主义计划经济体制变成一个柔性的社会主义市场经济体制。但是社会主义依然是社会主义，不改体制，制度难以维持；改了体制，社会主义将保存下来，而且会发展得更好。"整个演讲记录稿不过两千多字，用时不到十分钟，但是思路清晰、逻辑严密，既有历史的高度，也有现实的针对性，给人完全耳目一新的感觉，被认为是峰会最经典的演讲，代表了中国智库的最高水平。

演讲结束，全场报以雷鸣般的掌声，会场气氛进入峰会的第一次高潮。但是老师还是像他平常在光华讲课一样，一句客套话也没有多说，只是平静地回到自己的座位，开始专心聆听别的嘉宾的演讲。

这就是我的老师厉以宁。

我和老师的相识、相知

 刘 宁

　　2004 年 7 月的一天如同晴天霹雳，作为在美的弟子，当我从美国 Ann Arbor 赶到 Duke 大学的时候，我的博士导师董辅礽已经处于生命晚期了。董老师故去后，为了早日完成未竟的学业，董师母将我们几位关门弟子转托给厉老师，当时的我心里忐忑不安。我出国前在武汉大学就读经济系，是读着厉老师的书成长起来的。厉老师的《社会主义政治经济学》是我们入门的基础课程，通过对它全面地阅读学习，我对经济学专业知识有了基本的掌握。是厉老师的《简明西方经济学》让我们从简单的对西方经济学的"庸俗批判"中大胆走出来，做到了客观地了解和评价。出国前，读完了《非均衡的中国经济》，使我对中国的改革方向和当时建立社会主义的市场经济有了全盘性的把握。虽然从 1992 年到美国后和国内接触得少了，但是厉老师对中国改革各个阶段的理论指导和巨大的贡献，我们海外学子还是耳熟能详的。因此，当董师母将我们介绍给厉老师的时候，我一方面非常高兴，为有可能跟随大师做学问、学为人而高兴。另一方面又很担心，担心由于自己大部分时间都在海外，和厉老师没有任何接触，不知道是否会跟不上老师的节奏。董师母非常耐心地鼓励了我们，让我从对厉老师的高山景行开始做近距离的接触了。2004 年的秋天，我由于工作关系，回到国内，第一次和厉老师有了直接联系，亲耳聆听了他的谆谆教导。当我把当时的学习、工作情况给老师作了详细的汇报之后，厉老师对服务外包这个新兴行业非常感兴趣，详

细地问了我许多这方面的情况，谈了国外的新的研究动向，最后根据我在美国的实际工作情况和密歇根大学便利的研究条件，鼓励我对服务外包这个新兴行业从理论和实践的结合上做出进一步的探讨和更加深入的研究，并指导我在此基础上写成自己的博士论文。和厉老师的第一次见面，给我留下了非常深刻的印象。我觉得，老师真不愧为一代名师，不仅学识非常渊博，思维敏捷，对新事物非常敏感，而且又是那样的和蔼可亲，平易近人，一点架子也没有。

2007年我考虑到年迈的岳父母的生活照顾问题；小女4岁需要多学习中文、中国文化；在同学、老师的鼓励下，离开生活了15年的美国和那座著名而且非常美丽的大学城 Ann Arbor，全家回到了北京。同城而居，自然而然地跟厉老师的接触就多起来了，更加体会到老师深厚的中国文化造诣，以及老师在中国传统文化下对人文品格的追求。为此，每次到厉老师家，有可能我都会把女儿带上，让她近距离感受一位大师的人文魅力。老师对孩子很有耐心，老师拿糖果，师母削苹果，孩子无拘无束。每次老师都会将自己新出的书籍拿出来，同时，他签名的时候非常认真，每次我太太，孩子的名字都不会漏。并且太太，孩子的名字会写在我名字的上面，老师是如此的细心。他将中国传统文化中的敬人体现在生活的点点滴滴，让人感动。

2007年年底，我的博士论文答辩前，老师详细地阅读了我写的论文，并且亲自进行修改，改得非常认真，非常仔细，甚至连错误的标点符号也都一一做了修改。然后专门把我找去，将他修改的原因，和如何进一步完善论文的具体建议，给我作了详尽的说明和交代。当时，老师神情庄重严肃，态度认真诚恳，很是认真地对我说："你的博士论文导言中的一些提法应该作些修改。"他特别指出我论文中提到的"本论文较早全面阐述了服务外包产业发展的机理，研究了中国作为发展中的大国如何从制造走到服务，如何从制造的全球分工和参与走到服务的全球参与。"他指着这句话问我，"这样的提法是否科学？是否客观？"他严肃地说："你是否看过所有的文献？是不是其他人还都没有提出来而是你较早地提了出来？"他还指出，"什么叫全面阐述？你是否看过国内的所有文献？如果没有做过全面的阅读和研究，是不可以轻易说自己全面阐述的。"听完厉老师的教诲，我似醍醐灌顶，也令我汗颜！我由衷地佩服老师治学的严谨，为人的坦诚，对学生的严格要求，不护短，也让我懂得了为人处事一定要谦虚谨慎，要虚怀若谷，没根据的话一定不能说，没考虑好的事一定不要做。

厉老师不仅对我们的学业非常关心，严格要求，而且，对我们的事业发展也是积极关心，大力支持。我们作为国内较早从事服务外包的企业之一，通过充分发挥海归在国内外两方面的优势，使得企业业务这两年得到了长足的发展。有一次，给老师汇报工作时，讲到我们在西安为欧美实时处理业务，通过时间差、空间差、成本差作了许多美国在线业务的处理。老师非常兴奋地鼓励我说，随着中国从制造到服务，这个行业大有可为。同时也告诉我：贾庆林主席在一次政协的专题座谈会上，曾提到过西安的服务外包产业发展情况，其中还提到民营企业的一些案例。不仅如此，老师还在许多弟子聚会的场合，主动给我们作介绍，将服务外包的发展和概念，通过我们企业的案例不断地作宣传，不断为我们这些年轻人事业的发展创造有利的条件。老师就是这样关爱着自己学生事业的发展，同时也体现了老师不断地与时俱进，不断学习和敏锐扑捉新事物、新知识的精神。作为一个大师级的人物，作为一位80岁的老人，能够这样虚怀若谷，不断学习新知识，掌握全球经济发展的各种脉搏和规律，这是多么的了不起啊！

2007年我回国后，和厉老师的接触多了，也开始阅读老师的新著《罗马—拜占庭经济史》。2008年下半年读完后，我被老师的这部著作所深深折服。一个70多岁的老人，能有这样敏锐的眼光，这样深刻的思考，这般犀利的语言，这般独到的见解，而且，涉猎的范围如此之广，这才是真正的当之无愧的大师！回想自己年轻时候看问题常常偏激，好激动，一味地以为民主是西方与生俱来的天性，却不知道原来古罗马从共和走到军事独裁，再到专制独裁，其实是古罗马统治集团无可奈何的选择，是当时经济社会发展的必然的也是不可避免的选择。这对接受西方教育、在海外生活过 17 年的我来说，也是一种重新的认识和学习，是一种新的认识上的提高。

白山松水话发展

▶ 刘 实

　　师从厉老师多年，鲜有机会陪同调研。2006 年 8 月，老师师母带孙女，以及师弟杨东宁、刘玉铭赴吉林省调研，因当时我在长春工作，有幸陪同。伴着青山绿水、旖旎风光，老师一路教诲解惑，一路熏染启迪，短暂的一周时间，我收获颇丰。适逢老师 80 寿辰并从教 55 周年，特撰此文以记之。

　　现任吉林省省长，时任吉林省委常委、长春市委书记的王儒林同志得悉老师抵长，立即约见，并商讨长春跨越式发展和全国宏观调控之策。老师坦率地谈了自己的看法，其中针对长春实际，重点围绕民营经济与国有资产之间的关系，对长春的发展把诊号脉，他指出："民营经济介入国企改制，使国有资产得以重组和发展壮大，最后将会使国有资产增值；民营经济发展了，城市就兴旺起来了，城市土地就会随之增值；民营经济的发展带动整个经济发展，国有资产在经济增长过程中也得以增值；有民营经济的介入，国有企业的改革就能加快步伐，很多企业就可以成为混合所有制企业。在这种情况下，民营经济与国有资产可以同步增长，实现双赢"。老师的一席话，为长春市国有企业改制和民营经济发展指点了迷津。时至今日，老师当时睿智的观点，都得到了实践的检验。

　　从长春出发，我们到了百里之外的通化市辉南县。老师一行参观了风光秀丽、让人流连忘返的三角龙湾国家森林公园和吊水壶瀑布景区。三角龙湾似一潭洁净碧绿的圣水，游船荡漾，野鸭嬉戏，人与自然融为一体，宛若人间仙境；吊水壶瀑布景致壮观秀美，流水清澈见底，形态各异的 12 座桥横卧于林间溪流之上，尤其是瀑布直泻而下，击水覆石，轰鸣之声不绝于耳，而瀑布下的水域虹鳟游弋。此情此景，令老师诗兴大发、思路泉涌，诗曰："一湾清水密林中，凉气袭人夏日风。野鸭纵然相逐去，鱼群游弋自从容"。游览间歇，老师不时向当地陪同的领导询问农村经济发展方面的情况。交谈中老师指出一个关键性问题："农村经济发展的关键，是在坚持和完善承包制的前提下，本着双方自愿的原则进行土地流转。"这表明了老师对农村改革的前瞻性和洞察力。

辞别辉南，我们前往素有"千年积雪万年松，直上人间第一峰"美誉的长白山。由于路途比较遥远，而且多为崎岖蜿蜒的山路，我们便夜宿江城吉林的西关宾馆。翌日晨起，老师婉拒了吉林市委、市政府的一再挽留，我们踏上了行程。

抵达长白山已近傍晚。因为天池云雾缭绕，没有见到她神秘的面容。是夜，我就区域经济跨越式发展向老师求教，受益匪浅，为我当年秋冬季节主持调研并起草《中共长春市委、长春市人民政府关于推动开放型经济又好又快发展的意见》奠定了良好的理论基础。次日清晨，我们再次乘车前往天池，一路欣赏着"一山有四季，十里不同天"的长白山垂直自然景观带，针叶林、岳桦林、高山苔原依次映入眼帘。天公作美，刚刚攀上火山岩，一阵清风揭开了天池神秘的面纱。俯视天池，湖水深幽清澈、波平如镜、山水相连、水天一色，如一块瑰丽的碧玉镶嵌在群山环绕之中。老师一行也沉醉于"水光潋滟晴方好，山色空蒙雨亦奇"的绝妙景象之中。我们观赏了天池瀑布、小天池和地下森林等景观后，急匆匆地踏上调研之旅，奔赴延边州。

由于时间有限，短短的一天半时间，老师不辞辛劳，紧锣密鼓地考察了延边州所属的延吉市、图们市和敦化市。在延吉市，吉林省委常委、延边州委书记邓凯同志请老师为延边地区的经济发展把脉。老师对延边地区的环境保护工作给予了充分肯定，同时指出自然资源禀赋是延边经济发展的优势所在，经济发展水平越高，工业化进程越深，资源的价值就能得到更大程度的提升，自然环境是延边经济发展的根本，也是延边经济发展的后发优势所在。老师还对国有林场和集体林场的改革十分关注，当时就指出，把林地经营权和林木所有权明确到户的集体林权制度改革是一个必然趋势，集体林权改革不但可以促进就业、帮助农民增收，对于改善中国生态环境大有裨益，而且也为国有林场的下一步改革提供了参考。

在图们市，老师在中朝两国共管的图们江大桥上，向当地领导详细了解了图们江流域开发项目实施、图们市国内国际通道建设和边境口岸物流园区建设等相关情况。

敦化市是老师在吉林省调研的最后一站。考察完延边敖东制药之后，他站在敦化市风景如画的北山公园，神色凝重地对我说："改革开放近30年来的一个不足之处，就是城乡二元体制基本上没有触动，因此，农民收入增长缓慢，城市化速度也比较慢，还产生像农民工这样一些权利不平等的问题。统筹城乡发展最重要的任务就是改革城乡二元体制，这是中国下一轮改革发展的重点，也将是一场伟大的社会变革。"聆听老师的教诲，我思绪万千。老师行在吉林、心忧天下，白山松水间，物我两相忘，唯有民生与百姓，远离庙堂却梦绕魂牵，我深深被老师屹立于民族振兴大业的前列，用知识与赤诚精忠报国的品格风范所感动。由于公务缠身，不能陪同前往黑龙江垦区调研，我只能抱憾与老师一行在吉黑省界依依惜别。好在2006年岁尾，我拜读到了老师主持的《关于在黑龙江垦区建立现代农业实验区的调研报告》，得以聊补遗憾。

时光荏苒，老师吉林之行已经过去三年多了，但老师耳提面命的教诲却清晰可见，历历在目，铭记于心。当年老师的调研成果对中国经济发展的重要作用有目共睹，而最让我难以忘怀的是老师秉承的中国知识分子古往今来经世致用的传统，是老师不尚空谈、求真务实、走向民众，用知识、用思想为富民强国做事情的"学术乃天下公器"的情怀。白驹过隙诚难返，北国乾坤亦洞天。几年来，无论是在政府工作岗位上不断改进经济和社会管理有关工作，还是在党务工作岗位上努力探索执政党建设的有关规律，无一不深深地受此影响。在今后的岁月里，我一定效法老师"处世长存宽厚意，行事惟求无愧心"的处世行事之道，严于律己，宽以待人，恪尽职守，开拓创新，努力用优异的业绩回报祖国、回报老师！

厉老师支持我从事成人高等教育

◐ 刘天申

　　1964年我从北京大学经济系毕业后，分配到北京航空学院（即现在的北京航空航天大学）当教员。文化大革命期间调到北京市海淀区教育局工作。粉碎"四人帮"以后，我想到北京大学当教员或搞科研工作。经厉老师极力推荐和大力帮助，北京大学同意接收我，当时我十分高兴。可是海淀区教育局无论如何也不放我走，说你实在想要到大学工作，我们有个海淀区政府主办的大学——北京市海淀区职工大学，欢迎你到那里工作。学校性质属于国家承认学历，能颁发大专毕业证书的成人高等学校。当时，我十分苦恼，心想，能到最高学府北大多好，可就是去不了。我把当时的心情向厉老师说了以后，厉老师开导我说，能到北大固然好，但是海淀区教育局不放你走，也有人家的道理。他说，成人教育也是一种事业，大有发展前途。再说，海淀区对你也不错，解决了你爱人和孩子北京户口问题，结束了两地分居生活。海淀区需要你，你也不能对不起他们。听了厉老师劝导以后，我认真想了想，意识到厉老师讲得多么深刻，又富有情理。事实证明，文化大革命结束后，人才奇缺，干部文化素质普遍不高，光靠普通高等教育是解决不了这方面问题的。成人高等教育在提高在职干部和职工学历水平和科学文化素质方面起了重要作用。我也十分佩服厉老师有先见之明，后来我国公布的教育法也指出成人教育是我国教育的重要组成部分，国家鼓励发展各种形式的成人教育。

经厉老师开导以后，1982 年我调到北京市海淀区职工大学工作，1983 年当上了副校长，1984 当上了常务副校长（当时校长是区委第一书记兼），1990 年当上了校长，直到 2001 年年底退休。在我任海淀区职工大学主要领导 18 年期间，厉老师给予了学校许多支持和帮助，对学校的发展起到了重要作用。当时厉老师声望已经很高了，想聘任厉老师当顾问的单位很多，当时厉老师就对我说，我愿意给海淀区职工大学当顾问。在任顾问期间，厉老师对学校发展、培养目标、学科建设、课程设置等都提出了很多宝贵意见。特别值得一提的是，厉老师几本重要著作，如《社会主义政治经济学》、《国民经济管理学》等出版以后，亲自为我校高年级学生讲授这些课程。同时听课的还有海淀区处级以上干部、普通高校老师、外地如天津、保定等高校的老师也来听课，影响很大，反应十分热烈。由于厉老师的支持，北大光华管理学院的老师也纷纷到海淀职工大学上课。这些老师对提高学校教学水平起到了很大作用。为了支援学校图书馆建设，厉老师还把相当一部分有价值的图书杂志捐献给学校图书馆，丰富了学校馆藏内容。

在 20 世纪 80 年代初期经济体制改革时期，北京市海淀区委、区政府为了提高干部理论水平和提高认识、解放思想，特请学校顾问厉老师为区委、区政府四套班子成员、各局处公司主要领导、各街道、乡主要干部讲经济体制改革问题。厉老师的讲解受到热烈欢迎，交口称赞。

20 世纪 80 年代中期，厉老师除在海淀职工大学讲授他的《社会主义政治经济学》和《国民经济管理学》外，还在哈尔滨科技大学、青岛大学等地高等学校讲授这些课程。我有幸参加了这些讲授的组织工作，亲眼看到厉老师讲课受到了热烈欢迎。

在厉老师任北大光华管理学院院长的初期，光华管理学院在全国许多地方举办了函授大专、本科成人高等教育，为全国各地培养了大批在职干部，职工、军队干部，特别是边远地区职工，使他们接受了高等教育。经厉老师同意，我荣幸的被聘为光华管理学院老师，在各地为函授生辅导。亲眼看到了光华管理学院办学受到了热烈欢迎，特别是学生学习厉老师的经济学著作，十分认真。学生们学习厉老师著作的热情，在成人高等教育中是不多见的。

几十年来，厉老师不但教给了我科学文化知识，还教我、影响我怎样做人，支持我、指导我、帮助我从事成人高等教育事业。厉老师过去是我敬佩的老师，现在也是我敬佩的老师，将来还是我永远敬佩的老师！

学者的学术生命之根本在于创新

◎｜刘　伟

我们的老师 **厉以宁**

　　2009 年 11 月 22 日，厉先生 79 岁（虚岁 80 岁）生日的那天，恰逢先生获得中国经济理论创新奖（第二届）①，许多学生出席了当天的颁奖典礼。的确，厉先生学术生命中极富魅力的地方，在于其锐意创新。对此，我作为学生有着深切的感受。我是"文革"后恢复高考制度的第一届（77 级）学生，从 1978 年考入北大经济系以来，在北大读书、教书至今已有 32 年之久，从北大的老师们的身上学习到了许许多多宝贵的东西，厉先生是北大老师中我极敬仰的一位，特别是这么多年来，我总能从厉先生那儿得到智慧上的启迪，或者说厉先生总是能给人以思想上的新鲜感，这对我来说是精神上的享受，对厉先生来说当然是一种精神魅力。

　　先生的这种精神魅力之根源在于其不断的创新。

　　记得是 20 世纪 80 年代中期，改革正在全面展开，改革对中国经济学的教学首先是政治经济学（社会主义）的教学冲击极其强烈，提出了许多问题，理论和实践都迫切要求改革政治经济学的体系、结构、内容。厉先生原来是讲授外国经济思想史和比较经济史课程的，主要学术研究领域集中在西方经济思想及其演变上，但基于当时改革时代需要，厉先

---

　　① "中国经济学理论创新奖"由董辅礽基金会等多方面共同发起，以无计名投票方式决出，自 2008 年起，第一届获奖者是关于中国农村家庭联产承包制的理论研究成果的主要贡献者杜润生先生，第二届是关于中国股份制企业改革理论的主要贡献者厉以宁先生。

生在北大开出了全新的"社会主义政治经济学",这部专著很快由商务出版社出版,产生了极热烈的反响,我和厉先生的另一位学生孙来祥,当时曾给先生这门课作过助教,后来我们两人联合署名写过一篇近二万字的书评,发表在《中国社会科学》上[①],这是一次政治经济学教学的创新,因为这部教程完全不同于传统。当时对我很震撼:政治经济学改革探索极其艰难,厉先生本来是以思想史和经济史研究见长的,敢于跨学科挺进,这本身就需要极大的勇气,尤其是对已是著名教授的先生来说,这是有很大风险的,并且挺进政治经济学领域后能够取得热烈的反响和令人关注的建设性成果,这就更值得钦佩,尤其是对长期从事政治经济学专业教研的我来说,对这其中的艰辛的体会是日益深入的。

在学术研究的方法上,厉先生有自己独特的创新。我和先生的另一学生平新乔,在20世纪80年代末合作过一部书《经济改革三论:产权论·市场论·均衡论》(北京大学出版社,1990年版),是一部思想史的专题性著述,在讨论"均衡论"时,我们曾经系统地考察和比较了思想上关于这一命题的进程,包括中国学者的研究。我们发现厉先生在研究中国经济问题的方法上,十分强调中国经济的非均衡性。其实,均衡或非均衡分析首先不是一种认识,而是一种分析方法。厉先生曾经出版了一部专著,题目就叫《非均衡的中国经济》,对中国经济非均衡的特征进行了深入分析,并据此提出研究中国经济的分析方法不应当是西方正统经济学的一般均衡分析,而应当注重非均衡分析,特别是非均衡性的制度的和历史的分析方法。后来,经济学界评选影响中国经济的十部著作时,厉先生入选,其代表作便是这部。人们曾感到不解,厉先生著作十分丰富,为何偏偏选这部,事实上相比厉先生的其他著作,发行量、影响度大于《非均衡的中国经济》的有许多。我曾经仔细读过这部书并组织研究生研讨过,我理解厉先生为何看重这部书,根本原因在于这部书

---

① "一部实践呼唤中诞生的力作——评厉以宁的《社会主义政治经济学》",载《中国社会科学》,1988年第1期。

集中体现了厉先生研究方法的特色，对中国经济坚持非均衡分析，是经济学研究方法上的创新，这种创新恰恰又符合中国的实际，所以科学。这种创新同时又是厉先生对西方一般均衡的正统方法的学说有着透彻研究基础上的批判，所以清醒。

当然，厉先生的创新最突出的是思想观点上的创新，其中尤其"股份制"思想引人关注，这方面谈的人很多，我不想更多重复，只想补充谈谈。一是股份制理论和实践是人类近现代史以来就已有的，并不算新的事物，但把这种企业制度方式作为中国现阶段企业制度，特别是作为国有制企业制度改造的基本形式，的确是一种理论的创新和伟大的实践；二是把股份制作为中国现阶段现代企业产权制度建设的重要方式，同时把企业改革，尤其是企业所有制改革作为中国经济体制改革历史进程中的首要环节，这就使得股份制的理论和实践不仅是企业制度建设的问题，更是整个中国经济体制改革的基本途径或中心环节的命题，这就有着极为重大的改革意义，是极具创新意义的改革思路。[1]

---

① 1988 年前后，国务院体改委等部门曾组织全国著名高校和研究机构，分别提出中国经济体制改革的近、中、长期报告，记得有刘国光先生负责的社科院课题组，王珏先生负责的中央党校课题组，吴敬琏先生负责的国务院发展研究中心课题组，中国人民大学吴树青先生负责的课题组，北京大学厉以宁先生负责的课题组等。我和平新乔、孙来祥等当时尚年轻的教师被吸收参加了厉先生负责的课题组，所提供的报告基本思路就是企业改革先于价格改革，企业所有制改革是企业改革的根本，股份制是企业所有制改革的基本形式。后来沈阳出版社出了本集子，把这些报告汇集出版，厉先生主持的这份报告和其他各份共同获得了孙冶方经济学奖。

我们的老师 厉以宁

聆听君子的教诲

◎ 刘玉铭

2006 年，我有幸得到厉老师的首肯，撰写《听厉以宁教授讲诗词》
一书。动笔之前，厉老师交给我一份厚厚的读书笔记，是他多年积累的
成果。这份笔记令我大吃一惊：里面不但摘录了很多古诗词中的名家绝
唱，而且对诗歌的本质、诗词的流派以及诗人的成就，都有深入独到的
见解。以前，只知道厉老师在诗词写作方面造诣颇深，诗词风格清丽明
朗，受到很多人的喜爱，没想到厉老师对诗词本身的研究，也能达到如
此专业的高度。

怀着一种敬重的心情，我很想保留这份笔记的"原貌"，于是在写作
上采取了这样的方法：一边大段摘录笔记的原文，一边加入我自己的一
些看法。没想初稿写成后，厉老师很不满意，他批评我说："用这样的方
法写，究竟算你写的呢，还是算我写的？"厉老师也同时指出了初稿中的
很多"硬伤"——很多古人的评论是随手拈来，缺乏明确的考证和出处；
很多说法缺乏深入的思考，如"诗歌"一词过于现代，用于统称古代的
诗词并不恰当，等等；厉老师更发现了大量的错字、别字等低级错误，
令我深感惭愧。我也意识到，那种写法其实是一种偷懒的思想在作祟，
并没有去深入了解厉老师的诗词思想，在文章写法上，也未能融会贯通。
按照厉老师提出的各种意见，我又对初稿进行了认真的修改，第二稿交
给厉老师后，得到了他的基本认可。随后，厉老师又亲自补充了大量内
容，让全书变得丰满、充实，大大提高了思想性和可读性。书出版后，

我虽然被冠以"编著者",其实多半内容都出自厉老师关于诗词的读书笔记。每念及此,我总感到羞愧不安。

厉老师是充满智慧的人,这尤其表现在他超凡的创造力和想象力,让平淡甚至艰苦的生活也顿生光彩。厉老师是象棋和桥牌的高手,还对发明新棋有很大兴趣。听何老师说,厉老师原来居住在北京海淀区苏公家庙4号,是一个大杂院,住户都是体力劳动者,他曾经自创一些棋类游戏,教大杂院里的孩子们玩。例如,新式动物棋把15种动物分成五类,分别是"跑得快"(豹、狼、狗)、"腰杆粗"(象、熊、猪)、"嗡嗡叫"(毒蜂、苍蝇、毒蚊)、"心眼多"(蛇、狐、鼠)和"像个猫"(狮、虎、猫)。棋的走法特殊。旗子两面都有字。公示的一面是动物的种类。暗的一面,则是具体的动物名称。比如说,对方看到了"腰杆粗",但不知道究竟是象、是熊、还是猪?要猜测、要估算、要冒风险。更妙的是,有些动物都有特点,比如"毒蜂"等于炸弹,与对方同归于尽;"蛇"和"毒蚊"同任何对手交手都是"先下手为强";"苍蝇"被对方吃了,使对方生病,停一次,等等。这使我们这些时常抱怨生活太过平淡、单调的人,不得不感到钦佩。

自2004年随厉老师读博士以来,我接受厉老师的教导和熏陶已有近6年时间了。这6年里,在为论文和工作感到疲于奔命的时候,我总会想到厉老师在百忙之中寻到的诗情和雅趣;在为扑朔迷离的前程担忧的时候,我总是会想到厉老师在下放期间的坚守与执着;当在工作和生活中试图敷衍了事的时候,我总会想到厉老师治学和做事的严谨与细致;在遇到挫折和失败的时候,我总会得到厉老师亲切的关怀与鼓励。中国文化中对君子有颇多描述,但没有明确定义什么是君子,而我们随厉老师读书、学习,才知道什么是君子之风、君子之仁、君子之德、君子之智。让我们怀着感恩的心情仔细感悟、躬身践行老师的教诲吧,这是我们人生中的一笔财富。

贺厉老师八十华诞

> 刘玉生

　　我与厉老师相识于 2004 年，时值先师董辅礽先生大限之年。那时我正随先师董老师攻读博士学位，还没有完成学业。董老师在弥留之际的未了心愿之一，便是我们这帮学生的未竟学业。为遂老友的心愿，恩师厉老师将我们这些未毕业学生全部接收，视若自己的学生，并悉心督促、指导直至我们顺利完成学业。董老师和厉老师的交往情重义厚，颇有古风。每念及此，我在缅怀先师董老师的同时，不免一次又一次地慨叹厉老师的人格境界。

　　厉老师对于经济学的理解是深刻和细致的。深刻之处在于对经济思想的理解，细致之处在于经济理论细微差别的敏捷把握。厉老师最初研究的是经济史，我对于厉老师经济思想的认识起源于他所著的《罗马—拜占庭经济史》这本书。历史学家关于罗马帝国的盛衰各抒己见，众说纷纭，但是厉老师从经济这个独特的视角来描述罗马帝国的盛衰，让人在阅读历史的同时接受经济思想的熏陶。可以说，这部书代表了当代中国学者对于西方经济史研究的水准。厉老师在对经济史的深刻研究的基础上，将自己的知识应用于中国的改革实践。现代西方经济理论往往建立在一般均衡的基础上，在改革开放初期，我国很多经济部门由于受计划经济思想的影响，不可避免地在经济活动中有各种各样的管制，因此，一般均衡的经济理论不适用于改革初期的经济。厉老师创造性地提出"非均衡"的中国经济理论，为进一步推动改革起了重要的作用。

经济学家的入世精神在厉老师身上得到完美的体现。至今已80高龄，厉老师还身体力行，经常带领学生进行社会实践，进入生产的第一线进行考察。今天，当我再次翻看2005年出版的《厉以宁论文精选集》时，被老师的文章所再次震撼。厉老师的文章朴实无华，字字珠玑，所提供的政策建议切实可行。我想这来源于厉老师对我国国情的深刻把握。

厉老师的学术道德文章，难以一一记述，就此搁笔。再次祝贺厉老师八十生辰快乐。

老师教我做论文

◐ | 隆国强

厉老师既是我的硕士导师，也是我的博士导师，这让我有两次机会跟着老师学习做论文。多年师从老师，学习到的不仅是知识，更是治学的方法与态度、做人的追求与达观。这篇小文，只想讲讲当年跟着厉老师学习写论文的事情。

我是在北京大学管理科学中心攻读硕士学位的。当年管理中心有一个好的做法，学生入学时并不确定导师，在开始做论文时再定导师，而导师与学生是双向选择。各位导师一一向学生介绍自己正在开展的研究课题，学生从学术兴趣出发，可以选择任何一个论文导师。导师也会考察学生，做出决定。

记得那是一个下午，在会议室中，管理科学中心的几位导师向学生讲解了自己正在研究的课题。厉老师介绍的是他主持的环境经济学的有关研究，这是北大与国家环保局以及加拿大的环保机构共同合作的一个大课题。当时，环境经济学刚刚被引入国内，是一个比较新的学术领域。厉老师是最早将环境经济学系统地引入国内的经济学者。厉老师用他一贯的精炼语言，非常清晰地给我们讲解了环境经济学的基本理论和前沿问题。由于环境是一种公共产品，因此，环境经济学的研究对象与经济学课本上所讲的一般"私人用品"有很大不同。厉老师的讲解让我耳目一新，一下子打开了一扇理论的新窗口。我立即被老师所讲的内容所深深吸引。由于我本科毕业于北京大学地理系，加之曾经参加过中科院生态中心的一些课题，虽然对环境经济学尚未入门，但对环境科学已有所涉猎。于是，我马上暗下决心，一定要跟厉老师做环境经济学方面的论文。可是，厉老师是我们这些学生们一致仰慕与崇拜的大家，他会看上我这么一个地理系来的学生吗？经过激烈的内心斗争，我终于鼓足勇气，心怀忐忑地向厉老师介绍了自己，表达了跟随厉老师学习的愿望。当时紧张的心情，至今还记得十分清楚。出乎意料的是，厉老师非常耐心地听我讲我的想法，我估计他早已经看出了我的紧张，但他丝毫没有一点不耐烦，相反，眼神中透出的是理解与鼓励。听完我的想法，厉老师欣然应允，并约我到家里讨论论文的选题。

几天后，我如约赴厉老师的家中，这是我第一次走进厉老师的家门。当时他住在北大中关园。去之前，我想象厉老师这样的大教授，一定住在很宽敞舒适的大房子。进到老师家中，才发现与自己的想象大不一样。那是一个小三居，建筑面积70平方米，每个房间都不大，家里堆满了书刊资料，连过道里也放着一个木书架，码满了书，稍胖点的人，得侧身才能走过。

厉老师把我迎进家门，让我坐在客厅的沙发上。他向我介绍了课题研究的总体设计，又讲了环境经济学的前沿问题。我当时对环境经济学一无所知，厉老师所讲，我其实并没有全部听明白，但老师一直很有耐心。最后确定以环境投资的效益评估作为硕士论文的题目，并要求我以安徽马鞍山市为案例，开展实证分析。

商定题目后，老师亲自安排我赴马鞍山市作调研。马鞍山是一个钢铁城市，重工业城市环境状况普遍不佳。自20世纪80年代中后期，该市开始重视环境治理，投入大量资金用于环境整治，取得了不错成效。鲍寿柏学长当时任市政府副秘书长，且分管环保工作。厉老师指示我同他联系，并抽出一张名片，是当时很普通的一种黄色的纸印的，厉老师很仔细地在这张名片上写了一句话，意思是请帮助安排持此名片的学生隆国强开展调研。

我随后赴马鞍山，在马鞍山市开展了约一个月的调研。鲍寿柏学长作了精心安排，请了一位环保局的同志帮助我开展调研。我猜想厉老师一定给他打了招呼，但他从未提起。回京后，我又向老师汇报了调研情况，以及我自己对论文的想法，老师再次给予了悉心指导。于是，我利用调研得到的资料，从不同角度对马鞍山环境投资的效果进行了评估，在此基础上完成了论文。

在论文的写作过程中，我了解到，环境投资的效益评估实际上是环境经济学最前沿的问题之一，国际上的文献也不多。因此，写完论文后，我当时自己并没有能力对论文的质量做出判断。我一直不知厉老师对我这篇论文的评价，我也从来不敢打探。直到多年以后，一次到厉老师家小坐，他告诉我，我的硕士论文被清华大学电子文库收藏了。老师的表情仍然是那么淡然，仿佛这早在他的意料之中，我这时才舒了一口气。

硕士毕业后不久，我从北京大学分校调入国务院发展研究中心从事政策研究。一下子进入一个国家级的智库工作，我日益感到自己知识底蕴之不足。我决定回北大读博士学位。我到厉老师家里，征求他的意见。他欣然同意，并准备接受我免试入学。后来，因为当时一名外国留学生也要求免试入学，厉老师综合考虑，决定我参加入学考试。他亲自指导我复习考试，指点我读哪些书，并给章铮师兄打电话，让他把外国经济思想史的课堂笔记借我。章铮、张一驰、江明华师兄非常爽快地让我复印了他们的笔记，并提供了多方面的帮助。在老师的支持下，1995 年我顺利地考取了厉老师的博士研究生，在职攻读博士学位。

厉老师指导我做博士论文的经历，至今难以忘怀。作为我国最早一批博士生导师，厉老师培养学生的经验十分丰富。早在我正式入学之前，他就与我讨论并确定博士论文选题，这样，我有三年时间来准备论文，这对于保证论文的质量，是十分重要的。

在我的印象中，讨论论文选题是我个人与厉老师单独讨论学术问题时间最长的一次。入学前几天，他唤我到他家里，讨论我的博士论文选题。起初，我想把论文选题与自己的本职工作结合起来，拟在国际贸易领域选题，但他不赞成。他建议研究大宗初级产品价格的形成机制。随着讨论的深入，他指出，不同的初级产品价格形成机制差别很大，即使是大宗农产品，棉花与粮食的价格形成机制也不相同，最后，厉老师建议我选择粮食价格形成机制为题。经过深入讨论，最终确定以中美粮食价格形成机制的比较研究为题。

在开始论文选题讨论之前，我对初级产品价格问题涉猎不多。厉老师非常耐心地讲解初级产品价格形成机制的特殊性，讲他对这个问题的理论意义与政策含义的理解。就是在这样一个严肃而不乏轻松的氛围中，一个下午的时光就过去了。当我走出厉老师家门时，夕阳已经快要落山。厉老师的时间是多么宝贵，但他却毫不吝啬地把大段时间花在指导学生学业上。

论文选题确定后，我一方面听课修学分，同时早早着手准备博士论文。由于博士论文选题定得早，我有充裕的时间准备论文，因此得以几乎阅读了当时所有有关粮食价格的公开和内部文献，从而能够顺利地进入一个新的研究领域。

博士论文完成后，其中的部分章节由中国发展出版社出版。我请厉老师为之作序，他欣然应允。他的序言，其实是一篇关于农产品尤其是棉花价格形成机制的经典文献，这让小书大为增色。从这个细节，足见厉老师提携学生的良苦用心。

最令我感佩的是厉老师指导学生选题的前瞻性。当我的论文完成之时，正值 1998 年国务院推出粮食流通体制改革，我博士论文的选题，一时间成了政策热点。一篇博士论文，完成之时能够恰逢国家相关政策改革之际，得以为现实决策提供学术支持。时至今日，国际初级产品价格一涨再涨，大宗初级产品价格形成机制成为学术热点。早在 1995 年，厉老师就如此有预见性地指导学生研究这个问题，这完全有赖于老师的远见卓识。而这样的远见卓识，是植根于他深厚的学术修养和理论联系实际的扎实学风，绝非易事。

如今，我自己也兼任了大学的博士生导师，担负起将知识一代代传承下去的责任。感觉最困难的事情，就是帮助学生确定博士论文的选题。每到这时，就不禁回忆起当年厉老师指导自己的情景。我也尽力仿效厉老师，按照"前沿性"与"前瞻性"的原则，在学海中苦寻。越拿不定主意，越感佩厉老师的学识与无私。

学习厉老师经济思想的几点体会

◯｜陆 昊

　　我是 1985 年进入北京大学经济管理系学习的。从大学一年级直到大学毕业，我有幸听过厉老师亲自讲授的"经济发展的国际比较专题"、"社会主义政治经济学"、"国民经济管理学"和"国际经济学"等四门课程。在研究生阶段，我又听过他讲授的"非均衡的中国经济"和"经济体制改革专题"等课程。在他主编的《国际金融学说史》、《凯恩斯主义与中国经济》、《中国企业的跨国经营》等多部著作中，我作为参与者，分别撰写过一些章节。我曾应邀在《中国社会科学》上发表过研究厉以宁经济思想的长篇述评文章，后来又应邀撰写出版了"当代中国经济学家学术评传"丛书中的《厉以宁》卷，对厉老师 2002 年以前的学术思想做过比较系统的研究。可以说，我对厉老师经济思想的了解是比较多的，但由于我毕业后一直从事实际部门的工作，所以对厉老师经济思想的把握不一定很全面、很准确，下面谈几点体会。

　　我把社会科学体系分为三个层面：第一个层面是知识，主要解决"是什么"的问题；第二个层面是理论，主要解决"为什么如此"的问题；第三个层面是思想，主要解决"应该是什么，应该怎么办"的问题。我感到，学术理论工作者在知识、理论和思想这三个层面都有重要贡献是很不容易的。而在三个层面都有重要贡献，同时还能够推动社会变革、影响进步就更不容易了，这也许就是学术意义上的大师，我感到厉老师就是这样一位大师级学者。

在向厉老师学习的过程中，我和厉老师的很多学生都感受到，他对知识的占有是极其广泛而深入的。无论是经济学、经济史、经济思想史乃至广义的历史、地理，甚至古典文学等众多领域，他都非常熟悉，而且都有造诣。同时，他对马克思主义经济学、对西方各个流派的经济学理论以及原东欧经济学家的社会主义经济理论都有很深研究。也许正是基于知识和理论的深刻积淀，又凭借敏锐的思想洞察力和推动社会进步的强烈责任感，他提出了一系列基于深厚理论支持的经济观点。

比如，他提出的"中国经济改革的成功必须取决于所有制改革的成功"这一论断的背后，实际是"非均衡理论"的支持。基于对凯恩斯理论的深入研究，从非瓦尔拉均衡的一般分析方法入手，他不仅一般性地考察了市场不完善、价格不灵活、信息传递不通畅条件下的非均衡，而且从我国经济发展的实际出发，创造性区分了市场不完善同时微观经济单位缺乏活力条件下的非均衡，深刻指出完善的市场要靠有充分活力的市场活动参加者来创造，而不是相反。在此基础上，进而提出我国经济体制改革的任务，就是要从第二类非均衡转为第一类非均衡。这是对宏观经济学的重要贡献，建立在这些理论分析之上，才有了"企业改革主线论"的政策主张。

再比如，在研究我国改革发展的重大战略中，厉老师高度重视就业问题，鲜明提出并始终坚持"充分就业是国家宏观经济发展的第一目标"。这一观点的背后，不仅是非均衡理论应用的延伸，也是对转型发展理论所做的深入思考和创造性运用。他从我国基本国情出发，凭借对发展经济学的深厚理论功底，对解决就业问题在我国经济社会发展特别是在经济转型时期的重要性做了深刻阐述，提出解决就业问题比解决通胀问题更重要，经济增长分析比货币流量分析更重要，产权改革比价格改革更重要等精辟论断。他特别指出，过去我国经济体制改革30年的历程，实际上就是转型与发展并重的历程。这样，他就把转轨过程中的"产权改革、就业优先、宏观调控、社会协调发展"等问题有机结合在一起了。这不仅是对发展经济学的重要贡献，也是他坚持了多年的"就业优先论"政策主张的理论基础。

对未来经济社会发展的重要方面能否做出准确预见，这是理论是否真正成熟的重要标志。

由理论主张进而转化为重要实践，大家都比较熟悉的经典范例是厉老师关于股份制的思想。早在1980年，厉老师就与国内一些学者共同提出实行股份制的主张，并在以后的学术实践中长期坚持并不断完善。实行股份制的主张后来在1988年9月党的十三届三中全会公报中得以初步体现，进而在1992年10月党的十四大报告中得以更为明确的表述，在推动我国经济社会发展中产生了重要作用。

再比如关于经济社会协调发展的思想，早在20世纪80年代中期，厉老师就在他的关于国民经济管理的理论中强调，解决宏观经济中的问题短期主要靠需求管理，中期主要靠供给管理，长期主要靠经济社会等各方面的综合协调。这些有预见性的学术思想，与科学发展观关于协调发展的思想是完全统一的，也在相关的表述中得到了体现。

再比如关于以人为本的思想，也是早在20世纪80年代中期，厉老师在专著《体制·目标·人——经济学面临的挑战》中就提出了"对人的研究是经济学研究的最高层次"、"人不是为了生产，生产是为了人"等重要观点。相关的重要思想，还在他对兰格学说三大缺陷的论述中，以及在国内较早进行的对教育经济学、环境经济学、经济伦理学等的研究中得到延伸。在20多年后的今天，这一重要思想在我国经济社会发展的实践中已成为人们的普遍共识。

史论结合，论从史出，是厉老师研究中的一大特色。他在分析道德理论在经济发展中的作用时，对新教徒在北美早期的移民开发和我国南北朝、唐末及五代十国时期中居民南下福建、广东自建村落；对中世纪西欧城市如何互助共济，又如何限制竞争措施；对马克思·韦伯关于新教伦理与资本主义产生之间关系的分析；对莱宾斯坦关于在生产效率、资源配置效率之外的"X"效率的分析；对麦金德关于工业化过程后人的生活单调化问题的分析等旁征博引，给人留下了深刻的印象。我感到正是这种史论结合的魅力，才能产生正确、持久并能预见未来的经典学术思想。

在理论学习的过程中，常常感觉有些理论和思想离现实很远，但是厉老师的很多经济思想却能够直接用于指导我们的实际工作，这也许正是真正的经济学作为一门经邦济世的大学问其独特魅力之所在。

在厉老师的经济学著作中领会到的目标层次理论，对我很多工作都有重要影响。受这一理论的启发，我理解统筹城乡是四个层次的递进和统一。第一个层次是确定统筹城乡发展总体布局；第二个层次是以工促农，以城带乡；第三个层次是工业反哺农业，城市反哺农村；第四个层次是城乡均衡发展，直至一体化。

我在中关村管委会工作时提出政府在创造环境中的三个层面，即在加强基础设施等硬环境建设，加强以机制、体制创新为核心的软环境建设的同时，还要着力加强思想文化氛围的建设，主要依据就是对高科技产业发展与意识形态之间关系的分析。形成这一认识，不仅是因为注意到了萨克森尼安教授对硅谷和128号公路地区文化差异产生不同结果的研究，相应地促使我思考在当前我国蓬勃兴起的高科技产业热潮中，需要哪些特定的区域文化和思想观念支持；也不仅是因为注意到了温州人肯吃苦、敢冒险，勇于徒手创天下，并善于把已经积累的财富主要用于生产和发展而不是消费，相应地促使我思考在促进区域经济发展方面存在的问题到底是硬环境还是软环境，亦或是政府系统或地区居民头脑中那些不利于经济发展的观念；更主要的，还是得益于上学期间听厉老师在给研究生开设的讲座中多次提到的重要观点，即在经济运行的背后，是意识形态因素起着十分重要的作用。直到今天，我还清晰记得厉老师讲罗马帝国盛期和13-15世纪的意大利并不缺乏经济发展所需的要素和市场条件，但最终没有促成良好的经济发展，就是因为缺少有利于经济发展的意识形态支持时的情景。这一重要观点，能够帮助我们理解 1992 年我国并没有发生发展经济的要素和市场条件的巨大变化，却能从上到下产生促使经济增长的巨大动力，有助于引导我们进一步思考一个国家和民族究竟需要什么样的精神力量和意识形态来促进经济社会发展。

我理解，做一名学生最重要的是理解、掌握和运用好老师所传授的知识、理论和分析问题的方法。在庆祝厉老师从教 55 周年暨 80 华诞之际谈这些体会，向我们尊敬的厉老师表达敬意，表达祝福。

▶ 2006 年于北京大学光华管理学院

▶ 2006 年于美国夏威夷

▶ 2006 年何老师 70 岁生日聚会

▶ 2006 年何老师 70 岁生日聚会

▶ 2006 年何老师 70 岁生日聚会赠书

▶ 2006 年何老师 70 岁生日聚会赠书

▶ 2006 年于深圳

▶ 2007 年于云南大理鸡足山

在大草原听厉老师讲过去的事情

罗　青

不了解厉老师的人只知道他是经济学家，也有一些人知道老师最初的专业是"西方经济史"，有非常高的诗词造诣。但只有师兄弟们才会知道，最让我们惊诧的，往往是老师的博闻强识。

投入师门后，我作为一个蒙古族的学生，有幸几次陪老师长途旅行，或是飞越黄河长江，或是穿行于大西南的崇山峻岭中，或是奔驰在内蒙古的辽阔草原上。旅途中，总会有机会听老师闲谈历史掌故，校园往事，一如天马行空，纵横捭阖。

厉老师多年来一直关注内蒙古，从 20 世纪 90 年代初期即开始到内蒙古考察、讲学，足迹遍布东西，从呼伦贝尔到阿拉善，对内蒙古的发展有很多指点，凡听过厉老师讲演的都受益良多。

2007 年夏，受自治区政府邀请，老师、师母一行到内蒙古中西部三盟市考察。我此时已在包头工作，有幸侍于身侧。成行之前，向老师请示此行的具体日程。老师的日常生活一向简单，很好安排，但这次在表示听从地方同志安排之余，专门提到"要到'百灵庙'去看看"。

据我所知，百灵庙远在包头市北方，是"达尔罕茂明安联合旗"政府所在地，距包头市 160 公里，与蒙古国很近。从包头城区出发到百灵庙的路况并不太好，车程要近四个小时。那里有草场，有庙宇，除百灵庙抗战遗址外，还有"百灵庙起义"纪念碑。

心下疑惑，老师大老远去那里要看什么？

8月8日老师一行从包头市区北行赶赴百灵庙镇。草原清晨的天气非常好，高原特有的天空，湛如水洗，爽朗的阳光洒在嫩绿的草场上，车窗两侧不时闪过花田，黄色的是油菜，粉色的是荞麦。

百灵庙近了，首先映入眼帘的是高耸于公路右侧女儿山山巅的"百灵庙起义纪念碑"，从山脚到纪念碑广场有百余级台阶，老师和师母以七十余高龄，一步一步地登上山顶。纪念碑记载了1936年2月发生的抗日武装暴动经过。

伫立在山顶上，老师俯视着丘陵环绕的百灵庙，山丘像城墙一样拱卫着小镇，艾不盖河穿城而过，纪念碑所在的女儿山是方圆百里的制高点。

老师就这样默默地迎风伫立、远望、沉思，我们也静静地陪着老人。良久，老师轻轻地说："当年，傅作义在这里打过日本人。"心中一动，也许，这才是老师点名要到这边陲小镇走一走的理由吧？

据记载，1936年11月，傅作义将军曾率所部三十五军星夜奔袭日伪军重兵驻守的百灵庙，得手后又与反扑的日寇鏖战月余，毙伤俘日伪军千余。从战斗规模看此役并不算大，但时逢9·18和长城抗战之后，7·7和8·13事变之前，令全国人心士气为之一振，战后到处都掀起了慰问归绥抗战勇士的热潮。

这就是女儿山，这就是艾不盖河。1936年的11月23日，那个风雪暗夜。女儿山，日伪军是否就是在这组织几十挺机枪压制抗日战士三四个小时无法前进？公路以东的小高地，炮兵营是否就是在那组织密集炮火摧毁日军阵地？北山，骑兵是否就是从这里占领机场，切断敌军退路？西北隘口，日本特务机关长胜岛角芳是否就是从那个方向仓惶出逃大庙？

日光远极，穿越71年时光，跨越三千里路河岳，我仿佛看到刚进小学的厉老师在江南眺望塞北。在那个强贼入侵、国运飘零的年代，这场胜利对当时的国民是多么有力的激励，以至于在七十年之后，厉老师还一定要亲临故战场。

去年是建国60周年，电视里重又播放了很多战争题材的影视作品。傅作义、孙兰峰、三十五军……这些尘封已久的名字重又被提及。可有谁还记得西部故老相传的民谣——"三十五军卖皮袄——山穷水尽了"？又有多少人会像厉老师一样念念不忘"百灵庙"这个名字？

想到这些，眼前又浮现出厉老师手扶石栏极目西北的神情，这一刻，我突然好像明白老师的"家国"情怀了。

往前追溯，从老师把2004年获得的日本"福冈文化奖"奖金直接捐往贵州毕节建立希望小学，到20世纪80年代著名的"所有制改革"还是"价格闯关"先行的争论，到60年代末在江西鲤鱼洲下放劳动，再到40年代为避战祸举家内迁湘西沅陵。老师的人生、命运，老师的坚持、奋斗，无时无刻不与祖国的国运息息相关。

学术研究离不开争论，真理永远总是在论战中被发现。厉老师，作为一个在抗战烽火中颠沛流离地成长起来、后来又屡屡遭受不公平待遇的知识分子，在学术争论中始终不渝的保持书生本色，他就这样在中国经济改革的研究中做出了自己应有的贡献。

温和的长者，辛勤的园丁

罗 涛

我报考北大，主要因为厉先生和厉先生所在的北京大学，在中国经济学界是独树一帜的。入校后第一次拜见厉先生，便感觉先生很忙，但精力十分充沛，完全不能用老人来形容，直到2001年我快从先生门下博士毕业，才发觉年过七十的厉先生真的渐渐步入老境了。

厉先生是我硕士论文和博士论文的导师。应该说，我不是一个称职的学生，硕士期间忙着考托福、GRE，一门心思出国，因而没有花心思好好读专业书，厉先生听说了，一次在电话中说，怎么老是搞外语？学问才是第一位的，外语只是工具。读博士期间，我特意翻译了美国大学经济系博士生教材，当把出版好的书送给厉先生时，当时以为能博得先生的夸奖，哪知先生只是微微一笑，露出欣慰表情。联想到先生在给我写博士毕业评语时，只是写我外语较好，我当时并没有理解，现在则豁然开朗，先生的评语极为中肯，翻译就是翻译，不代表别的，只要翻译得好，就是对读者最好的交待。现在回想起来，先生不仅眼光锐利，而且内心对每个学生都有极为准确的评价。我记得，先生对我最好的评语是：办事认真。这就足够了，先生经常和师母一起外出考察，我便自告奋勇为先生看家，其实就是帮忙收收信件，接接电话，打扫屋子。可能我做事一板一眼，比较认真，给先生留下较深的印象。

毕业后决定离开北大，一是想看看大学以外的社会，另一个原因就是想独立发展。要知道，当厉先生的学生是有极大压力的，我虽然极为尊敬厉先生，但在北大连读书带教书，一共呆了 9 年，而厉先生一直就在北大，我非常想走出一条自己的路，证明自己的能力，而不是戴着厉先生弟子这一光环活着，因而毕业后我一直疏于与厉先生联系，甚至连起码的一声问候都没有。先生反倒记着我，在他 75 岁生日暨从事教育工作五十周年纪念之际，特意让在读的博士生带话给我，让我一定来，我心里热乎乎的，真的感谢先生的邀请，不计较我的失礼。不过，毕业后尽管没有和先生联系过，但先生仿佛一直陪伴在我身边，时不时给我教诲。记得有一次读《北京青年报》，发现上面登载了先生的一段话，大概是说，一个人在发展的前期，尤其是年轻时经历很多挫折都不要紧，今后会顺利的。我当时觉得这不仅是先生的肺腑之言，更是对年轻人的关怀和勉励之语。先生自己不是坐了 20 年的资料室冷板凳，直到改革开放，年届五十，才获得学术上的迸发吗？

更多时候，我会留意一下先生最近有没有新书出版，有没有新的诗词集出版。我的书架上摆放了不少先生的书，读先生的书，其实是与先生最好的交流，可以知道先生最近在思考和关注什么。先生每年都有新书面世，让我们这些做学生的深感汗颜，要知道，先生可是每天早起写一千多字，笔耕不辍的，一直未停止思考和写作。先生过人的精力、渊博的学识和深刻的洞察力来自于何处呢？我仔细琢磨过，除了得到名师的指点外，主要在于厉先生 1951 年考入北大，是新中国培养的第一批大学生，身上有着那个时代特有的乐观向上的精神风貌。他们那一辈将前半生深深扎根在中国大地上，极为了解中国大地，后半生更是抓住宝贵的桑榆时光，倾情倾力为国服务，不仅桃李满天下，更推动了中国经济改革。

博士毕业后，我也开始自己在学术上孤独而又艰苦的征程，即便最艰难的时候，我也不会忘记厉先生的教诲，这当中，有时候也看看先生的经济学著作，但知识的探索主要靠自己，而内心的成长除了靠自身的领悟，时不时研读厉先生的诗词，的确可以舒缓心中的不快。这是因为，如果说著作可以反映一个人的学术功底和见解，并可于文笔之间，流露出作者的内在精神和气质，那么，诗词更是直抒胸臆了。厉先生的诗词意境独特，而乐观、练达和深入浅出，始终是先生诗词的特点。我从先生的诗词当中吸取了不少有益的人生修养和经验，因而要感谢作为经济学家的厉先生，于经济学著作之外，更留下了一笔极为宝贵的精神财富。

厉老师带我走上经济学之路

罗知颂

作为恢复高考后第一届大学本科毕业生，我 1982 年 1 月在母校广西师范大学留校任教，分配在政教系经济学教研室，承担经济思想史的教学任务。而我第一次见到厉老师是在 1982 年 3 月。时任广西大学校长的侯德彭教授（毕业于北大物理系，比厉老师低一届），邀请厉老师到南宁广西大学讲授"西方经济学"课程。这在广西如同思想启蒙的惊天春雷，当时全国高校能开出此类课程的真是凤毛麟角。而且不是几次讲座，是历时两个多月的系统讲授，是"当代西方经济学概论"和"当代西方经济学流派"整整两门课程，是厉老师在北大以外的高校第一次，也是唯一一次从头到尾系统讲授。不少高校教师从四川、湖北、湖南等地赶来学习，多么难得的机会啊！

由于是从桂林专程来南宁听课，我和厉老师同住在广西大学红楼招待所，楼上楼下朝夕相处。从 3 月初到 5 月中旬，20 几个单元，近百节课时，厉老师一个人把"当代西方经济学概论"和"当代西方经济学流派"两门课程从头到尾讲完。如果不是亲眼所见，真不敢相信这位中年副教授的学识、胆识和知识能量。正是厉老师让我第一次接触到崭新的知识体系和经济思想。他对知识体系和方法论的娴熟驾驭，学贯中西的学术底蕴，客观公正、鞭辟入里的分析，以及凭着几张卡片就能三个小时娓娓道来的教学功力，没有一句多余的话，清晰的逻辑、绢秀的板书、一气绘就的曲线图，无不令人折服。

149

我如饥似渴地学习，每天的课堂笔记就有一万多字，晚上还结合讲义（当时全国还没有出版一部西方经济学教科书）认真消化、整理笔记。这一切，都被细心的厉老师看在眼里，他毫无保留地拿出自己尚未出版的教材手稿让我参考，后来又让我协助他整理、复写书稿。直到 1983 年厉老师主编的《现代西方经济学概论》和《当代资产阶级经济学主要流派》两部影响了整整一代人的教材问世，我才感觉到其中沉甸甸的分量和受用无穷。短短 50 多天过得那样充实，我每天都徜徉在新鲜知识的海洋里，直接得到厉老师的谆谆教诲。

见到厉老师那年我 30 岁了，工作学习压力很大。厉老师帮助我，鼓励我，确定教学科研突破口，规划好自己的学术发展目标方向。厉老师平易近人，生活随和简朴，很快我们就成了忘年交。那时何老师正在北京忙着工程设计，直到五一假期，厉老师用自己微薄的课酬买了硬卧火车票，何老师才从北京风尘仆仆赶到南宁。第一次见到师母，又是那样的亲切和蔼、平易近人。我们陪着厉老师夫妇游览武鸣伊岭岩，漫步邕江河堤，师生之间如同亲人一般。

结束在南宁的讲学之后，应我校邀请，厉老师夫妇又来到桂林，在广西师范大学开设了比较经济学、教育经济学讲座课程，一连讲了四个上午，整个王城校区轰动了。这也是厉老师第一次来桂林讲学。后来才发现，他在《教育经济学》和《体制·目标·人》两部专著中的许多重要理论创新观点，在桂林讲学时都首次讲述过。他的第一次广西之行，是不折不扣的现代市场经济理论启蒙和传播之旅，为刚刚开始的改革开放注入了思想解放的理论动力。

连日的讲学，以至于游览漓江的安排推迟到离开桂林的前一天。天下着大雨，我生怕云遮雨罩会影响到厉老师、何老师的游兴。多年后读到厉老师写下的诗词《南歌子·游漓江——1982 年》，才知道他当时的心境和情怀。"昨夜逢春雨，今朝雾满江，奇峰俏丽似新娘，半隐半明带羞着纱装。 含蓄人间美，自然意味长，吟诗作画亦相当，妙在容君

日后慢思量。"（《厉以宁诗词选集》上卷，商务印书馆2008年，第265页）

厉老师回到北京以后，我们便有了经常的书信往来。他给我寄来中国社会科学出版社刚刚出版的《国外经济学讲座》1-4辑，里面收入了当时国内经济学界知名学者应邀为中央党政机关领导干部开设讲座的讲稿，我发现，其中厉老师主讲的专题在60讲中竟然占了四分之一。在国门乍开、转型发展刚刚启动之时，思想启蒙的贡献实在是太大了！厉老师当时所做的讲学和思想启蒙工作是开创性的，罕见的。而很多同辈学者当时还不曾开始接触现代经济学理论知识。

在厉老师的帮助下，我于1982年9月进入北大经济系做进修教师，厉老师是我的指导老师，按照理论、历史与数理统计三位一体的知识构造，他亲自指导我选课，亲自同有关老师联系，安排我系统学习西方经济学和经济思想史专业的硕士研究生课程。除了厉老师主讲的名著选读课和"经济史比较研究"课程之外，我还有机会聆听了多位老师的课程，同朱善利、刘伟、王家卓、何小锋、章铮等青年才俊一起听课，一起开讨论会，一起写论文，一起作读书报告。从1983年春季学期开始，厉老师又安排我和其他几位老师一起给北大经济系79级本科生和83级硕士生讲授"西方经济学主要流派"课程，后来又派我们到五道口中国人民银行总行研究生部讲课。我爱人来北京，何老师还特意在北大45楼租房子安排我们住下。此情此意，终生难忘。从那时起，除了经济理论与方法的学习，我开始领悟到经济学"社会启蒙与社会设计"的使命。考虑到我的师范教育背景，厉老师还安排我协助他整理、校对《教育经济学》书稿，使我有了先睹为快的机会。毫不夸张地说，我的经济学之路就是这样开始的。

感谢厉老师带我走上经济学之路。一辈子能遇到这样的大师和人生楷模，我感到莫大的幸福。愿厉老师、何老师每一天都充满喜乐平安，永远"笑游桃李林"。

春风化雨润桃李

○｜马化祥

老师的学生有很多登堂入室，能够得益于老师的悉心指导，但是厉老师对自己学生也有过另一种概括，他认为所有在北京大学光华管理学院到过课堂听过他的课的都是他的学生。我倍感庆幸的是我远不至于此。能够在老师的身边为光华管理学院工作和服务逾十年，得到老师在学问、为人处事上的言传身教，更是让我受益终身的幸事。

1996年刚刚23岁大学毕业的我，便非常有幸地成为"北大光华"这个大家庭的一员，在厉老师的身边工作和学习。回忆那个时候，每一天的工作和学习，都充满挑战、新鲜和快乐，也时常为能够见到厉老师而兴奋不已。

还记得，自己以一个还未打好经济学基础的学生，去上厉老师的经济学课程，听老师讲"20世纪的英国经济：'英国病'研究"。老师从来都是那么平易近人，因为很多人（无论校外的还是其他院系的很多学生）都是慕名而来，光华一号楼102或者101的大教室经常是人满为患，许多人只能坐在过道或者站在后排听讲，老师每次开讲前都会让学生们坐到第一排的前面甚至讲台边上听讲，这也经常让讲台变得非常壮观。老师的开场白没有更多的铺垫或者客套，总是直接切入正题，没有什么讲稿但条理总是那么的清楚。时常想起，老师在论述英国经济问题时的鞭辟入里，也曾记得老师在阐述非均衡的中国经济时的入木三分。当然，也时常为老师的城乡二元结构改革方向的精辟总结和准确概述而折服。

从"三个和尚有水吃"到"菠萝的海"一连串故事，道理的讲述都是那么深入浅出、耐人寻味。老师总是把中国经济与改革中的道理用许多让普通老百姓都能够深入理解的话语和故事来深入浅出的阐述，这是厉老师讲课的特点。

我想以我的学术素养，是无法描述老师的智慧的，也只能在这里讲与先生共事时的小故事，让读者们分享一下我对老师的崇敬。

记得是 2002 年下半年，刚刚成为学院党委副书记的我，也就自然成了学院党政联席会的成员之一，对于我一个不满 30 岁的小伙子，能够在会上成为记录员和有机会到几位院领导的家中参加会议而着实让我"沾沾自喜"了一段时间。有一次，晚上 9 点左右，党政联席会后，几位领导从厉老师家中出来，刚刚下楼，朱善利老师的手机响了，厉老师来电话让朱老师回到家中取厉老师借阅图书馆的书籍，以便按时还给图书馆，自然这种事情由我这个年轻人去做更为合适。在取了书乘电梯下楼的间歇，我好奇的翻看了老师看过的书，除了叹为观止之外更多的是让我这个年轻人汗颜：厚厚的一摞书居然全部都是英文的大部头学术专著，书中多处夹着老师做了笔记的小纸条，密密麻麻。下来问了朱老师才知道，是老师正在写一本书，需要再次确认许多引文的准确出处而重新翻阅这些书籍的。这是让我始料未及的一件事情，那时老师已经是七十有余的年龄，依然能够以如此严谨的治学精神自己查阅这些英文文献，使我感慨了好久。

先生对于年轻人，总是给予许多的关心和鼓励。厉老师对于我这个年轻后辈在事业、家庭上的关心、提携和帮助，让我心中的感激更是无以言表。给我印象很深的是 2004 年 12 月关于第七届光华新年论坛的主持人一事。由于前期约请的几位央视主持人都因时间错不开而无法前来，学院党政联席会上似乎有些一筹莫展。厉老师提出由我来担任这一届的主持人，对于这个突如其来的安排我有些不知所措，毕竟光华新年论坛自创办之日起到那时已近七年，已经在国内外尤其是业界产生非常好的影响，也获得了许多好评，以往的许多届都是由央视著名播音员担纲主持，这的确让我有些困惑。也正是厉老师给予我的支持，让我有勇气站到北大百年讲堂的主席台上，应该算顺利地完成了第七届光华新年论坛的主持任务。在 2005 年的光华 20 周年院庆等系列活动中，也是厉老师给了我更多的信任，作为院庆 20 周年筹委会的秘书长参与大量工作，并在后来有幸担任北大光华管理学院校友会的秘书长至今。正是这些活动的历练让我在工作中得以成长。

如今，我已经离开光华。在光华的十年是我生命中最可宝贵的时光，因为，这是我和厉老师一起工作的日子。这十年，我从一个初出茅庐的大学生一步步成长、成熟；这十年，厉老师的言传身教让我获益良多、受用终生；这十年，我仰望着先生，高山景行，心向往之。无论未来何时何地，厉老师的为人师表和大家风范都将伴随我做人做事的始终，散发着弥久的芬芳。

授业·引领·楷模

◎ 冒大卫

1998 年的夏天，因为在高考中成绩不错，怀着对北大的敬仰和对厉老师的崇拜，我选择了北京大学光华管理学院。那是新生开学的头几天，按照学校安排，98 级文科和社科类大部分新生要在昌平校区度过第一年的学习生活。曾经幻想过无数次的湖光塔影忽然变成了京城郊区的单调萧条，我的心情一下从考进北大的狂喜跌到了谷底。就在这时，厉老师从燕园来到了昌平，让我听到了进入北大后的第一场学术报告。十多年后的今天，我还能回想起厉老师把复杂的经济现象用最简单平实的话语娓娓道来，让我们这些大一新生也能听懂、吃透。在那个高温的秋日，那个没有空调的拥挤的阶梯教室，那种仰望尊师时的崇敬，那种在老师引导下独立思考的幸福，直到今天我都难以忘怀。

讲座结束之后，所有人都排队去和厉老师合影。以至于原本一个半小时便能结束的报告会足足变成了三个小时的"粉丝见面会"。而厉老师，自始至终和蔼地站在讲台上，没有丝毫的厌倦或者不耐。

一年之后我回到燕园，听厉老师主讲《社会主义经济改革与建设》课程。这门课非常受欢迎，每次都有很多其他专业的同学来旁听，经常是教室过道上都坐满学生。有一次人实在太多了，厉老师就招呼学生坐到讲台边上去。每次上课，厉老师必会提前 10 分钟到达教室，在黑板上工工整整的写下一堂课中主要涉及的几个问题——这是课程的大纲，也是他讲述的重点。这一习惯多年来保持至今，即使是近两年继续给本科生讲授《中国经济改革与发展》时，也未改变。厉老师思维缜密、语言精炼更为学生们所折服，从市场经济、股份制到最后结合中国实际谈经济改革，把每个问题抽丝剥茧，分析得深刻透彻，讲授过程更是一气呵成，行云流水。听厉老师讲课，除了能够学到丰富的知识之外，更有一种类似于欣赏行草字帖的感觉，气势磅礴，行云流水，毫无阻滞。厉老师对时间的掌握更是到了让我们惊叹的程度。每堂课都会在 50 分钟的时候准时下课，不早退，不拖堂，一个学者的严谨和审慎在这样的细节中展现无遗。

这门课除了学习到知识，更深刻地领略厉老师的风采，更让我在学习和工作上都发生了方向性的转变。

第一次和厉老师有深入接触是在 2000 年。那年正是厉老师的 70 寿辰，我作为学院的学生会主席，协助学院的老师们组织"厉以宁诗词朗诵会"。厉老师的诗词中，有不屈的信念，有哲学思考，也有生活的乐趣。那一次活动，不仅让我第一次接触到厉老师的诗意人生，更让我切身感受到厉老师对学生发自内心的关心和爱护。

毕业后，我留在院里负责学院的学生工作，和老师的接触就越来越多了。多年来，厉老师一直非常支持学生活动。每次有学生想请厉老师做报告，只要时间合适老师都会安排，有时实在安排不开，厉老师就会详细跟我说明原因，让我跟学生解释清楚。遇到学生会组织新年晚会或文化节庆典等重大活动实在安排不开时，厉老师会让学生提前拍好一段视频在活动现场播放，把祝福送给学生。这种方式现在很流行了，但当年在学院还是厉老师首创的。

厉老师对本科生特别是本科新生的工作非常重视，经常跟我说要让新生入学就把基础打好，日后才好发展。每个新学年伊始，厉老师一定会为入学的新生做一场报告。新生报告会的主题从 2007 开始确定为"唐宋诗词欣赏"，厉老师更希望让这些初出茅庐的孩子们意识到，他们首先是一名北大人，然后才是一名商学院的学生。作为一名北大人，首先应具备的就是深厚的人文底蕴和优雅情怀。2007年，学院推广本科生导师制，厉老师主动要求担任低年级本科生学术导师。每学期厉老师都会让我把这几个学生带到家里去，对他们的学习和生活进行指导。每次厉老师在北京做学术报告，都会让我带着这几个本科学生和其他学生一起参加报告会，一方面让他们学习知识，另一方面也给这几个青年学生开阔眼界的机会。

2003年，我援藏回来第一次上厉老师给研究生开的必修课程，第一节下课之后，厉老师微笑着问我"你从西藏回来啦"，这一句话让我着实觉得受宠若惊；在我借调到中共中央办公厅工作后，厉老师非常正式地跟我谈了一次话，指出我工作中应该注意的问题和需要加强的素质，令我受益匪浅。回到学院工作后，厉老师经常给我的工作提要求、指方向，表扬工作做得好的地方，让我深受鼓舞。现在我也当上了老师，面对学院这些来自全国最优秀的学生，深知责任重大。面对我的学生们，我常常会想厉老师都给过我哪些指导和帮助，把老师的思想和态度作为我的指路明灯，为我怎么带好学生指引方向。我在工作中也有遇到挫折，感觉懈怠的时候，但每每想起厉老师对我无微不至的关怀和全方位的支持，深深知道老师的良苦用心和殷切期望，在工作中断然不敢有丝毫懈怠。

2000年和其他老师一起筹备老师生日，组织诗词朗诵会的时候，我第一次见到师母何玉春老师。厉老师与何老师相濡以沫的爱情和厉老师幸福的大家庭都给我留下了非常深刻的印象。当时我和我的女友（后来成了我的妻子）刚刚谈恋爱，我请她来旁听了晚上的"厉以宁诗词朗诵会"，《南乡子——送何玉春出差去江苏》和《钗头凤——记厉莎学步》这两首词让我们非常羡慕老师幸福美满的家庭生活。

厉老师与何老师的相濡以沫，使我们全家羡慕不已。何老师善画梅花，在北大三角地书店就有一幅。这幅作品上还有厉老师题的词，作为镇店之宝展示在最显著的位置。2006 年后何老师相继出版了两本摄影集，摄影集里收录了何老师这些年拍摄的一些风景照片，厉老师为每张照片都配上诗词。这两本书不但内容独到，形式新颖，更是体现厉老师与何老师互相尊敬，互相支持，相濡以沫的最好见证。

如同漫漫冬夜里的火炬，既明亮，又温暖

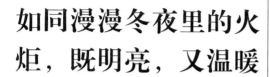 孟万河

　　20 世纪 80 年代，是一个充满理想和不断探索的年代。当时，改革是最动人的关键词，开放是最美好的话语。思想启蒙，观念更新，破除迷信，狂飙突进，打开藩篱，探索出路。北京是思想激荡的中心，北京大学是改革浪潮的风眼。在众多学子的心目中，厉老师是那个时代里，在北大、在北京，乃至全国经济界、思想界、知识界的一面改革旗帜，一个思想先锋。

　　平时厉老师的课，不提前用饭盒袋或书本占座，不提前赶到，那是抢不到位置的。更何况是"浓缩的都是精华"、"传播的都是思想"的讲座呢？不管你是本系本专业的本科生还是研究生，也不问你是外校来的还是社会上来的旁听生，也不论你是中国的还是外国的学生，按北大传统一视同仁，按有无占座先来后到。

　　记得那时，我作为学生会、研究生会的干部，最盼为厉老师组织讲座，一则先听为快，二则造成学生组织的声势。

　　遇到重要时点的重要讲座，或遇到整个社会为改革方向或路径犹疑彷徨的时候，厉老师的讲座更是牵动着多少关心者、求知者和思考者的神经。

　　经常是人多得难以想象。本来估计可能来 200 人，订了一教的 103 或 203，大阶梯教室，坐满能盛 230 人。结果还不到开讲时间，已是人

满为患，水泄不通，厉老师到了没有学生保驾都挤不进来，——就这样，外面还源源不断来人。只能现联系更换讲座场地，调到办公楼礼堂，那儿有800多个座位呢。调好场地的通知一发出，大家后队变前队，争先恐后地一路急跑——有的女生本来提前占了位置，一换讲座地点，在最里面挤不出去，都急哭了。结果到了办公楼礼堂，还有陆续前来的，仍然不够座儿。最后，楼道里，窗台上，都站满了人，连讲台的四周，也席地坐满了人。那种盛况，非亲历者不能感受。更有一次，办公楼礼堂也难以承受了，再调整到能装2300人的大讲堂，才能开讲。记得那是个冬天，寒风凛冽，裹着大衣，背着书包，来回奔跑，印象极深。老师一开讲，全场静寂，时有妙语，或前仰后合，或掌声雷动，或陷入深思。老师的形象既明亮又温暖，如同漫漫冬夜里的火炬。

"中国经济改革的失败，可能是由于价格改革的失败；中国经济改革的成功，必须取决于所有制改革的成功。"这是1986年4月在北京大学"五四"科学讨论会上关于改革的基本思路讲演的开始两句，这是何等振聋发聩，令我至今记忆犹新。

曾经有位师兄和我交流，厉老师真正地塑造了那一代许多青年学子的基本经济思想和价值观念。除了讲课，写书，还有讲座——北大的，北京的，各地的……

我的硕士论文

◎｜孟晓苏

　　我是 77 届北京大学中文系本科学生，从 1988 年起又回北大读研。能够师承厉以宁等著名教授研究经济学，是我一生难忘的经历。我和其他同学在以厉以宁教授为导师组长，肖灼基、刘方棫两位教授为导师组成员的指导下，攻读学位课程，撰写硕士论文，并于 1991 年获得了经济学硕士学位。

　　1990 年临近我硕士研究生毕业时，正是中国意识形态领域出现严重迷茫与混乱的时期，"批判经济领域内的自由化"的言论一度成为舆论的主流。我作为万里同志秘书，已经在国务院工作了七年，直接参与了国家改革开放的主要决策，当然不能认同这些反对中央改革政策的错误言论。在厉以宁导师指导下，我以《试论中国经济改革的战略问题》为题写出我的硕士论文，文中主张"要明确中国经济改革的市场取向"，驳斥了某些"左派"文章，诸如"市场经济等于资本主义"的奇谈怪论。我的这篇硕士论文答辩通过后，1991 年年初在《管理世界》上全文发表，引起了激烈争论，招来了批判。

　　1991 年 8 月，《真理的追求》杂志发表其副总编辑个人的长篇文章《关于当前改革问题之我见》，批判我的"市场取向改革"，说"市场经济分明是要复辟资本主义"，"要把中国拖回到半封建半殖民地的社会中去"。他还针对"不要遇到问题就先问姓社姓资"的观点，批判这是"在极力抹煞两种改革观的分野"，他责问道："这是醉话还是呓语"？

《人民日报》不仅在 1991 年 9 月 2 日第五版择要转载了这篇文章，而且在头版头条配发了题为《要进一步改革开放》的社论与其呼应。在这篇著名社论的原文中，曾有一段批判"不要先问姓社姓资"的文字，并通过中央电台晚间新闻联播节目播至全国，但在第二天报纸上又被偷偷删节了，成为该报多年来的一件怪事。

厉老师当时是全国人大常委会委员。在全国人大常委会开会时，他问我：《真理的追求》杂志上那篇文章批判的四个观点有几个是你的？我说有三个是我的，并汇报了这三个被批判观点的内容。厉老师又问，那第四个被批判的观点是谁的？他所指的就是"不要先问姓社姓资"。我如实禀告：我不知道批的是谁。我跟厉老师说，要不要我再写一篇文章予以反驳？厉老师说："你越反驳，他们就批得越来劲，不如先等等，因为他们的观点是站不住脚的。"

果不出厉老师所料，四个月后邓小平同志就踏上了南巡的路程，并在次年年初发表了著名的"南巡讲话"，中国的改革开放又掀开了新的篇章。这时我们才知道，被《真理的追求》那篇文章和人民日报社论所批判的第四个观点"不要先问姓社姓资"，原来出自邓小平同志 1990 年年初在上海的一次重要谈话，被上海《解放日报》以"皇甫平"的名义发表成为一篇文章。这些"左派"批判的，原来是中国改革开放的总设计师邓小平同志的思想！邓小平同志在"南巡讲话"中不仅再次强调"不要先问姓社姓资"，而且提出了"社会主义也可以搞市场经济"的重要论断。1992 年 4 月江泽民总书记在中央党校的讲话中明确提出："我们的目标，是建立社会主义市场经济"，这个目标很快写入了中共中央文件。我在硕士论文中所提出和坚持的走向市场经济的观点，终于被证明是正确的。

正是在"左派"对"市场取向"观点大加讨伐的时候，厉老师把我的硕士论文和其他同学所写的硕士论文汇集为一本书，定名为《走向繁荣的战略选择》，于 1991 年 8 月由经济日报出版社出版。我的硕士论文成为该书第一章："经济改革战略的探讨"；李源潮同学的硕士论文成为该书第五章："企业集团的发展途径"，该文主张进行生产组合方式的创新，推动我国企业组织结构和国民经济管理形式的重新构造。李克强同学的硕士论文成为该书第七章："农村工业化：结构转换中的选择"，该文挑战诺贝尔奖金获得者阿瑟·刘易斯的"二元结构"说，主张发展农村工业化，破除城乡二元结构，形成我国城乡经济社会发展一体化新格局。厉老师撰写了其他几章，包括"企业改革——经济改革的主线"、"从企业承包制向股份制的转变"等。厉老师还将该书"结束语"冠以"改革是不可阻挡的趋势"的标题，他写道："不管遇到什么困难，都不可能成为制止经济改革事业前进的障碍"，"改革是不可逆转的"，"我们目前面临的困难完全有可能在深化改革过程中逐渐被克服"。他提出"在深化改革中稳定经济。改革将给人们带来信心，带来希望。我们只能有这种设想，也必须做出这种选择"。

十九年后的今天，我们在《走向繁荣的战略选择》这本书中所提出的建议与预期，已成了现实。中国走向繁荣的战略选择是：在宏观上建立社会主义市场经济；在微观上发展混合所有制经济，使股份制成为公有制的主要实现形式；在结构上是改变城乡二元结构，形成城乡经济社会一体化的格局。当初，我就读硕士生时，还是30多岁的年轻人，在厉老师等名家指导下所提出的改革设想，后来融入到中国正在进行的改革和发展实践之中，这是多么令人鼓舞的事情！接着，在20世纪90年代初，我又在厉老师的指导下读完了博士生阶段的课程，通过论文答辩而获得了博士学位。回顾以往，此景难忘，此情难禁。在厉老师八十寿辰之际，特撰写此文作为纪念。

跟着厉老师学习做学术研究

彭松建

从 1977 年开始，我关注和研究人口经济学方面的文章和书籍。我从北大图书馆借阅有关人口问题研究的中外文杂志。然而由于当时"文化大革命"刚刚结束，有关人口问题研究的中文杂志几乎没有，我只好借阅英文杂志，从中寻找有关人口问题的文章。在 1978 年我翻译了一篇《人口问题的由来》的文章，发表在刚刚复刊不久的《经济学译丛》。恰巧在 1978－1979 年，北大经济系成立人口研究所，正在招揽人员，我试着去和胡代光厉以宁两位老师联系，请教调入北大人口研究所的可能性。两位老师热情接待了我，他们介绍我去找人口所筹备组负责人张纯元老师，同时，胡老师、厉老师也指导我去借阅马寅初老校长有关人口的著作，以及国内外有关人口问题的论文。

在 20 世纪 80 年代，我曾参加中华外国经济学说研究会的有关工作，经常有机会见到厉老师，向他请教西方经济学说，尤其是有关西方人口经济学方面的问题。我还翻译了一些西方人口经济学著作。翻译过程中，常会碰到英文原文一些语义不明的地方，专门向厉老师请教。厉老师十分严谨，总是先仔细阅读原文，解释原文的意思，然后启发我去思考如何用中文加以表述。厉老师多次告诉我，研究人口问题，不但要阅读现代西方经济学者有关人口问题的文章和书籍，还要读一读马尔萨斯的《人口原理》，了解马尔萨斯是在什么样的背景下提出人口问题的，了解他如何把人口与粮食供给联系起来研究的。厉老师指出，要深入了解和探求各种学术观点的来龙去脉，弄清楚各相关学派的演变过程，全面把握相关资料。总之，要细心阅读原著，不要先有成见。经过厉老师的指点和开导，我的思路开阔多了。我觉得人口经济问题值得深入研究，不能停留在"人云亦云"阶段，而且需要学习的知识很多，自己不过刚入门而已，从此更加坚定了我研究西方人口经济学的信心。

经过将近十年对西方人口经济学的学习和研究，我逐渐形成了对于西方人口经济学的一个较为完整的框架，从微观到宏观，从流派到现代西方人口经济学相关分支演变的脉络。当时，我在北大经济学院西方经济学研究生班讲授西方人口经济学，也给全国计划生育干部培训班讲授国际妇女节育运动史的课程。有的兄弟院校的教师和我交流。在与同行交流的过程中，有一所著名大学的教授提出来，要和我合作撰写一本西方人口经济学方面的著作。并且提出，由我执笔写，他署名和审阅。我十分为难：与他人合作，把自己多年的研究成果拿出来与他人共享，觉得有点不妥；不与他人合作，人家已经提出来了，又怕影响今后的关系。正在我为难的时候，我去请教厉老师。厉老师详细询问了我有关西方人口经济学的研究状况和已经形成的西方人口经济学研究的框架，帮助进行分析，最后厉老师鼓励我应当独自去写一本有西方人口经济学的著作。厉老师点拨说："你的学术积累证明你有能力独立去写一本书，何必同他人合写呢？当然，最后如何决定，主意还是你自己拿"。陈岱孙教授也鼓励我，要大胆一些，自己能完成的工作，就放手去做，不必顾虑太多。在厉老师和其他老师指导下，我完成了《西方人口经济学概论》一书的写作，后来由北京大学出版社于 1987 年出版。这件事使我终身难忘。

学生的荣幸

▶ | 平新乔

我们的老师 厉以宁

第一次拜访厉以宁老师的家，是与谢百三同学一起去的。那是 1983 年 4 月 27 日，暮春的一个早上。我们俩真够傻冒，头天刚刚完成硕士研究生入学的面试，一心想去心仪的厉老师家瞧瞧，但事先没有给厉老师打招呼，只是从系里（当时只有经济系）问到住址，就直接闯到厉老师当时在蔚秀园 16 公寓的住处。按过门铃后，是厉奶奶开的门，百三说明敬仰厉老师之情故特来拜访一番话后，何老师没有拒绝我们，笑盈盈地将百三与我带到厉老师正在写作的房间。

这是一套居住面积总共只有 35 平米的小公寓房，进门后右手一间 14 平米左右是奶奶与厉伟住的，中间是厨房与卫生间，左边一间稍小一些，是厉老师与何老师的卧室，但它又是厉老师写作的书房。只见厉老师坐在大床边上伏案写字。所谓"案"是朝南平放的一张书桌，桌上铺着正在写作的稿子。而厉老师身后的大床则摆着一叠叠书与一包包放资料与其他手稿的大牛皮纸信袋。

厉老师写字用的是标准的 400 字方格的北京大学稿纸。稿纸中间铺着蓝色的复写纸，这样稿子写完，寄出一份后自己还可以留一份保存。厉老师的文稿是一笔写成的，不用誊抄，却字迹清秀干净，很少有改动。见我们进房，厉老师便起身，轻声说，清早写作 3 页（1200 字）左右，然后再干其他，这已经是他的习惯。一年下来，就是一部 30 多万字的书稿。

这是厉老师留给我的第一印象。27 年过去了，今天我提起笔来，脑子里仍会浮现出厉老师坐在床沿伏案写字的形象。那是上世纪 70 – 80 年代北大一代知识分子的工作环境的写照。可是，每日清晨起来，先写完 3 页稿子再干其他，这样的功课有几人能成"习惯"？将缜密的思想见诸于纸上方格中的涓涓文字，不必打草稿，这种功夫需多少个三九才能炼成呢？

后来才知道，那天我与百三同学见证的厉老师手稿是稍后出版的《体制·目标·人——经济学面临的挑战》的书稿。按厉老师著作的出版年份反推，便可知他的《论加尔布雷思的经济学说》、《20 世纪的英国经济："英国病"研究》、《教育经济学》、《西方经济学概论》等几部大书都是在蔚秀园这个简陋的卧室兼书房，一字一句写出来的。他在北大蔚秀园宿舍住了九年（1974——1983）。

我们在厉老师家呆的时间不到 5 分钟。厉老师和蔼地对我说，"在 4 月后再见"（意即研究生面试已通过我们会顺利入北大的）。当我"再见"到厉老师时，已是那年清凉的秋天了。为了让我跨进北大的门，北京大学经济系，在系主任也是我研究生导师陈岱孙的主持下，几乎动员了全系所有的资源，竭力帮助我进校。而厉老师，更是在我人生转折的紧要关头，有力地支撑了我，让我告别年轻的狂热，获得了人生中最为宝贵的在北京大学的求学机会。

当 1983 年 9 月厉老师与我在北大四院（经济系当时所在地）常青藤架边再次相遇时，厉老师并未露出一丝一毫的施恩于人后的高贵，而只是像招呼一个孩子似的轻声对我说，可以选他开的《剑桥欧洲经济史》原著阅读课。他将我引进对面的资料室，从抽屉里找出《Cambridge History of European Economy》的卡片（那个年代找书都是要用卡片的），让我去图书馆借这部书的第四卷。那一卷是关于欧洲价格革命、重商主义政策、人口变化的经济史。厉老师要我读的部分是大约 300 页英文原著。厉老师对我说，每天读几页，用不了多久，300 页就读下来了。

陈岱孙老师、厉以宁老师、石世奇老师……，当时整个北京大学经济学系的领导与老师都没有提起帮助我进北大的艰辛。老师们都只是主动向我提供学习机会，让我多学一点。我也似乎觉得这以前所有的坎坷的求学经历在北大得到了补偿，从而进入了心无旁骛的学习时代。厉老师的课，是我用力最多的课。我上《剑桥欧洲经济史》选读这门研究生课程，课上课下会占用一个学期三分之一的精力，但在厉老师面前，仍会忐忑不安。

厉老师对我说过，选的课份量要重，要觉得累，才会有收获。近30年过去了，我至今仍感恩于1983年秋季修的这一门《剑桥欧洲经济史》。这部书现在已经译成中文了，但我们当时是捧着英文原著一句一句译成中文，在厉以宁的指导下再反复揣摩的，个中滋味自然不同。当2002年以来，卢卡斯等人重新讨论马尔萨斯陷阱时，我就会想起从中世纪到工业革命前的"价格革命"；当2008年中国人总结改革开放30年的成就时，我就会参照"重商主义"的政策与思想，将中国的进展放进历史的坐标系。

厉以宁老师从1979年至今，对中国经济学与中国经济改革与发展发生影响力已经达30个年头了。在北大经济系百年历史上，厉以宁是能留下名字的极少几位教授之一。我是幸运的，能在厉老师身边聆听他为研究生开的经济史与外国经济思想史课程。更难得的是，每次在他家里，我能如沐春风般地听到厉老师的精辟论断。他要我关注世纪之交处于转折关头的经济学家，如100年前的帕累托、瓦尔拉斯、埃奇沃思与维克塞尔。他出去讲演，有时会把我捎上，至今我仍记得他在五道口为人民银行研究生部83级研究生讲解熊彼特的经济学的六字真经：理论、历史、统计。每两字背后是由若干门主干课构成的，老师们总是以不完善的知识体系相互凑成一个相对完善的知识架构，让学生在"理论、历史、统计"方面打下一个一个坚实的桩。而厉老师本人，则是实践这六字真经的楷模。

　　我最为叹服厉老师的，是他读那么多的书后能从书中走出来，能把准中国经济的脉搏。1986 年春，我们协助厉老师举办北大五四经济学论坛，在论坛的准备会上，厉老师特别希望我讲讲所有制改革与股份制，我却无从下手。两天后，当我们在北大办公楼礼堂聆听厉老师著名的"改革的基本思路"讲演时，尤其当听到"中国经济改革的失败可能会由于价格改革的失败，而中国经济改革的成功必定取决于所有制改革的成功"的论断时，方感到北京大学走出了一位中国经济学的领军人物。厉老师的学问，固然有西学的底子，但绝不是做给西方人看的，他的重大贡献都是在诸如企业改革与价格改革、中国宏观经济怕冷不怕热、失业与通胀哪一个对中国最不利、改革和开放之间究竟是什么关系等重大问题上展现出来的，他为中国的发展探索留下了时代的理论。而如果没有这样的探索，中国是会迷路的。我相信，如果有一天，当西方人不光是从西方学术刊物上看中国经济理论的贡献，而是从中国经济的成功实践历史寻找其内生的理论贡献时，那他们一定会认识厉以宁老师的价值。

80 岁 的 "家 长"
和 5 岁 的 "孩 子"

○ 单忠东　郑少武

我们的老师 厉以宁

　　桃李满天下，是每位从教者所期望的最大成就。自 1955 年起，厉老师在北大工作至今已有 55 年，门下的学生无数、桃李硕硕。其中，有一个特别的"孩子"，今年刚满 5 岁，他的诞生、哺育和成长，无不倾注着厉老师的心血。他，就是北京大学民营经济研究院！

　　在现在的媒体报道中，我们经常可以看到厉老师的两个称号，一个是"厉股份"，一个是"厉民营"。20 世纪 80 年代起，厉老师一直是"股份制改革"理论的倡导者和实践者，对我国股份制改革作出了巨大贡献。因此，他被公众以及媒体称为"厉股份"。

　　"厉民营"，则是厉老师在新世纪的新称号。厉老师对民营经济、民营企业的研究开始于 20 世纪 80 年代后期。2003 年，厉老师担任全国政协非公有制经济专题组组长。2005 年，在他的推动下，"非公经济 36 条"正式出台。这是建国以来首部以促进非公有制经济发展为主题的中央政府文件。此后，"厉民营"的称号逐渐广为人知。正是我国民营经济发展的形势需要，才有了厉老师一手创办的北京大学民营经济研究院。

　　2005 年 2 月 25 日，"非公经济 36 条"正式颁布实施。当天晚上，北京大学和全国工商联欢聚于北大农园饭堂三楼。厉老师和时任全国工商联党组书记、第一副主席的胡德平同志共同提议：在北京大学成立一个机构，专门研究如何贯彻落实"非公经济 36 条"。这个提议得到了在

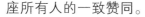

座所有人的一致赞同。

此后不久，厉老师亲自执笔，向学校提交了"关于成立北京大学民营经济研究院的报告"，报告很快得到了学校的批准，闵维方书记、许智宏校长等多位领导均在一周内批复。随后，厉老师决定亲自担任研究院院长。在他的号召下，研究院很快集中了一批有着深厚造诣的学者，并吸引了一批北大校内跨部门、跨学科的中青年学术骨干承担研究任务。经过近半年的努力，2005 年 7 月 28 日，北京大学民营经济研究院正式挂牌成立。厉老师为民营经济研究院提笔，书写了"研究民营经济发展，促进民营企业腾飞"。

万事开头难。建院初期，我们起草了一份关于人员、资金配备的工作方案。当我们满怀激动的心情，把草拟的方案提交给厉老师，没想到，平时温文尔雅的厉老师，看完之后，非常生气，重重地拍了桌子。厉老师拍桌子不满意的是，方案中充满了盲目乐观和盲目发展的想法。

正当我们为此忧心忡忡的时候，一份画上了圈圈点点、布满了字字句句的修改稿，回到了我们的手中。原来，厉老师拍完桌子之后，拿起了笔，一字一句一段，仔仔细细地全面修改了方案，使得方案现实可行。

整体方案确定之后，厉老师开始为民经院奔走呼吁。他多次亲赴全国工商业联合会，建立了民经院与全国工商联之间的经常性工作关系；他亲自出马，从香港中小企业国际交流协会争取到了研究院的启动资金；此后，又多次亲自与企业家沟通。他还明确指出：研究院既要在学术上有所建树，又要服务于社会，从而确立了"研究"和"论坛"两条腿走路的办院方针。

在每一届"中国民营经济投资与发展论坛"上，我们总能听到厉老师的精彩演讲；在每一次民经院的重大会议上，我们总能看到厉老师的忙碌身影；在每一份民经院的工作计划上，我们总能获得厉老师的亲笔批示；在每一项民经院的研究课题上，我们总能得到厉老师的亲自指导；在每一本"北京大学民营经济研究丛书"中，我们总能读到厉老师亲自撰写的序言；在每一份发给嘉宾的邀请函上，我们总能看到厉老师的亲笔签名……厉老师一直是尽职尽力的院长，是我们敬重的院长。

而有的时候，从厉老师身上，我们感受到的是绵绵温情。2008 年冬天，单忠东患了一场比较严重的感冒，好几个星期都没痊愈。他自己不以为然，觉得没必要告诉厉老师，免得老师担心。但厉老师不知从哪里知道了单忠东生病的事情，还好几次问起病情。过了两天，厉老师和单忠东通电话的时候，第一句就问："你感冒好了吗?"在那一刻，单忠东的心头涌起一阵阵暖流。这样的事例还有很多，每当想起这些，我们觉得，厉老师不仅是民经院的院长，也是我们的"家长"。

今年，北大民经院已满 5 岁。五年来，在厉老师的指导下，我们取得了一系列成果：出版发行了十多本列入民营经济研究丛书的专著、连续六年成功举办了"中国民营经济投资与发展论坛"，组织了近百场的学术会议。值此厉老师 80 寿辰之际，我们谨以这点微薄的成绩，向老师致以真挚的生日祝福。

幽默童心在，无处不桃源

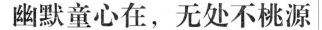 孙来祥

　　收到善利的电子邮件和所附征稿通知，我立即回复说"让我写厉老师的幽默和童心"。这不仅仅是因为受英国人对幽默感不懈追求的感染，更重要的是厉老师的幽默感和童心对我的授课、治学、为人影响至深。但回信后一想，厉老师讲课做报告以讲故事说寓言为擅长，肯定已有不少人写了类似题目的文章，我也许选了最难的题目。顺应"有问题，找谷歌"的欧美新习俗，我赶紧上网，在英国的谷歌搜索引擎（www. google. co. uk）中输入"厉以宁教授讲故事"，"用时 0. 56 秒，5, 930 个搜索结果"立即跃入眼帘。这些搜索结果连接到多种版本的"怎么躲老虎：自主创新要有绝招"、"新龟兔赛跑：合作共赢更重要"、"去和尚庙推销梳子：市场可以被创造"、"引进机制创新、管理创新、技术创新，三个和尚不仅有水吃而且有吃不完的水"、"愚公移民不移山"、"天堂和地狱：互助互爱互信胜天堂"等等。新华报业网将厉老师的寓言故事和幽默的卡通漫画相融合的报道（http：//js. xhby. net/system/2007/03/07/010003955. shtml）更是被多家博客网站发挥式转载。我又"百度一下"，百度报告："找到相关网页约 11, 200 篇，用时 0. 039 秒"。如此众多的文献的确证明我选了最难的题目。但借助于多年从事科学研究的经验，我又很快发现了一个明显的空缺（niche）：厉老师的童趣式幽默，于是得到了该文的主题。

　　话说厉伟上幼儿园时，厉老师负责接送。有一次厉伟贪玩并没有在

意爸爸来接他。厉老师故意拉着离厉伟不远处一位小朋友的手说，"厉伟，跟爸爸回家"。厉伟迅速意识到爸爸的错误赶快大声叫道："爸爸，你错了，厉伟在这儿呐"。厉澳（厉老师的外孙）六岁时来北京，厉老师和何老师带他出去玩。像所有的小孩一样，小厉澳一忽儿跑前一忽儿跑后。当厉澳跑得较远时，厉老师大声提醒他，"小猪，快过来，别跑远了"。厉澳一听，生气地跑回来说："外公，你错了。我属猪，但不是猪"。厉老师马上谦虚地回答："对不起，我忘记了这是不一样的"。从成年人的角度看，这应该是厉老师和孩子逗趣玩。但是从孩子的角度看，孩子当即清楚地意识到自己的长辈，甚至是广受尊敬的长辈，也会犯非常普通的错误。

在中国文化氛围中，家长和老师习惯于、或者说有意无意地，给孩子施加"完美主义"或者"准完美主义"的压力，使得太多的孩子失去了真实，习惯了掩饰，为了避免犯错而邯郸学步，不敢独立思考，独立判断。在我探索和实施我的为父之道时，厉老师的童趣式幽默帮了我的大忙。我们一家三口经常互相实施童趣式幽默型讽刺和调侃，从而减轻了我和妻子徐雅无意识地施加给儿子的"完美主义"或者"准完美主义"压力。

我儿子孙迪小时候是厉爷爷厉奶奶家里的常客。他最喜欢吃厉爷爷厉奶奶做的湘西蒸腊肉并至今念念不忘。孙迪三岁时回天水老家住了大半年，回北京时已是 1990 年 4 月。周末我们一家三口去厉老师家。北京天气已很热，但孙迪坚持天水农村习惯不脱长袖外套。厉老师调侃说，"看来孙巴丁（孙迪的小名）比较保守，喜欢按老规矩办事"。厉老师的这一总结性调侃我和妻子徐雅至今还在引用，它也是我们侧重于培养孙迪对数学和计算机编程的专业兴趣的重要原因之一。2003 年 10 月厉老师和何老师来英国时，孙迪还没有摘掉矫形牙箍。厉老师回北大后在一次聚会上讲到他和何老师的英国之行时说，"我想不到的是孙来祥给他儿子包了一口金牙"。同事们大笑后半信半疑。此后我回国碰到光华管理学院的同事，几乎每人都要首先提起"包金牙"之趣闻并要求解释。2009年8月我和徐雅、善利一起去厉老师家。当我提到陆昊和朱隽时，厉老师很认真很高兴地说，"陆思慧（陆昊和朱隽的女儿，正上小学）可能干了，她就在这儿拿大顶来着"，厉老师顺手指指电视机前的小空地。可以肯定，下次见到陆昊一家时，这一"拿大顶"趣闻将会是一个话题。

如此信手捻来的童趣式幽默，本身就是一条保持思维敏捷、心理年青、身心健康的最有效的途径，即为"幽默保健法"。这使我联想到1988年夏天，我们北京大学"所有制改革"调研组一行在湖南省桃源县访问时厉老师所写的《七古·游桃花源》的最后几句"归来恍然有所悟，陶公遗篇如迷雾，武陵未必有仙山，灵境不在凡尘路。桃花流水一年年，月儿残缺月又圆，细风斜雨燕来去，心宽无处不桃源"。"心宽无处不桃源"是厉老师经常用来赠送友人的题词，也是厉老师自己的自勉之词。我愿在这里将它演绎为"幽默童心在，无处不桃源"，作为向厉老师祝寿的这篇文章的标题，也作为与大家——厉老师的学生们——分享的共勉之词。

思想的盛宴，大师的风范

孙运锋

我们的老师 厉以宁

2007 年 4 月下旬，正是中原大地草长莺飞、鲜花竞放的季节，素有"一城春色半城水"美誉的河南省漯河市披上了节日的盛装，第五届中原食品节暨第二届中国中部贸易投资博览会漯河分会在这里盛情开幕。在广袤的豫中平原，漯河市以其卓尔不群的产业特色而成为食品工业的领军城市，是全国首家食品名城。一个中原小城，汇聚着八家世界 500 强企业，众多中外名企扎堆漯河，成就着魅力小城食品之都的美誉。

第二届中博会漯河分会的一个重要内容是举办中国食品工业高层论坛，论坛由中国食品工业协会和河南省人民政府主办、漯河市人民政府承办。由于我分管漯河市文化和食品方面的工作，高层论坛的一些具体问题需要我参与。正是这一机缘，使我认识了厉老师。

中国食品工业高层论坛开始的前一天，漯河市市长祁金立打听到厉老师要在第二届中博会主会场郑州作报告。祁金立市长和我都很想让厉老师顺便出席在漯河举办的中国食品工业高层论坛并作精彩演讲。厉老师是我国经济学界的泰斗、北京大学著名教授，目前仍担任着北京大学光华管理学院名誉院长，工作异常繁忙。因此，对是否能够邀请到厉老师，祁金立市长和我都没有把握。后来，在厉老师的学生、河南省常务副省长李克的帮助下，联系到了厉老师。让我们喜出望外的是，厉老师欣然同意出席在漯河举办的中国食品工业高层论坛并作演讲。

中国食品工业（漯河）高层论坛是在 4 月 27 日下午举行的。那天上

午，我怀着愉快兴奋的心情驱车前往郑州，迎接厉老师莅临漯河。

厉老师因较早提出并一直坚持将股份制作为所有制改革的目标模式而被称为"厉股份"，他的理论和政策主张促进了中国经济改革与发展。能够邀请到这样的经济学界泰斗，论坛的分量一下子就加重了许多。踏上前往郑州之路，我怎能不愉快兴奋呢！

一到郑州，我们就直奔厉老师正在参加活动的河南省国际会展中心。在国际会展中心报告大厅外面的一个会客室内，我第一次见到了厉老师和他的夫人何老师。两位老师儒雅谦和，深邃的眼睛透出慈祥友善的目光。

本来，厉老师打算在郑州活动结束之后赶往洛阳。洛阳是九朝古都，也是第二届中博会的另外一个分会场。因我们漯河的邀请，他放弃了去洛阳的打算。见到厉老师后，我心中过意不去，就此事特意向他解释。听完我的解释后，他大度地一笑，只说没什么，洛阳可以下次去嘛。

到漯河后，厉老师没有做片刻休息，就赶往中国食品工业（漯河）高层论坛的会场。围绕中国食品工业的发展与中部崛起问题，厉老师妙语连珠，给与会者提供了一道思想盛宴。

在演讲中，厉老师娓娓说道，龟兔赛跑是家喻户晓的寓言故事，说的是乌龟和兔子比赛看谁先到达指定的地点。由于兔子在半道上睡了一觉，结果乌龟赢了比赛。不过，这个故事后来又有了续编。兔子失败后要求重新举行一次比赛，这一次兔子不敢再在中途睡觉了，结果取得了大胜。乌龟又不干了，它要求举行第三次比赛并且由它规划比赛路线，兔子同意了乌龟的要求。比赛开始后，兔子一路飞奔，快到终点时，前面却出现了一条大河。兔子无奈，只好看着慢慢赶上来的乌龟渡过河去赢得了比赛。当龟兔商量再赛一次的时候，他们突然改变了主意，何必这么竞争呢，咱们合作吧！陆地上兔子驮着乌龟跑，很快跑到河边；到了河里，乌龟驮着兔子游，结果是双赢的结局。

厉老师在讲完龟兔赛跑的故事后，说道：实际上，四次龟兔赛跑给人们四个重要的启示。第一次赛跑的启示是：当你在竞争中处于劣势时，不要气馁，不要松懈，要坚持下去，等待对手犯错误。果然，在赛跑中乌龟坚持了下去，兔子犯了错误，中途睡觉，乌龟取得胜利。第二次赛跑的启示是：要善于把潜在的优势变成现实的优势。兔子善跑，这是潜在的优势。第一次比赛，兔子睡觉了，潜在的优势没有转化为现实的优势，兔子输了。第二次赛跑，兔子一口气跑完全程，潜在的优势变成现实的优势，兔子赢了。第三次赛跑的启示是：如果发现原来的策略不管用了，要及时调整策略，改变策略。乌龟提出换一条路线跑，中间有条河挡着，兔子过不去，输了。第四次赛跑的启示是：协作和优势互补是建立在相互信任的基础上的。如果缺乏互信，不以诚相待，陆地上兔子驮着乌龟跑时，兔子耍坏，一扭身，把乌龟摔伤了怎么办？乌龟驮着兔子过河时，乌龟耍坏，往下一沉，岂不把兔子淹死了？缺乏诚信，怎么会有双赢的结局？今天我们发展经济，不一定什么事情都非要我吃掉你，你吃掉我。要学会合作，合作的结果往往是双赢。

多么枯燥的经济问题，经厉老师解释，就变得活泼有趣、充满哲理。这种深入浅出的讲授，不正是大家风范吗？

演讲结束之后，厉老师又兴致勃勃地参观了漯河的市容市貌，瞻仰了文宗字祖——许慎陵园，并挥毫留言："幸有说文解字，始能汉语流长"。

中国食品工业（漯河）高层论坛之后，厉老师又带领一课题组来漯河调研农业产业化之路，我们又有了接触的机会。更难得的是，我在中国人民大学读完博士之后，有幸在他亲自指导下进行博士后研究工作，领受他的谆谆教诲。

春去春又来，2010 年的庚寅虎年，沙澧河岸边的鲜花在春风中次第绽放，片片红霞演绎着生命的精彩，似在热烈庆贺厉老师的 80 华诞。春光正灿烂，桃李满天下，沐浴着浩荡的春风，学界常青树迎来了生命的又一轮新绿。

一位心系社会、关注民生的大家

◎｜陶世隆

　　我在北京大学光华管理学院做博士后研究期间，导师厉以宁教授治学严谨，民主豁达，对学生既严格要求又十分关爱给我留下了深刻的印象。厉老师知识渊博，胸怀宽广，在他半个多世纪的教学和研究中笔耕不辍、桃李天下，用他丰富的知识和深邃敏锐的见解，撰写了一副人生美丽的画卷，为我国经济学的发展和中国的改革开放做出了重要的贡献。

　　我的博士论文是研究现阶段私营经济发展的课题。在博士后研究报告选题时，我想继续研究这一问题。但厉老师建议不做博士期间已经做过的课题，坚持让做以新农村建设为内容的课题。我虽在企业及经济领域工作多年，但很少接触农村问题，对于研究有关农村的问题，我缺乏足够的了解和认识。为增加我对农村问题的了解和认识，厉老师专门安排我参加了北京大学光华管理学院"湖南攸县外出务工模式"课题组的专题调研，并亲自带领调研组深入到湖南农村进行调研，在指点我收集有关资料的同时，专门叮嘱我一定要到农村实地考察增加感性认识。通过到实地的考察和对这一课题的深入研究，我进一步深入认识到，自改革开放以来我国经济建设取得举世瞩目的巨大成就，经济社会发展已发生了翻天覆地的变化。但在保持国民经济不断的高速增长的同时，农业低效、农村落后和农民收入增长缓慢的问题长期得不到解决，城乡经济发展不均衡的问题日益突出，城乡二元经济结构矛盾凸现，已经成为制约我国经济社会向前发展的瓶颈，农村问题处理不好，不仅严重制约我国经济社会的快速发展，还会严重影响到社会稳定。此时，我才真正理解老师坚持让我研究这一课题，意在把理论研究与当前的现实结合起来，用自己的知识和全社会共同努力来完成党赋予我们的历史使命。也正是理解了导师的用意并在此精神鼓舞之下，我才潜下心来研究新农村建设的课题。我多次到北京、辽宁、河北、江苏、湖北、广东等地农村及农业产业企业进行实地考察，2007年我的博士后出站报告《社会主义新农村建设的根本途径及公共政策》经老师指点修改完成后，得到答辩老师一致好评。有关部门的同志看后，也给予了较高的评价，对他们制定决策和出台政策有很多启发。

我很想到基层挂职锻炼，但一直都没有机会。2009年7月上旬，部干部局根据我的申请，同意选派我参加中央组织部和团中央组织的博士服务团到广西挂职锻炼（在广西贵港市挂职任副市长）。但我有些顾虑，主要考虑到基层很多时候要直接面对群众开展工作，事无巨细，有时工作十分复杂麻烦。同时，也听到一些曾到地方挂过职的同志说：在基层挂职很难开展工作，干多了有人有意见；干少了也有人有意见；不干更有人有意见。对此，我很想听听老师的建议。2008年至2009年，我作为中央、国家五部委"全国非公有制经济组织人才队伍建设中长期规划纲要"及配套措施"加强非公有制经济组织人才队伍建设的政策措施"研究报告牵头协调责任人并执笔人，一直忙于在全国十几个省调研及撰稿工作，没能抽出时间向导师请教。

2009年国庆长假期间，得知老师在深圳，我专程赶到深圳向老师汇报。我向老师汇报了我的工作情况及想法和顾虑。厉老师说，你在中央机关工作时间较长，对党和国家的宏观政策方针较为熟悉，虽有基层工作经验，但对基层政府、党委的工作还是一个空白。基层政府是最能锻炼人的，中国的国情就是要解决实际问题。不了解基层实际情况，出台的政策也是纸上谈兵，解决不了问题。我赞成你到基层去锻炼，要注意向基层同志们学习，并深入到基层去了解情况，这对深入了解国情民意

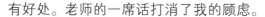

有好处。老师的一席话打消了我的顾虑。

2010 年元旦期间，北京城里连着几天下了一场近年来罕见的大雪，白茫茫的一片，可谓是瑞雪兆丰年。我借回京之际去看望老师，4 日上午 8 点多，我接到老师的电话，他关切地叮嘱今天雪大路上要小心点。到了老师家，我向老师汇报了我到广西的工作情况及我的一些想法，很快 11 点多了，老师留我在家里用午餐。席间，老师说，你扎实调研做法很好，作为中央机关的干部到基层挂职，要注意发挥自己的优势，不仅要用自己所掌握的知识为当地服务，而且要实实在在为当地群众办些实事，解决实际问题。

老师的开导更坚定了我到基层挂职锻炼的决心，解消了我所有的疑惑，使我进一步懂得了怎样才能当好一个副市长。通过在基层的调研，我不仅很快了解和掌握了情况，也增长了许多见识，对我开展工作有很大的帮助。我深入到分管及联系的部门基层开展调研。在调研中，我提出的建议，大大节省了企业的成本，受到企业赞扬。在短短的四个月中，我促成了有关部委及企业为当地捐献了价值 100 多万元药品和为当地中小学捐献"青少年图书馆"；促成了江苏省有关部门捐资 30 万为当地兴建"光彩小学"及捐献电脑设备等项目。有关其他为当地办实事引资等工作也正在逐项落实。

厉老师在教学岗位辛勤耕耘半个多世纪，桃李芬芳，著作颇丰。他关于股份制改革等经济学思想对我国的改革开放和推进经济社会快速向前发展产生了重要影响。在他众多的学生中，无论是党政部门的领导、公务人员，还是专家学者、企业家及社会其他层面人士，每当厉以宁老师的生日，学生都会在百忙之中从四面八方赶到北京来祝贺。大家敬佩的不仅是他的学识，还有他的人品，他对人生社会的思考，对民族对国家挚爱的情感。如同在报刊杂志和各种媒体以及社会各个场合给人们的印象，老师以深邃敏锐的目光，永远带着微笑关注社会，关注民生。

师道芬芳

◯ 滕 飞

2000 年，我如愿考入北大光华管理学院。现在想来，我那从高中时代就结下的光华情结多半是源于对厉老师的敬仰。进入光华后除了从平时的课堂和讲座领略厉老师的博学深思外，还有两件事让我对厉老师的诗意情怀和大师风范有了切身的体会。

第一次是在 2000 年 11 月厉老师七十寿辰的时候。同学们准备了一些自编的节目为厉老师祝寿，我负责弹奏厉老师诗词朗诵的古筝配乐。要选择合适的配乐，细致地把握厉老师诗词的韵律、节奏，体会诗词的内涵和意境，借这个机会我细细阅读了当年出版的《厉以宁诗词解读》。厉老师的很多诗词琅琅上口，平仄合韵，很容易就能够选到与之契合的古筝曲，记得我当时选用了"渔舟唱晚"的前半段和"高山流水"的一部分编成配乐，那是我第一次真切地感受到厉老师的诗歌造诣和诗意人生。从大一到博士毕业调换了多次宿舍，而当时得到的那本《厉以宁诗词解读》一直放在书桌最醒目的位置，每次翻阅都会有新的体会。

第二次是在 2002 年 9 月，我参加学院选派学生赴美国曼隆商学院的面试，记得当时面试的场地正是厉老师的院长办公室。厉老师上完课后无法回办公室，就在老光华楼南配楼二楼的走廊休息。当时我们正在那里紧张地等候面试，连厉老师走来都没有注意到。正在尴尬的时候，厉老师主动朝我们微笑，挥挥手笑道："别紧张，好好发挥！"说罢，怕影响我们面试，便微笑着夹着烟去了最远端的椅子坐下休息。点滴的小事，

简短的话语，厉老师的关怀在不经意间让我们这些他素不相识的学生心生温暖和感动。这些小事也许厉老师不会记住，但我早已被他的这种谦和关爱的长者风范深深打动。

后来，对自己前途的思考几经反复。在国内实习过，在国外留学过，但是都无法找到自己心之所向的未来。最终我又回到了原点更是起点：既然因厉老师而选择了光华，选择了经管学科，那么圆梦唯有求学于厉老师。国外交流回来之后，便于2006年参加并通过了博士生资格考试，随后我正式入门成为厉老师的学生。

2006年11月份的一天早晨，手机突然响起，我一个激灵从床上跳起来，看到来电显示是厉老师家的电话。电话那头，厉老师开门见山道："你的博士论文的方向我想了很久，就研究煤炭资源富集的欠发达地区经济发展的问题吧。一来，你正在做宁夏固原地区的课题，有研究贫困地区的基础；二来，毕节试验区二十周年纪念需要出一个这方面的研究报告，你正好可以借这个机会多进行实地考察和数据的搜集。另外，你前面的几位博士生也在做贫困地区发展的研究，你们也可以多沟通、多请教，从各自的角度来深入研究这个问题……"

接下来的2007年，我跟随厉老师赴贵州、内蒙、宁夏、陕西、山东等地广泛调研，对每次行程路线的考量和选择，厉老师都会给予具体指导。一路走来，我对煤炭资源富集的贫困地区、欠发达地区、新兴发展地区以及成熟开发地区都有了最直观的认识并搜集整理了大量第一手资料，随着调研的深入和资料的积累，博士论文的写作思路越来越清晰。在调研的过程中，厉老师还不时地询问我的调研感受、引导思路方向并给论文的写作提出了很多宝贵的意见。

除了论文的写作，厉老师的治学态度和方法也在很多方面影响着我。记得我在读厉老师的《罗马—拜占庭经济史》时，注意到书中的注释和书后的引用书刊索引十分详细，上千条注释都具体到页码，而且编排异常细致。在一次聊天中提到了我的这个感受，厉老师随手掏出一本厚厚的小册子，上面密密麻麻的蝇头小楷，都是读过的文献的详细记录，再仔细看，所有的条目无论内容多寡都按照拼音顺序很有条理地列到多级目录。这背后的苦功令人叹服。直到那时，厉老师超凡的记忆力和博古通今的知识都不再神秘。此后，我读书的习惯也逐渐改变，跟厉老师学的不再仅仅是知识，更是获取知识的能力和养成这种能力的良好习惯，我深信这将最终是一生受用的财富。

2009 年 7 月留校工作之后，厉老师和何师母也十分关心我的工作情况。学校安排我们给大一学生讲授"思想道德修养"课程，我被分配的主题是"树立远大理想，坚定人生信念"。对于这个宏大的题目，以我的资历实在很难讲得出彩，而自己又不愿意照本宣科，着实犯了难。在一次会议的间隙，我跟厉老师提到了要讲课的事情，还没等到把困难说出来，厉老师就明白了我的心思一样，说："不要讲太多空洞的理论，要多用真实生动的实例来打动学生。"接着，推荐了他在 80 年代出版的《关于经济问题的通信》这本书。后来，厉老师在一次课堂间隙还专门找我，告诉我可以参考一下《难忘的岁月》一书的附录。后来，我又借鉴了厉老师诗词中的一些内容。最终，把一节本可能落入窠臼的思想政治课讲得深入和生动。下课之后，很多同学围着我，一起探讨了很多问题。看到同学信任的眼神和求知的热情，我生平第一次如此强烈地感受到教师的责任重大。如果说学生时代我的主要目标是学习，是不停地提升自己，那么现在我的言行则负起了引导学生学习和提升的职责。在这个过程中厉老师的为人、为师则成为我的精神动力和目标追求。第一堂课讲完之后，厉老师很关心地询问了上课效果，还告诉我，以后要多准备一些主题和思路，才能提高在不同课堂的授课和应变能力，做到腹中不空。

厉老师经常用他和师母的生活经历告诉我们"吃亏是福"、"坏事也许是好事"等人生感悟。和厉老师、何师母在一起久了，都会养成一种心态——正如厉老师诗词中所言——"心宽无处不桃源"。何师母则在日常生活中仔细地关心着每位学生。每次到老师家里，都有一种久违的感

左侧竖排：我们的老师 厉以宁

动，这种感动就是童年时回老家依偎在爷爷奶奶身边的幸福感。厉老师和何师母给人的感觉就是非常可亲的长辈，很容易感觉到我们就是老师和师母家庭成员的一份子，没有任何隔阂和障碍。与老师和师母的交流就像与自己家里的长辈拉家常一样，在学到很多人生智慧的同时感受到浓浓的亲情。

不受虚言、不采华名

田明海

我们的老师 厉以宁

　　我在不惑之年有幸成为厉老师的博士后，而此时老师已近八十高龄了。和厉老亲身接触的时间不是很长，但老师的一些品格我已深有体会，这种体会对我的一生可能都会产生影响。

　　老师的公务非常忙碌，但生活却是十分简朴。老师的家就是一个普通的三室一厅，家里的摆设、布局、家什并无特别，很难和一个知名的经济学家联系起来。老师的语言平实，待人接物睿智而真诚。我听过老师的报告，每次都是用最为简洁的语言直奔主题，用最为通俗易懂的文字来阐述深奥的道理。枯燥的经济学理论经过老师的宣讲，变成了一个个鲜活的故事，甚或生活中的小事。老师已经到了天高云淡的境界，但对学生弟子甚至晚辈却是十分亲切和真诚。记得在博士后开题报告时，答辩老师大约十几人，能够直呼所有答辩博士后姓名的只有老师一人，并且老师清楚每一个答辩人的经历和背景。老师对学生开题报告的意见往往是一语中的，既中肯、亲切，又严谨、深入。

　　经历这么多年的风风雨雨和坎坎坷坷，老师对人、对物、对社会已是了然于胸，并且无怨无悔，平和面对之，积极改造之。在我的印象里，经济学者对人文价值层面的思考和关注往往不是那么深入。现在看来，这种印象未必正确。我和老师曾经对几个立法问题进行讨论，老师的意见不多，但老师的每句话都是那样深刻，老师对问题本质的把握、对问题的分析全面、科学，富有实效性和积极性，非大家不能为也。我想这也许同老师担任过十五年的全国人大常委（1988 –2002 年）和五年的全国人大法律委员会副主任委员（1992 –1997）有关。

今年是老师从教五十五周年，老师亲手执教的本科生不可胜数，所指导研究生也有二、三百人之多，可谓"桃李满天下"了。入师门后，让我深有感触的是，老师的学生不论是年轻的，还是年长的；是刚毕业的学子，还是知名学者教授；是一般的职员，还是在一定位置上的领导干部，对老师都有着深深的感情。学生之间也是和谐如家人一般，"文人相轻"的事情在我们中间是没有的。

让我感触最深的不仅仅是老师的学识，还有老师开放的思想和年轻的心态。老师虽已80高龄了，但其思想无疆界、无羁绊、无成规，老师对新事物的浓厚兴趣和接收能力让我惊奇。记得在一次师生聚会，谈到"网络新生代"的问题时，老师能够信手拈来一些网络新名词，对一些网络热点问题侃侃而谈，且切中时弊，观点独到，最为重要的在于，老师对这些新问题、新事物毫无反感之意，而是客观坦然面对之，这一点是很多老同志难以做到的。

不受虚言，不听浮术，不采华名，不兴伪事，这就是我的老师：厉以宁先生。

厉老师给我们上的一门课

◐ | 屠光绍

我是 1978 年 10 月进入北大经济系学习的。在读本科生和研究生的6 年多时间里，北大的老师们素养深厚，治学严谨，诲人不倦，他们的品格和精神深深地影响、引导着我。厉老师就是其中突出的一位。通过上课、讲座、辅导等多种方式，在校园里有较多的机会直接面聆厉老师的教诲，对于我在校期间积累经济学的基础知识，形成好学、思考的习惯都产生了重要影响。毕业离开北大后，曾经在地方政府如北京市、上海市工作，也曾经在中央国家机构如人民银行、证监会工作，因为一直从事经济和金融工作，就有机会继续向厉老师请教，也得到了厉老师的继续关心。

32 年前的环境和条件在现在是不可想象的。对于我们这些刚入学的经济学专业学生来说，主要经济学的教材是沿袭多年的、反映计划经济体制原则和精神的政治经济学教程。随着改革的逐步启动，各方面对当代市场经济理论的了解、求知的需求逐步增加，我们这些大学生也充满了对当代经济理论的渴求。

厉老师给了我们一个惊喜。我记得 80 年代初，厉老师率先在北大经济系开出了"当代西方经济学流派"的系列讲座，后来又作为选修课深度演讲。我们这些有很强求知欲的青年学生对课程充满了神秘和好奇。厉老师深入浅出的讲解，一步步向我们打开了当代西方经济理论丰富殿堂的大门，我们得以知道，在经济学理论的王国里，不仅有马克思主义政治经济学，以及马克思之前的各种经济理论，而且随着当代资本主义的发展，西方经济理论也在发展，各种流派学说异彩纷呈。较之马克思所处的时代，这些经济理论反映了当代西方市场经济的现实状况，从一定意义上讲，对于我们今后的经济体制改革，建立市场经济体制有着重要的借鉴价值。当然，由于80年代初的特定环境，厉老师在讲课时，有时也要对"资产阶级经济学家"的理论"批判"一下，但我们当时就感到，厉老师的"批判"并不是"上纲上线"、"空洞无物"的"文革式"批判，而更多的是体现科学精神的分析和解剖。

听厉老师的课，既丰富了我的经济学知识，也满足了我作为青年学生享有的一种"自豪"感，因为那时也有一些朋友在别的大学读经济学专业，但其他学校没有开出这类课。节假日相聚中，我就禁不住向他们谈起厉老师的讲座和课程，并"现学现卖"地介绍一些内容，他们都很羡慕；从他们羡慕的口气和眼神中，我也感到了一种在北大学习的"优越"。后来，当我了解到厉老师在开这门课背后的故事时，在这种自豪和优越感之上又增加了对厉老师更多的尊敬。

我记得一边听厉老师讲课，一边在想一个问题：为什么厉老师能在改革开放初期就能开出这门成系统的、影响较大的课程？大家都说厉老师有才华，这固然不错，但是还有比这更重要的。从厉老师偶尔谈及以及从其他方面得知，厉老师50年代中期从北大毕业，也正是风华正茂，充满追求的年龄，但从50年代后期一直到70年代末，20多年时间，神州大地几乎没有安宁过，教育和科学研究尤其是人文社会科学领域受到严重摧残，厉老师也受到种种不公正的待遇，客观上厉老师的教学和研究也是无法正常进行的。在那样不利的条件和恶劣的环境下，厉老师克服各种困难，利用各种机会依然孜孜不倦投入到经济学的海洋中，凭着执着的追求，坚定的信念，顽强的毅力，刻苦的钻研，与一个又一个当代西方经济学家在书本中进行"对话"，同一个又一个经济学学术观点在思考中开展"交流"。

　　春华秋实，厚积薄发。因此，在改革开放的春天到来的时候，厉老师开出的新课程以及随之而来的一系列产生重大影响的经济学著作的出版，就像经济学理论园地的一束束报春花，散发着历经风雪严寒后的春天的气息，也展示着一位勤奋、正直知识分子的动人形象。这样，我们才逐渐懂得，厉老师教授的不仅仅是对我们这些学生今后有用、同时让别人称赞以至羡慕的新课程、新知识，更重要的是在这课程后面所包含的一种品质和精神，这也许是厉老师给我们上的更重要的"一门课"，这对我们的人生有着重要启迪，也使我们终身受益。

　　20世纪80年代末90年代初，厉老师关于产权理论尤其是股份制理论与实践的研究，推动了所有制改革进程，并对股票市场的发育和发展产生了重要影响。进入新世纪之初，厉老师又通过全国政协推动了促进民营经济发展的研究，组织了对贵州毕节的扶贫，以他的品格和感召力，以他的智慧和见解，为民营经济的壮大，为毕节的经济社会发展和人民生活的改善作出了贡献。在厉老师这些大的"举措"里，我都受过厉老师的教诲和"耳提面命"，并努力付诸于我的实际工作。现在我在上海，工作十分繁忙，但我总是想到过去，我真盼望有机会再回到北大，聆听厉老师的授课！

感念师恩

○ | 万志博

　　今年 11 月 22 日是厉老师的八十寿辰。在这一值得纪念的日子临近之际，往事常重现在我的眼前。我在大学生时代，就读过厉老师的《社会主义政治经济学》、《非均衡的中国经济》等经济学著作。那时刚刚学习经济学，厉老的这些作品是重要的启蒙课本。从那时起，我就牢牢记住了厉以宁这个名字。以后，只要看到厉老师的文章，我都会仔细阅读。三年前，我有幸在北大从事了两年应用经济学博士后的研究工作，在老师的指导和引领下，在深藏于苍松翠柏中的燕园，亲耳聆听、亲身接受教导。时间虽不长，却足以对我的一生产生持久而深远的影响。

　　所谓大学，是有大师存也。百年北大、中华名校，自然是群星灿烂，不乏大师级的人物，厉老师便是其中的一位。厉老师最早提出国有企业股份制改革的学说。自 20 世纪 80 年代初，老师第一次提出"股份制"，到今天经济学界对"国有企业股份制改革理论"的充分肯定，其间并非一帆风顺，"股份制"也经历过几起几落，正是因为先生的坚持与执着，这一理论和主张才得以对中国经济改革与发展发挥积极而又重要的影响。

　　厉老师治学严谨，授课极其投入，是早就出名的。当年，厉老师刚刚从图书室资料员走上教师岗位，没有任何光环，就因为他的讲课而出了名。厉老师讲课总是以朴实的语言、如数家珍的叙述，深入浅出地向学生传授知识，力求简明、易懂。在做学问上，厉老师只唯实，不唯上、不唯利、不唯书。记得当我写完博士后论文、自觉尚可后，请老师指教，厉老连标点符号都一一修改。我由此体会到，"教之严"同样是基于对知识的尊重和对真理的崇尚。

厉老师在做人、做事方面，同样为我们这些学生树立了榜样。他是一位谦谦君子，是一位关心年轻人的长者。厉老师一直教导我们要老老实实做人，实实在在做事，不图名，不图利，并通过他自己的一言一行潜移默化地影响我们。事实上，正是由于厉老师的这些人格魅力，使得我们这些学生跟他建立了亦师亦友的深厚情谊。这些年，每有到京出差的机会，我总会拜访、看望恩师。与厉老师交谈，不仅能受教于他对理论和现实问题的高深见解，更能被他独特的人格魅力所感染，往往在简洁易懂、幽默风趣的言辞之中洞悉事物的深刻内涵。

厉老师从青年到中年到老年，无论在逆境还是顺境，始终坚守着对国家、对民族的责任。他锲而不舍地为民族复兴大业呕心沥血、孜孜以求，他始终以深远的忧患意识关注国家命运和民生，使得他的思想浸透着深沉而厚重的爱国主义精神。作为国际知名的经济学家，厉老的个人生活却极为节俭，至今仍住在北大的教工宿舍，家里非常朴素，最多的东西就是书。但在助学上却极为慷慨。厉老师曾去日本领过一次奖，奖金300万日元，全部捐了出来，为贵州毕节建了一所希望小学。

人不能忘记影响过自己的人。厉老师是我一生中对我最有影响的老师。他对事业的追求，对晚辈的教导，以及"老骥伏枥，壮心不已"的精神，始终在教育着我、激励着我要像他那样做人做事，为实现中华民族的伟大复兴尽上自己的最大努力。

我们的老师 厉以宁

师缘漫漫，挚情拳拳

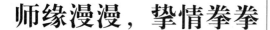

王保安

师从厉老师，最初的因缘始于大学的四年。一介懵懂学子的我，在大学期间对经济学萌生了一种执着的酷爱。对经济现象的观察、思考，对经济问题的迷惑、彷徨，使我逐步接触、学习厉老师的论著。厉老师睿智的思想、犀利的评论，启迪我经济观察的心智、给予我打开经济学大门的钥匙，开启了这扇门，打开了一个崭新的世界。大学四年，我认真学习了所能找到的厉老师所有理论文章和学术专著。在厉老师的经济学思想体系中徜徉，如大海行舟，如高山仰止，使我对厉老师的学术思想与为学之德有了愈来愈深的钦佩与赞叹。那是解开一位学子心结的大师，明德之风，山高水长。

曾几何时，我几乎成为北大的学子。若历史重演，我可能会在大学本科四年，就直接成为厉老师的学生，那将是多么激动人心的事啊。我高考时，高考总分高出北大录取分数线许多分，但历史却给我开了个大玩笑：直到学校公布高考分数，才发现我的总分中漏统了一门地理分数，少计了88.6分。等到分数纠正过来，北大等名校的录取已经早结束了。我与厉老师、与北大失之交臂。

但现实也往往这样，愈难以得到，愈弥加珍惜。历史拉开我与厉老师空间的距离，也让我对厉老师、对北大的仰慕期盼之情，愈来愈浓。1990年初，在项怀诚部长鼓励下，我再次萌发了冲击"北大"、走近厉老师的冲动，真情难抑。经过几个月的复习拼搏，艰苦备战，几乎到了筋疲力尽之地步。在参加北大"教甲3"的全国统考英语后，出场就晕倒了。尽管如此，功夫不负有心人，我还是通过了考试。但历史给我开了一个更大的玩笑：恰在那时，我所在的机关印发了红头文件，规定在职读书原则上只能报考部属院校和科研所，且每年只能批准3-5人。眼看一位同事因不愿放弃名校而被劝辞职，领导只好劝我放弃，仍回母校读博士。我再一次与厉老师、与北大失之交臂。

历史的河流毕竟不同，与高考时相比，这次考博士期间，我与厉老师有了接触，与心灵深处敬仰的大师，有了直接的交流。厉老师对西方经济学的客观评析、对宏观经济学的深刻分析、对国有企业改革的深深忧虑、对经济发展的制度设计与开拓创新……浸润着我、激励着我，我与厉老师也结下了诚挚的师生之谊。三年攻读研究生期间，厉老师从未放弃对我的指导和教诲，我成了关系不在"北大"的厉老师的学生。尤其是我的毕业论文《中国经济增长与方式变革》，厉老师不仅通篇修改，而且在出版时认认真真地于写了一篇序言。二天时间，一笔一画，刀刻神工。当时，人民出版社的责任编辑李春生同志惊叹说："从未见过这样忙的大师级经济学家能如此工整、一丝不苟地手写序言，真该收藏"。序言的一字一句浸透了老师的关爱与深情厚义。1997年第11届中国图书奖获奖著作中只有两本经济学著作，一本是厉老师的《宏观经济学的产生和发展》，另一本就是我的《中国经济增长与方式变革》。师生囊括了经济著作奖项，一时在圈内传为佳话。

进入而立之年后，对厉老师和北大的情结再次发酵，而且机关对在职学习早已放开学校选择的政策规定。2000年初，在取得主管领导，时任副部长的肖捷同志赞成后，我再次报考了厉老师的博士后。当时许多人报考，我一人被荣幸录取。直接地、正式地师从于厉老师的宿愿终于变成现实。

时光荏苒，转瞬到了2005年仲秋时节。井冈山干部学院叶飞树红、秋高阳暖。正在饭后散步时，我所在的中青班一位同学忽然过来神秘地问我："厉以宁老师和你是什么关系呀"？我先是一怔，紧接着回答"师生关系，怎么啦"？这时同学才拿出一份当天的《人民日报》，以一种欣羡的口气说："看看理论版吧，这样的权威大师写文章评价你的学术专著，羡慕呀！"迅速瞄了一眼，只见文章副标题是评王保安《论转型经济与财政政策选择》。一时心潮澎湃，久久难息。联想到1997年，厉老师也是在《人民日报》同一版面，评析我的《中国经济增长与方式变革》一书。看着手中文章那力透纸背的评析观点、中肯褒扬的激励文字，厉老师悉心指教、亲切鼓励的往事，一幕幕重现眼前。我深深感到，恩师予我的指导关怀、学术奖掖，一如春风化雨，弥足珍重，激励我探索，指引我前行。

多年来，我时常徜徉在厉老师关心、同门师友关照的春风之中，使我有不懈的动力去不断地学习、研究，努力地提升自己的经济理论水平与政策设计能力。师生之缘、不世之情，将成为我不竭的学术探索和工作创新动力……

一颗系着贫困山区的心

◑｜王　彬

　　厉以宁老师自 2003 年 7 月以来，就一直担任贵州省毕节试验区专家顾问组组长。毕节试验区是 1988 年由时任贵州省委书记的胡锦涛同志亲自倡导、并经国务院批准，在贵州省毕节地区建立的"开发扶贫、生态建设"试验区。试验区建立以来，在党中央、国务院，各级各有关部门及社会各界的关心、支持、帮助与指导下，全区各族干部群众紧紧围绕胡锦涛同志当年提出的"开发扶贫、生态建设、人口控制"三大主题的科学发展思路，大胆实践，不断创新，试验区面貌发生了巨大变化，由以往的贵州省九个市州地中经济总量倒数第一，跃升为现在的全省第三。但由于自然的和历史的原因，毕节地区的发展与其他发达地区相比，仍然存在着很大的差距。作为长期关注和研究我国改革开放以来各个时期经济发展问题的著名经济学家，"三农"问题是厉以宁老师最关注的问题之一，他发起成立了北京大学贫困地区发展研究院，毕节就是该院选出的多个实例研究地之一。多年来，他为了毕节这片贫困之地的发展付出了大量的心血。

　　厉老师在对毕节试验区进行大量实地考察调研的基础上，认为毕节的发展，外来的支持帮助固然非常重要，但挖掘和激发出自身的动力才是根本，在新的历史时期，毕节要有效开发优势资源，抢抓机遇，切实推动"三大主题"的解决，实现更高层次和可持续的发展，深化体制机制改革，尤其是开展集体林权制度等体制改革是关键。

　　集体林权制度改革是农村继实行土地家庭联产承包责任制以来的第二次革命。厉老师一直在关注和研究集体林权制度改革的相关工作，他看到毕节地区这个典型的喀斯特山区，沟壑纵横，河谷深切，地形破碎，石山多耕地少，贫瘠的土地和贫穷的山民的现状，结合他自己的研究和国内其他地区试点经验，认为集体林权制度改革是毕节试验区"开发扶贫、生态建设"主题的具体要求，对毕节的科学发展显得更为重要和紧迫。他指出，毕节要进行集体林权制度改革，建立"山有其主、主有其权、权有其责、责有其利"的现代林业制度，提高农民发展林业的积极性和主动性，促进林业生产力得到充分发展，实现乡村林木资源优势向经济优势的转化，促进农村经济实现新一轮的大发展。

　　毕节地委、行署立即采纳了这一建议，按照厉老师亲自做的改革设计，于2006年12月率先在毕节地区黔西县开展集体林权制度改革试点，并迅速向其他县、市推开。集体林权制度改革工作的开展，极大提高了农户植树造林、发展林业经济的积极性和主动性，为毕节地区农村经济的发展带来了新的活力和动力。

　　在毕节试验区开展集体林权制度改革期间，厉老师就集体林权制度改革工作专程到毕节地区毕节市白马山林场等乡村一线调研，深入林业工作人员中，走进林农家里，具体了解试点情况，研究解决存在的问题和困难。他看到试点地区明晰了集体山林产权，确立了农民对集体林业的经营主体地位，真正实现了"山定权、树定根、人定心"，并在整体的制度安排下，有效地调动了广大农民群众发展林业的积极性，使"管好自家山、看好自家林"成为农民的自觉行动后，很是高兴。他还就一些改革中存在的问题和后续发展方向，指出下一步的工作要明确林地承包经营权的流转方式和林地抵押贷款的政策等，让农民能灵活有效地经营林业，开展规模经营，提高竞争力。他的指导思想进一步推动了各项改革工作的开展。

　　2008年毕节试验区正式开展集体林权制度主体改革。这年9月21日，厉老师在刚刚参加完毕节试验区建立二十周年一系列庆祝活动，已经很疲惫了，但他不顾年高体累，和何老师又亲自前往纳雍县沙落造林片区、库东关乡陶营村等地调研指导集体林权制度改革工作。针对农户如何规模化经营提高竞争力，厉老师提出了发展林业经济的大公司加小公司加农户模式，并同时指出，要切实按照国家和贵州省有关集体林权制度改革的精神，在下一步的改革中，加强相关配套保障服务体系的建设，将明晰产权与减免税费、放活经营、规范流转以及建立金融服务等服务保障体系有机结合起来开展，积极推动林权证抵押贷款，为林业发展提供资金支持；积极创造条件设立林业发展银行和林业产业基金，为林业发展提供专门的金融服务和稳定的资金支持，做大做强林业经济；成立非营利性的林业公益基金，推动林业公益事业的发展，促进林业又好又快发展。

2009年，按照厉老师的指导意见，毕节试验区开展了集体林权制度改革的相关配套改革，积极探索符合毕节实际的林权流转、森林资源评估、林权抵押贷款和金融服务林业等改革措施，出台施行了《中共毕节地委办公室　毕节地区行署办公室关于进一步搞好金融服务林业工作的意见》、《毕节地区森林资源资产评估管理暂行办法》、《毕节地区森林、林木、林地流转管理暂行办法》等政策举措，为集体林权制度改革取得全面成功提供了良好的保障。

正是在厉老师的跟踪指导和推动下，毕节试验区集体林权制度改革工作按照国家和省的改革精神稳步快速推进，截止目前，全区完成外业勘界面积占集体林地面积的99.36%，林权纠纷调处率达94.09%，林权证发证率达97.42%，各项配套改革工作扎实有效推进，为整体改革的成功开展提供了强有力的保证，集体林权制度改革取得了明显成效，改革工作走在了贵州省前列，农村经济发展焕发出勃勃生机。而这正是这位年近八旬的著名经济家心系贫困山区群众，不辞辛劳，付出大量心血的结果！他还将毕节的改革经验积极向其他贫困地区介绍推广，使之惠及更多的地区和群众，不断为推动国家集体林权制度改革工作做贡献。

记厉老师二三事

王家卓

我从 1978 年初作为北大经济系 77 级的新生入学到 1986 年离校赴美，在北大前后学习、工作了 8 年：四年本科，两年硕士研究生，两年留校任教。研究生读的是西方经济学专业。当时实行的是导师班制，厉先生是包括陈岱孙先生、胡代光先生、杜度先生和范家骧先生在内的导师组成员之一。我毕业后，又分配在了厉老师时任系主任的现光华管理学院的前身，北大经济学院经济管理系。任教一年多后，又经厉老师提名，被任命为经管系的数量经济教研室副主任。所以，在北大，厉老师对我，既是老师，又是领导。在北大 8 年，我可能上过所有厉老师当时开过的课，更得到过厉老师难以数计的耳提面命，指点迷津，真可谓是"师恩浩荡"。当我静心回首，重忆往昔，师从厉先生的一幕幕往事，不由涌上心头，历历在目。就说几件记忆比较深的事吧。

厉老师是我本科毕业论文的答辩评审老师。我本科的毕业论文题目是投入产出分析及其在国民经济管理中的作用。在答辩时，厉老师问我，投入产出表看上去是一个很科学的体系，但为什么有些根据投入产出表做出的预测并不准确？我回答说，因为投入产出系数是固定的，这些预测可能只是使用了静态投入产出表。但厉老师接着追问，那为什么有些根据动态投入产出表做出的预测也不准确呢？我说，那可能是投入产出表中还包含有其他一些在实际中不能满足的假定条件吧。厉老师说，这就对了。对任何经济理论或经济分析方法，既要看到它有哪些长处，又要看到它有哪些局限性。这样才可以避免生搬硬套，盲目应用。厉老师的一番话，不仅让我对投入产出分析有了更全面的理解，也让我对如何学习和把握一个新的理论体系和研究方法有了更深的体会。

我的硕士论文答辩后，厉老师找到我，说你的论文写得不错。你把它浓缩修改一下，我准备推荐到《经济研究》杂志发表。我的论文是谈西方宏观经济学中关于实际余额效应（Real Balance Effect）分析的，讨论财富变化对于社会总需求及其对商品、货币、劳动力等市场均衡的影响。在当时人们通常只是普遍关注收入变化影响的凯恩斯模式的环境下，对财富效应的分析和关注应该说是有重要意义的。论文在《经济研究》发表后，厉老师又找到我，在鼓励我的同时，向我指出，分析财富效应的作用，不仅要分析它的传导机制，还要注意到这些传导机制能够发挥其功能的制度条件。不同的制度环境决定了同样的传导机制，在不同的制度约束条件下，有些走得通，有些就走不通。当你借鉴西方的宏观经济模型来分析中国的经济问题时，一定要注意制度条件对传导机制的影响。厉老师的这番教诲，再一次让我获益匪浅。现在回想起来，厉老师对学生真可谓是言传身教。厉先生几十年来对中国经济问题的研究本身，就是在不断地实践他自己教育学生要做的事：吸收西方经济理论的精华，结合中国的具体实践，创造性地发展出适合中国国情、促进经济发展的理论和政策。去年11月，在厉老师79岁华诞之际，中国经济理论创新奖被授予了厉老师，实在是名至实归。

此外，厉老师教书的一个特点，就是善于把经济学的一些原理用通俗易懂的语言加以解说。我记得比较清楚的一件事，就是初学西方经济学时，要弄清经济学是研究什么的。西方经济学教科书上讲，是如何优化配置有限的资源以满足人类社会无限的需要。厉老师在课堂上解释说，经济学从某种意义上说，实际上是研究得失取舍的科学。两利相权取其重，两害相权取其轻。因为资源有限，很多事不可兼得，需权衡轻重。所以要研究如何取舍。寥寥数语，就把经济学研究的要义，用通俗易懂的语言，阐释得清晰透彻。我对此印象极为深刻。以至二十多年后，当我在美国大学教书讲授经济学时，在按这里的惯例，推导了一堆数学公式后，也总忘不了告诉我的美国学生，经济学也是可以这样来理解的。当然，是用英文讲授。

我自从 1986 年赴美留学后，已在美国多年。厉老师在 2001 年访美时，曾见到我当时十来岁的女儿。厉老师的那次访问，行程安排得非常紧凑。在难得闲暇的周末时间里，我和我太太带我女儿和我的老同学车耳一起，陪厉老师和何老师参观了纽约市的几个景点，照了些像。几个月后，当我回国开会，顺便去看望厉老师时，厉老师和何老师已经准备了一个精致硕大的芭比娃娃，要我带回去送给我女儿，我连说这不好意思，但厉老师和何老师执意要我收下。我当时除了连声道谢，实在不知道说什么的才好。我回美国后，我女儿看到厉老师和何老师的礼物，非常高兴。我太太感慨地说，厉老师对学生真好！

最让我记忆铭心的，还是在 2003 年非典期间。那时我还在美国的 AT&T 公司工作。三月份的一天，我忽然接到了我在纽约市立大学（CU-NY）教书的一个朋友的电话，他问我想不想回学校来教书做研究，说纽约市大现有一个金融方面的教职招聘机会，还介绍说纽约市大是全美第三大的公立教育系统，有 19 个校区，以及有如何如何优越的地理位置，教学设施和研究条件等等，极力鼓动我申请。而就我而言，我当时已在 AT&T 公司及其贝尔实验室工作了十年有余，先后担任过高级分析师、主任分析师和市场分析与预测部经理，负责过价值几十亿美元的商业通讯业务与消费通讯业务的市场分析、财务分析与市场预测。从业务上讲，已是轻车熟路；从生活上看，也可说是衣食无忧吧。但不知是因为在公司这种日复一日，常规性的工作环境里呆得太久了，从而久则思变；还是学校的环境所能提供的创造性和较高的自由度吸引了我，我竟然被他说服了，答应去试一试。当然我也告诉他说，我是已经十多年没有教过书了。而他在我同意试试后，也反过来"警告"我，说这次这个名额，共有近 60 人申请。要想得到这个教职，需要连过"三关"：第一，要通过初审，争取进入面试名单；第二，要通过 5 人组成的招聘委员会面试；第三，要最后能通过学校社会科学学院院长的面试。准备材料中，除个人简历等，需要有三封推荐信，而且要越快越好。

一说要三封推荐信，我马上就想到了厉老师。因为不论从推荐人的学术地位来看，还是从推荐人与被推荐人的关系来看，厉老师都是作为我的推荐人的合适人选。但当时正是非典病毒开始肆虐之际，北京到处都在隔离戒严，外出和人交谈办事，既不方便，又不安全，风险很大。我犹豫半天，不知是否该在此时打搅厉老师。但另一方面，该校的招聘并不等人。晚了，可能就等同于丧失了这个很难得的机会。所以，在犹豫了半天之后，我想我还是先给厉老师打个电话，了解一下情况。如不方便，就算了。但没想到，我刚和厉老师简单介绍了情况，厉老师马上就说，你把你目前的情况告诉我一下，我这两天就把推荐信写好，然后把它传真给你。就这样，在当时非典弄得北京城内外一片风声鹤唳、人心惶惶的情况下，仅仅两三天的时间，一封饱含厉老师对学生关爱的推荐信就从我在大洋彼岸的传真机里一行一行的印出来了。几周后，我顺利地过了三关，拿到了这份金融学教职，从而开始了我职业生涯中新的一页。两年前，当我拿到终身教职时，我对我太太说，应该把这个消息马上告诉厉老师，他一定会很高兴的。厉老师对我的关爱令我终身难忘。

经世济民，传道授业

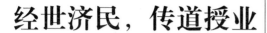 王建新

　　我在财政部财政科学研究所主要从事微观经济和资本市场领域的研究、教学和指导硕、博士研究生的工作。由于财科所主要偏重于宏观调控、财政税收、国民经济等宏观问题的研究，因此置身于这样一种学术和工作氛围，我逐渐地对建立在微观经济基础上的宏观经济研究也产生了浓厚的兴趣。2009 年，我带着渴望和崇敬的心情，敲开了厉先生的大门，师从先生从事博士后研究工作。

　　由于我本人也是边教边读，先生的著书立说、教书育人之举对我有直接示范和指导作用。在我的书架上，有关先生方方面面的著作有二十多本。先生的著作，一是深邃。先生以西方经济史的比较为研究，探讨了资本主义经济的起源和兴起，开创了借鉴西方理论、基于中国国情、为中国经济发展的重大理论和现实问题研究的典范，古为今用，洋为中用，他的深刻见解和经济思想，给我以恒久的启迪和教导。二是广博。先生涉及经济研究领域十分广泛，涵盖经济史，国企改革、扶贫、城乡一体化、林权改革、就业、民营经济、教育经济等等。先生的著作始终关注社会经济发展、国计民生的重点、热点、焦点。三是远见。在中国经济体制改革初期，当人们为所有制困惑裹足不前时，先生指点迷津提出了股份制；随着市场经济改革的推进，面对经济成分多元化的发展趋势和就业压力日益突出的严峻现实，先生又提出了发展民营经济的新思路并亲自践行创办了民营经济研究院；针对我国中心城市发展矛盾突出

和区域经济发展极不平衡的问题，先生又深入钻研并指导学生们深入研究了关于县域经济的众多问题，探讨通过县域经济发展促进城市和区域协调发展的良策。四是悦心。有句行话说普通的教授是把简单的问题复杂化、专业化，而学术大师则是把复杂的问题简单化、通俗化。读先生的著作琅琅上口，尤其是先生还有多本诗词集出版，古今多少事，都在娓娓道来中，恰如清风拂面。

记得1992年上大学时第一次读到先生的《非均衡的中国经济》一书，在当时最早对中国经济发展的非均衡性和发展股份制经济的必要性作了系统论述，先生深刻地论述了中国经济结构非均衡问题矛盾的突出性和重构股份制微观经济基础的必要性与重要性。那时，先生渊博的知识结构、严密的论证逻辑和深刻的哲理阐述，就已深深触动了像我这样求知上进的青年。先生的高瞻远瞩和真知灼见为后来的经济体制变革和经济体系完善所证实。股份制经济的大力发展和长期以来的国民经济结构调整就是例证。

阅读人民日报记者傅旭撰写的《厉以宁的诗意人生》（经济科学出版社出版），感动于先生细腻的内心世界和优美的诗意文笔，感动于先生对家乡、对国家的人文关怀和对友人、对家人的涓涓情怀。读先生的诗词就是一次次很好的人生洗礼和思想熏陶。

先生教书育人，为人师表，如春雨润物。先生以渊博的知识培育学生，以严谨的态度要求学生，以大师的风范感染学生。先生备课之认真，上课之全神，在学界传为佳话和美谈。即使在北大这个令人向往和生畏的讲坛，每当先生授课教室里总是座无虚席，就连过道里都站满了同学。特别是先生常常恰如其分地穿插生动而赋有哲理的小故事，让学生对晦涩难懂的大道理有着入木三分的理解并铭记于心。例如，先生在讲述国企改革过程中，地方政府究竟是待企业快破产关门再来救济职工，还是早规划早行动，尽早引入好的机制，建立管理团队，变被动为主动时，引入了"苹果先挑好的吃"的故事、"靓女可以先嫁"的故事。先生在讲述谁是最大的受益者，拿应得报酬不要羞羞答答时，引入了"孔子谈见义勇为"的故事。先生在讲述民营经济与国有经济的关系时，引入了蝎子和鸽子的生死之约的故事，等等。这些随手拈来、寓意丰富的故事融于先生授课之中，让同学意犹未尽，轻松自如，永记难忘。

作为学生，我们为师从先生而骄傲自豪，为先生身体尤健而欣喜，为先生孜孜不倦、锲而不舍的精神所深深感动。此生定当以先生为楷模，兢兢业业做事，堂堂正正做人。尽吾所能，用优异的成绩回报先生，回报母校。

陪同厉老师何老师出访美加

◗ 王受文

　　成为光华博士生的一年之后，1997年8月，我非常幸运地陪同厉老师、何老师出访美国、加拿大。厉老师访美是应美国西北大学凯洛格商学院时任院长雅各布先生之邀，商谈光华与他们的合作协议。那次访问之后，光华每年都派一些年轻教师到那里学习，很多已经成为今天光华的骨干教师。访问美国之前，厉老师应邀到加拿大位于温哥华维多利亚岛的皇道大学（Royal Roads）给研究生上两次课，并就中国经济体制改革作一次演讲。那次访问途经温哥华、多伦多和芝加哥，历时12天。我作为二老的英文翻译和助理，从老师、师母的讲学、言行中深深体会到厉老师的渊博学识、对青年学子的殷切希望以及二老之间的相互恩爱。

　　皇道大学座落在离温哥华约八十公里的维多利亚岛上。校园临海滨水，是原来的加拿大皇家海军所在地，校舍由军营直接改造而得。维多利亚全岛山岚起伏，而皇道大学的校舍错落有致，隐约在绿树浓荫之中。在讲课交流之余，厉老师、何老师有机会在校园漫步。8月份的维多利亚岛，既不热，也不潮。海风很大，但吹到面上却清新柔和，令人心旷神怡。我和厉老师走在前面，正好有机会向厉老师求教一些经济问题和对于一些社会现象的看法。何老师则在后面，不紧不慢，不时摄下校园多个角度的美景。不一会儿，何老师向我招手，我跑过去，她说风吹乱了她的头发，问我带了梳子没有。我说没带，她说你找厉老师去要。我赶忙跑向厉老师，说何老师要梳子。厉老师说"没带"。我又忙跑回去给何老师汇报："厉老师说很不好意思，今天忘了带梳子。"何老师告诉我说"他骗人，他一定有梳子"。我只好又跑到厉老师身边，如实汇报何老师的原话。厉老师笑而不答，等到何老师走到跟前时说："不是没带梳子，你自己为什么忘了带。"我不禁笑了起来，而此时厉老师赶紧用梳子给何老师整理头发，接着拍照。此情此景，尽管已过去十三年，仿佛就在昨天。老师师母的幽默和相互之间几十年的恩爱让学生十分感动。

厉老师和凯洛格学院的教授们就金融问题、社保体制、通胀及就业问题、东欧的经济改革、中国经济体制改革的路径等问题进行了广泛交流。其中两个问题给我印象特别深。一是关于中国国有企业改革，厉老师强调要调整思路，对所有制问题进行针对性的改革，解决国有企业的低效率问题，让更多的多种所有制成份的企业，特别是股份制企业发展起来，增加社会有效供给。这既有助于解决就业问题，又能缓解通胀的压力。二是关于政府体制进行改革，厉老师强调要实行小政府、大市场。政府和市场的边界如何划分，历来都是各派经济学家不能统一意见的重要方面，更是显示各国政府制订政策的风向标。保守派倾向信奉古典经济学，政府只承担最基础的安全、产权保护等职能，而其他的交由市场力量去配制。前苏联体制的特征是规定所有经济活动由政府控制和计划，市场力量被压制到最小程度。欧洲一些国家的社会民主党则试图找到第三条道路，让政府和市场都能起到很好的作用，但仍未能给予合适的边界定义。厉老师提到，政府从事的很多事情在一定条件下可以由市场提供，这既包括资源的分配（市场比政府更有效率），也包括传统意义上完全由政府提供的一部分服务。他举例说，今天，消费者手中的信用卡作为电子货币，是由商业银行发行的，而不是由国家的中央银行发行的。

关于第一个问题：在 1997 年的 9 月，即美加访问结束后的一个月，举世瞩目的党的第十五次全国代表大会就明确肯定了股份制改革的取向，明确了股份制是公有制实现形式之一，从而解决了企业"姓社姓资"的问题，从此中国国有企业改革跨进了一个新阶段。

关于第二个问题，在十三年后全球化由趋势变为现实的今天，我们更可以看见厉老师当初论断的远见。在澳大利亚，政府的一些监狱管理交给企业承担，美国政府的一些人事、档案资料、工资管理都外包给企业处理，甚至远在印度的公司处理。的确，如果政府的一些服务在交给企业负责时，只要受到严格的监管，确保公正，其效率可能更高，更加节约资源。

在芝加哥访问快结束回国之前的一天，芝加哥大学的中国留学生中一些北大校友知道厉老师来访，强烈要求厉老师给留学生们作一次演讲。虽然这是额外的活动，但厉老师非常爽快地答应了。尽管是周末而且教室很大，仍坐满了听众。在演讲中，厉老师讲到国企的改革，讲到"靓女先嫁"；讲到股票市场发展的曲折与进步；讲到农村的变化以及农民工；讲到就业比通胀问题更要给予重视，等等。因为厉老师广泛调研走遍中国的农村、矿企，接触到很多的政府官员、企业界人士和各界群众，所以演讲中鲜活的例子信手拈来。他特别讲到，广西打工仔、打工妹远到广东打工，有的每年春节回家，有的数年才回家，但不管怎样，最终他们都会回到家乡创业。厉老师演讲满腔热忱地赞美这些农民工远离故土，在外艰苦奋斗，勤奋节俭，但将所得汇给故乡、老家。有的还将在外学到的知识技能带回家乡，创业发展，带动一个村一大片的繁荣与发展。他殷切地期望在美国留学的海外学子认真读书，"水流千里归大海，人总要叶落归根"，早日学成归来，报效祖国。一些多年在外的中国留学生听完厉老师的讲话，了解到祖国的变化，想到自己总有一天要回到祖国，不禁心潮澎湃，有的热泪盈眶；大家热情起立鼓掌，会后久久不愿离去，纷纷和厉老师、何师母合影留念。

弦歌不绝风骚在

◗ 吴文庆

　　在进入北大光华管理学院做博士后，成为厉先生弟子之前几年，我就有幸得到了厉老师的悉心指导和教诲。我在外校读博士期间曾当面请教老师，老师还为我的第一部著作作序，让我感怀至今。

　　老师是一位严谨、睿智且有独到见地的学者。不久前，在一次博士后开题报告会和上届博士后中期报告会上，整整一天，老师自始至终参加，聚精会神地听每个学生发言，还不时就报告中的具体问题插问几句。在学生汇报完后，老师都对报告提出了深刻的修改意见，对完善论文思路、所要解决的问题给予了详尽指导。老师的意见中肯深入，往往直切要害，要求十分严格。我是从事水利工作的，论文围绕节水型社会设题。水利是常人不太深入了解的领域，老师却有着深刻的理解。在我汇报完后，老师指出，我出发点很好，但选题定位太大了，如果由一个团队研究尚可，作为博士后个人研究，两年时间很难达到预期的研究目标。那一刻，本来信心十足的我，第一反应就是尴尬，稍一思考后涌上心头的就是钦佩，老师的意见真可谓一针见血。老师还特别论及解决涉及群众切身利益的水利问题，从资源分配到水资源配置，到节水型社会建设，再到小水窖发挥大作用解决山丘区群众吃水问题。老师侃侃而谈，思维敏捷、思想活跃，而且用朴实的语言深入浅出地讲述深奥的道理，听后获益匪浅。

　　老师对学生可谓关怀备至、呕心沥血。去年，在我申请博士后准备材料时，有一天接到了老师亲自打来的电话，老师在电话里亲切地叮嘱我切莫错过报名时间。接完电话，我被深深感动。老师贵为大家，年事已高，弟子众多，却还细致入微地把一名学生的报名小事记挂在心，足见得老师对待自己的学生和事业所持有的一份高度责任感。老师带给我的这种感动和震撼，将伴随我的一生。八十高龄还坚守讲堂给学生讲授大课的，老师之外，我还不曾闻见第二例。今年 3 月开学后，老师为学生们连续讲授了三天大课，而且每堂课都认真准备，非常投入地讲授，兴致起时神采飞扬，这恐怕也是一般老师无法做到的。每逢此时，课堂里鸦雀无声，老师那富有磁性的声音深深打动和吸引着每一名学生。此情此景，无法不令人肃然起敬。老师兢兢业业、一丝不苟的执着精神也是对我们最好的教育。可以说，老师既是一名杰出的经济学家，也是一名真正的人民教师，为教育事业倾尽了毕生精力，众多学生和晚辈们都对老师怀有十分浓厚的感情。

老师著作等身，建树良多，享有崇高的声誉和威望。在常人眼里，这样一位学术大家可能是高不可攀的。但在与老师的接触中，我却发现历经风云的他其实也是一位热爱生活、情趣高雅、亲爱和善的老人。记得一次和友人登门拜访老师，映入眼帘最多的东西就是书籍，家里布置十分朴素，老师就是这样身居斗室，怀着经国济世之心研究学问、追求真理。在家里，老师高兴地赠送给我们一人一本自己刚出版的诗集，并认真地在扉页签上自己的名字，我们如获至宝。很多人都知道，吟诗作赋是老师的一大爱好。老师作诗词，不是附庸风雅，却是以诗言志、借词抒情，是作为一位经济学家的特殊言说方式。几十年来，老师长长短短的诗词作了几百首。老师的诗词读来清新自然，胸中的情怀、情结、情感跃然纸上。我觉得，伴随老师人生历程的不仅仅有丰富深厚的经济思想，也有着充满激情与哲理的诗意，正是这样学术与人文的交融，使老师的品格和风度独具魅力。

20 年前，老师在为陈岱孙先生贺寿时所作的《秋波媚》中这样写到："弦歌不绝风骚在，道德并文章。最堪欣慰，三春桃李，辉映门墙。"
我想，这首词也是老师自己的真实写照，遂引用于此以祝贺敬爱的老师
八十寿辰。

玉壶冰心励我行天涯

● 吴欣望

我
们
的
老
师
厉
以
宁

2004 年春我从武汉来到北京，到北大光华管理学院做博士后研究。第一天报到时，远远地看见一位身材清瘦的老师，很精神地走过来，有人悄声说："那就是厉以宁教授"，大家不约而同地站起来，一齐问厉老师好，厉老师也和蔼地向我们点头并挥手致意。

不久，我需要选择导师。我找到分管博士后工作的李九兰老师商议此事。李老师问我想跟哪位导师时，厉老师的身影很自然地闪现在我脑海中。于是，我问，"我可不可以跟厉老师？"李老师看着满眼期待的我，还在思考中。恰恰就在此时，厉老师突然出现在办公室门口。他是来处理其他事情的，但在当时的我看来，简直就是神灵在奇妙地帮助我，把厉老师送到面前来。厉老师穿着中长外套，带着深色呢帽，目光清澈，朴素中显得格外精神。他认真听完李老师的介绍后，对我点头说，好，你现在就写一个申请，我签名同意！我高兴地拿出笔和纸，却发现自己太激动了。我想匆忙之中写出来的字句难免会显得草率，于是干脆把笔递给厉老师，指着空白纸的右下方说，请您在导师意见栏先签上名，我然后再把申请书正文填上去。厉老师毫不犹豫挥笔签下了刚劲洒脱的名字，我不敢草率填写，小心翼翼地先起草了稿子，然后工工整整地誊写到厉老师签名的上方。就这样，我的梦想成真了。

时隔几年后我才得知，厉老师和董辅礽老师志同道合，在学术思想和全国人大常委会的工作中是志同道合的知音与挚友。董老师患重病后把他指导在读的博士、博士后学生托付给老友，厉老师对我们关爱有加，这更使人们看到了他的学者风骨和挚友情怀。

出站后，我把博士后研究报告进一步加工整理，准备出版，想请厉老师写序。把书稿送给老师后，原本以为要等上一、两个星期的，没想到第三天，老师就将满满六页纸的序言亲笔写就，行文干脆利落，评议切中要害，鼓励催人奋进，让我从心底叹服不已。直到现在，只要看到这份亲笔序言的绢秀字迹，就如同看到老师和师母。在去桂林工作之前，我去向老师道别。老师见我来了，高兴地对师母说，她在桂林的房子比我们的还大！原来，他已经预先从罗知颂学长那里了解到我在新工作岗位的生活情况。我环顾老师的宿舍，发现我这个刚刚参加工作的人住的房子，真的比老师的房子还大一些。这时何老师拿出她刚刚出版的摄影作品集相送，大红封面上一行"心宽无处不桃源"的诗句，赫然映入我的眼帘。厉老师拿出笔，在影集扉页写下赠我们夫妇及孩子留念的字样。师母一听说我们有小孩，她那颗永远充满慈爱的心顿时又让我感动不已，她满屋子里找礼物，一会儿找出一盒巧克力，一会儿找出一个刚从夏威夷带回来的工艺品蓝色小海龟，让我带给儿子做礼物。临走时，老师对我说了一句让我永远不会忘记的话："好好干！你们把自己的工作做好，就是让我最开心的事情！"。

就这样，我在桂林安了家，正式开始了在广西师大经管学院的教师职业生涯。2007年冬，我去参加老师的生日酒会，他得知我晋升了教授职称，老师高兴地对其他师兄们说："吴欣望评上教授了"。2008年，我有机会公派赴英国做高访，厉老师得知后也很高兴。后来，得知我和我的先生朱全涛与孙来祥学长在英国的合作研究取得进展，厉老师也感到很欣慰。回国后，我应邀参加了国家知识产权局举办的高层论坛并发表演讲，会后我把论文和演讲稿寄给了老师。没想到，厉老师亲自打电话给罗知颂学长，认为写得不错，对中国宏观政策制定和调整有参考价值。厉老师一次次地鼓励我，也验证了"你们把自己的工作做好，就是让我最开心的事情"这句话有多么深刻的内涵。

回顾这几年走过的路，我发现自己更勤奋了，也更具使命感和社会责任感了。我还发现，在同我交往比较多的几位师兄身上，也无一不凸现出乐观、勤奋和对工作、对社会高度负责以及关爱他人的优良品质特征，这正是厉老师言传身教的结果。在桂林和罗知颂学长同事的过程中，我目睹他总是满腔热情地教书育人，不计名利地为地方经济发展出谋划策，任何困难和挫折都影响不了他的乐观与豁达；访问伦敦期间，我目睹孙来祥学长身上体现出来的这些品质，使他得到英国同事们的认可和佩服；我还一度西出阳关，到新疆石河子大学支教，目睹当时身体不适的于鸿君学长一旦置身于工作情境，就精神焕发，忘却痛楚，全身心投入。学生往往是一面折射老师人格的镜子，而厉老师玉壶冰心般的高贵人格，永远激励着我们这些学生不断努力进取，无论自己身处地球上的哪一个角落。

我们的老师 厉以宁

▶ 2008 年于河北廊坊大学城

▶ 2008 年于贵州毕节

▶ 2008 年厉老师、何老师金婚纪念

▶ 2009 年于内蒙古乌海黄河湿地

▶ 2009 年于北京

▶ 2009 年于北京大学光华管理学院

▶ 2009 年于广州

▶ 2010 年于广西贵港

科学追求、人文关怀与创新精神

武亚军

看厉老师的著作、听厉老师讲课，都是一种享受。因为，厉老师的写作和讲课非常讲究逻辑和条理，同时又深入浅出，生动形象。他对一个问题的分析，往往先从大处着手，以逻辑和分析见长，条分缕析，抽丝剥茧，引人入胜。事实上，厉老师的著作往往以逻辑和理论分析为主，没有复杂的数学公式和数字。然而，这并不表明厉老师在科学性上没有高追求。事实上，我清楚地记得，厉老师在 1990 年代中期，曾经对作为学生的我说："我这本著作（社会主义政治经济学）没有一个数目字，因此，再版时不用改，也没有过时"。事实上，这本书从 1986 年首版，一直到 1990 年代多次印刷，其观点依旧有很强的说服力。这本书今天看起来还有新意。这是厉老师追求科学性、讲求逻辑，而不是唯数字、唯科学主义的缘故。

正如厉老师在这本书结束语中对"经济学研究的精密化和非精密化"的讨论中所阐述的思想："经济学的数量化是为了使经济学的表述更加精确。……然而要知道，经济学的数量化并不是经济学研究的唯一趋势。问题不在于有没有可能使经济学中所有的表述都那么精确，问题在于没有必要使经济学中所有的表述都那么精确。……经济学研究的非精密化有非精密化的好处，正如精密化有精密化的好处一样。……经济学研究的非精密化并不等于不作细致的分析，不作认真的研究，或者不作踏实的资料收集和整理工作。非精密化主要是指在研究中不要被形式上的精密所蒙蔽，而忽略了对总体的了解。精密化和非精密化实际上既是两种不同的研究方法的区别，又是两种不同的研究指导思想的区别。在研究中要考虑可行性问题。精密化不一定可行，可行的不一定精密化。在这个意义上，可行就是优，精确但不可行，那就不是优。"很显然，厉老师在研究和讲课中都是在追求整体上的科学性和逻辑，而不是唯数字的科学主义教条。这种追求科学而非唯科学主义的精神在今天的学术界仍然有重要的现实意义。

厉老师在八十年代建立起他自己的政治经济学体系，其代表就是《社会主义政治经济学》（1986）。在这个体系中，厉老师眼中的政治经济学研究有三个层次，即体制、目标和人，其中，第一个层次是经济体制以及既定体制下的经济运行；第二个层次是社会经济发展目标，而且社会主义要着力实现经济与社会发展的多项目标，并使之彼此协调；第三个层次是人在社会中的地位，目标是实现人的全面发展，而人的全面发展离不开物质条件的改善、优良的教育与人力资本、良好的生态环境及健康的身体等。在这样的视角下，厉老师的学术研究不仅着力于其经济学宏大体系的建立，还致力于探索企业所有制改革、教育经济学、环境经济学等领域中的理论研究。

我在1986年进入清华大学读工程热物理本科期间，对社会与经济管理产生了兴趣，自学了厉老师的书和一些经济管理书籍，在1991年本科毕业后考入北京大学管理科学中心，跟随厉老师学习资源和环境经济学。其间从1992年起参与厉老师先后担任组长的中国环境与发展国际合作委员会自然资源定价与政策工作组和环境经济工作组的相关研究，随后作为科研秘书，协助工作组长的工作，一直持续到2002年（此后，厉老师因年龄原因不再担任中方组长）。在1994年，我做的硕士论文是关于北京水资源定价政策的研究，在1999年的博士论文则是关于环境税经济理论及对中国的应用分析。在做研究和写论文时，我还对研究成果及观点超出当时的预想而略感迟疑，对其应用受到很多环境限制而有些担心。

但是 10 多年以后，我们欣喜的看到当初在研究和论文中提到的一些观点和政策，已经开始在现实中推行或将要实行。跟随厉老师参与这些课题和相关的研究，以及课题组在 10 多年的研究中对全国各地的实地调查，使笔者深切地感受到厉老师在经济研究中的理论前瞻性和现实洞察力，以及研究背后的人文关怀。

老师的关心和嘱咐

◐ 肖汉平

我们的老师 厉以宁

　　九十年代初期，我在北京一所大学从事教学和研究工作。其间总感到自己知识有限，现代经济学知识缺乏，希望进一步深造和学习。后来因学校一位老师评职称需要送一些材料到北师大去评审，回到大学时的母校，见到大学时代老师邬翊光先生，在与老师聊天期间，说到自己工作中的问题，当时，邬老师就说，可以介绍我跟一位北大老师学习经济学，并告诉我就是厉以宁教授。

　　1992 年，我第一次参加北京大学博士考试。由于准备时间不充分，第一次考试没有被录取，当时非常失落和苦闷；于是我就鼓足勇气给从未见面、心中尊敬的厉老师冒昧打了一个电话介绍我的情况。在电话中，厉老师告诉我，专业课考得还不错，但外语课没有过，并鼓励好好学习和工作。为了实现自己梦想，我决定第二年继续参加考试，在经过一年的努力之后，这一次通过了考试，并接到学校的面试通知。我非常兴奋，同时，又很紧张。兴奋的是我通过了笔试，紧张的是，我要接受厉老师的面试。面试时，也许是为了了解学生的情况，也许是为了让学生放松一下，老师询问了上学和工作情况，我就认真回答老师问题。期间，我提起大学老师邬翊光，记得老师还说了一句，这是北师大邬翊光教授的学生。后来我才知道邬老师和厉老师是中学时代的同学：邬老师考取了北师大，厉老师考取了北大。

　　在面试之后，我接到北京大学的录取通知。1993 年下半年开始了三年的博士学习生活。由于我希望研究经济学方面的有关问题，老师就给我提出了几个研究课题，希望我对一些国外著名经济学家的理论进行研究，如对哈耶克等经济学家理论进行研究。其中，哈耶克是西方经济学中极具争议的经济学家。之前由于他对计划经济和国家干预的反对，使其受到来自资本主义国家和社会主义国家的不少经济学家的批评。直到20世纪80年代，哈耶克终于得到世人的承认，并获得经济学最高成就奖——诺贝尔经济学奖。当时我对这个饱受争议的经济学家哈耶克的经济学思想比较有兴趣，就选择对哈耶克进行研究。由于哈耶克研究领域非常广泛，当时国内相关资料不多，在研究中，经常遇到有些困惑的问题。对于学生一些不明白的问题，老师都耐心进行讲解，帮助学生理解这些问题。在老师的帮助下，最后确定了毕业论文选题为：增长、效率和公平的国际比较。经过多次修改终于完成毕业论文。对学生的论文，老师仔细审阅，连论文中的标点、符号、错字，老师都一一指出，细致程度让学生惭愧和感动。

记得在离开学校工作之后，有一次就工作问题向老师请教，老师语重声长地说，"出了学校以后就要靠自己，要好好工作"。北大毕业之后，我一直在证券市场行业从事研究工作，在工作研究中，老师的思想和治学精神一直在指导和激励着我。在校期间的关心和离校时的嘱咐，让学生铭记在心。

北大三年学习生活是我人生中最重要的阶段。在这里，我亲身感受老师深入浅出的教学风格，科学、严谨、务实的治学风格，对学生言传身教和慈父般的关怀；亲身体会到老师在经济学研究中不断创新的精神和在经济政策建议中感受到以老师为代表的老一辈中国经济学家的智慧和良知。

老师的目光

◯| 熊国平

厉老师有着与常人不一样的目光。

由于厉老师的建议，这两年我在北大光华作博士后研究，面见老师聆听教诲的机会相对多一些。每次相见，我都会被老师的目光感染、感动；每次回忆老师那温煦而深邃的目光，又总让我感念、感奋。

老师住在北京海淀高校教师公寓中。每次按过门铃、坐着电梯上来，老师或师母已等候在打开的门边，浅笑的目光和煦地注视你。走进光线略显暗淡的房子，在因陈旧更显灰暗的沙发上坐定，老师会问最近忙啥，工作是否好，工作生活中是否有困难？其间，老师会一边抽烟，一边听我静静地叙说。当然免不了会聊到相关的人和事，当说到老师的某某学生时，师母这时候会插话："对啊，在学校时，这个学生常来家里，还学会了炒菜做饭呢。"老师有一个多年形成的习惯，常将抽到一半的烟拧灭，并放回烟盒中。看到我不解的样子，老师的目光中甚至会有一些调皮，然后笑笑说，"这烟有劲，一次不能抽太多，剩下的下次还能抽。"其实那是国产烟，能有多大劲？

老师有时会把我领到书房。这里完全是书的海洋，书架、书桌都堆满了厚薄、新旧不等的书，可供走动的空间非常有限。疏窗薄阳下，老师坐在书桌前，目光直视着我。你最近在思考什么，写了什么？这时老师的声音大了很多，会带出许多江南吴语。我唯有如实回答，不敢带任何掩饰。老师从未说过我讲得不对，更多是点头鼓励我讲下去。2008 年末，我写了《关于当前经济形势和任务的一点看法》，文中推断美国经济将于 2009 年二季度走稳，提出在关注国际金融危机对我国影响的同时，我们应更加重视解决已经存在和尚未暴露的一些重大问题。文中观点与当时主流看法不太一致，一些看过文章的师长或不表态、或劝我出言谨慎些。而老师看完后，却非常肯定地说，我同意你的分析。如是我才敢拿到外面发表，《中外经贸内参》还全文予以刊发。老师希望在政府机构工作的学生应该多读书，特别是多读些经济学经典原著。由于宏观经济学的发展趋势越来越"动态化"、"长期化"，应该改进研究方法，既要看重供给分析和存量分析，又要加强规范分析；要懂得如何处理数据，无论是实地调研所获得的数据，还是转引他人论著或报告中所摘录的数据，都应自己再作些加工。要紧紧抓住理论和实践的节点分析研究中国经济，多提出可操作性的建议。老师不止一次地指出，做学问不会一帆风顺，率先提出真知灼见往往需要勇气，往往需要耐得住寂寞，往往需要抵得住诱惑或非议。说完这些话，老师常常陷入沉思，目光变得深邃而悠远。也许数十年来探索理论的片片往事正在轻轻搅动老师心底，理论研究的枝蔓正在被桩桩回忆扩展，如同放置在显微镜下的物品，被老师看得愈发分明。

老师不仅在经济学理论研究和实践探索方面成果卓著，他还擅长填词。每逢来广州、深圳，我们一群学生集结去看望老师，他总会拿出随身携带的词集赠予学生。席酣之际，老师兴之所至，会说起某词作于何时何处，此时便有学生找出该词，当场诵读。此时老师的目光中笑意盈盈，注视着朗诵之人，不时作出一些解释、或纠正一些错音，闪现出大隐的气质、祥者的洞察。老师还在北大开了唐宋诗词讲座课，将名家诗词娓娓道与学生，爱意切切与青年学子交流，风雅灵动一如古今文人骚客，让听者感受什么叫忧思、洒脱、大气。

老师在赠与学生书籍时，总是并排签上自己和师母的名字。我想，这既表示赠书之举同时代表了二老的心意，也是老师与师母恋恋一生情感的真实表达。在老师的词选中，首先映入眼帘的是一张老师和师母的结婚照。那是张令人过目不忘的照片。老师靠左且偏后的位置，眼镜后的目光清澈、真挚而又温和，他和师母幸福而又腼腆地微笑着。那是一种怎样幸福而温暖的目光啊。对于后来成为弟子的我们，这张照片原本是遥远的。但往后翻看，不管是下放江西鲤鱼洲劳动岁月，还是北京鞍山长期两地分居时期，老师和师母每隔一个时期都有情意浓浓的照片和赠词，让我越来越相信这些照片近切真实、就在眼前。老师与师母始终如一的情感是源于隽永文字、却又高于文字蕴含的永恒篇章。

　　每次离开老师家，老师和师母都坚持送到户外。我很是惶恐，恳请老师不必出来，老师总是说，"我们正好想到外面走走。"我只好转身加快离去。我知道，老师的目光正透过清风密密铺满自己的后背。我不敢回过头去，只有不停步往前走。

老师领进门，成果报师恩

熊维平

1994 年是令我难以忘怀的年份，这一年，我进入北大经济学博士后流动站，有幸成为厉老师的学生。在老师的引领指导下，我从工程学领域进入到经济学领域，沐浴着老师思想、智慧和品德的阳光雨露，我完成了人生中重要的一次"转型"。

在老师身边，我不仅系统地学习了经济学理论知识，学会了认识和运用经济规律，而且还接触到他的一些创新经济学理论，如经济转型、比较经济、非均衡经济等前沿经济学理论。这两年的学习研究和深造，为我后来运营和驾驭大企业集团奠定了坚实的理论基础。

老师指导我进行博士后课题研究，从选题、论点提炼、论据取舍，到中外经济现象的对比分析和论证，他都提出了严格的要求。我的博士后出站报告的题目最后确定为《中国证券市场国际化研究》，通过对中国证券市场和国际证券市场历史、现状及发展趋势的对比分析，引出中国证券市场国际化的必然性和必要性；针对中国证券市场国际化进程中可能会遇到的阻碍和问题，提出了中国证券市场国际化实现途径、方式的多种战略选择。老师认为，证券市场驶入国际化轨道是必然的趋势，特别是中国加入世贸组织后，证券市场的国际化进程将会明显加快，这个研究课题因而也就显得很有战略意义。尽管那是 1995 年，我国证券市场建立才 4 年多，我国加入世贸组织的谈判尚在艰难进行、前途未卜，足见老师的战略眼光、对历史和未来负责的使命感、勇于探索的精神、严谨的治学态度是如此地叫人折服。在老师身边学习研究、直接聆听老师的教诲，以老师教给我的经济学理论指导此后的工作实践，并且都收到了很好的成效，这段经历在我的人生中弥足珍贵、终身难忘！

在完成博士后研究之后，我仍担任中南工业大学副校长兼工商管理学院院长。无论是管理和发展大学的专业学科，还是从事理论与实践课题的研究，我仍不断地享受着老师教益恩泽的滋润。

1999 年，我从学校进入中央企业，担任了中国铜铅锌集团公司副总经理，从经济理论教学转向经济活动实践。

2001 年，我担任新组建的中国铝业公司副总经理，具体负责中国铝业股份有限公司的境外上市工作。中国铝业的上市可谓一波三折，就在境外上市一切准备就绪时，美国发生了"9·11"恐怖袭击事件，给原本就处于低谷的全球经济及证券市场一记重拳，美国股市带动全球股市一路下挫，国际资本市场的融资能力锐减，新股发行窗口基本关闭，原本准备上市的各国大公司纷纷放缓上市步伐，有的干脆取消了上市计划。面对国际证券市场"万花纷谢一时稀"的寒冬，摩根士丹利等主承销商也一度对中国铝业上市失去了信心。这时，我利用在老师身边进行证券市场国际化研究时所积累的知识，按照老师教给我的思维方式和比较经济方法，对中国和世界经济现状以及国际证券市场进行了深入的对比分析，对中国铝业境外上市的可行性进行了评估，坚定了领导层逆势上市的决心。2001 年 12 月，"中国铝业"股票分别在纽约、香港成功上市，成为"9·11"后中国企业境外上市的第一股。

2006 年 6 月，我调任中国港中旅集团公司总经理。从重化工业进入服务行业，这一工作变动跨度之大，令很多人感到意外。但我心里有底，底就是老师的教导——按经济规律办事。我对国内外旅游业进行深入分析后，发现了旅游行业发展的一些重要规律，提出了培育和打造具有国际竞争力的旅游大企业集团，走"产业集团、集约经营、质量品牌、资本运作、改革创新"之路的设想，并迅速付诸实施。2007 年 6 月，中国中旅集团公司正式并入港中旅，提升了港中旅的市场影响力和竞争力。

2009年2月，我重新回到了中国铝业公司，担任总经理、党组书记。这时的中国铝业公司所面对的情景是：受国际金融危机向实体经济蔓延和行业跌入周期性调整谷底的双重影响，有色金属价格暴跌，产品积压，销售困难，大量产能关闭，铝行业出现了罕见的全行业亏损。中国铝业公司从盈利大户变成了亏损大户，公司面临生存危机。受命于危难之际的我，重新温习恩师的经济理论，下功夫抓了三件事。一是展开了控亏增盈攻坚战，使企业重现生机，中国铝业公司自2009年8月开始实现了月度盈利，连续12个月的亏损宣告结束。二是实施管理改革创新，将总部由操作管控型转变成战略管控型，业务管理权下放给板块公司和企业，把市场主体地位归还给企业；同时，对总部部门主任到副处长全部实行公开竞争上岗，一般员工实行双向选择，在公司内形成了"岗位靠竞争、收入凭奉献、职位能升降、人员能进出"的新观念，激活了人力资源，调动了干部员工的积极性。三是启动了涉及产品结构、产业结构、布局结构、技术结构、资产结构、管理结构等各个方面的全方位深度结构调整，致力于再造竞争新优势，把公司办成具有更强竞争力的国际化多金属矿业公司。

可以说，我的每一项实践成果，都闪耀着老师经济学理论之光。感谢老师引领我进入风光旖旎的经济大门，感谢老师引领我进入精彩美好的人生之境！

厉老师对我一生的影响

◗│徐立新

　　厉老师对我最大的影响是他研究领域的广泛。记得在北大学习七年间，厉老师出版了很多专著，涉及教育经济学、消费经济学、经济学的基本研究方法、国民经济管理学、经济体制改革、制度经济学。我因此以为经济学家就应当是兴趣广泛，殊不知事实相反，大部分经济学家都很狭窄。这种早期熏陶帮助我形成了兴趣广泛的研究风格。记得到芝加哥大学后，赵耀辉师姐对我有点担心，因为她上过由美国经济学家教授一年课的福特班，但我没有。她觉得我基础"不好"。没想后来我学下来相当顺利。我事后的总结是，厉老师、陈良焜老师、秦宛顺老师、靳云汇老师、朱善利老师、孙来祥老师，还有直接带我硕士论文的林毅夫老师，都给了我非同寻常的训练。在 80 年代中期，中国有几个地方能让我们直接接触希克斯、弗里德曼、卢卡斯、贝克尔、加尔布雷思等大家的学说？有了厉老师等人的指导才使我逐步步入这个领域。

　　最让我骄傲的一件事，是在 1986 年厉老师领衔的"国民经济运行"研究生入学考试中考第一。20 世纪 80 年代中，要上某导师的研究生，必须考这位导师出题的研究生入学考试。我在北大本科毕业后，下了很大决心才决定考厉老师的方向。1986 年有一天，班主任王家卓老师在 28 楼走廊告诉我，"徐立新，祝贺你考上厉老师方向，并且是第一。"当时我十分兴奋。在情绪低落的时候，我会常常自我安慰和激励："一个能在厉老师研究生入学考试考第一的人，应当不会差吧？"

有一件事到现在还没有当面感谢厉老师。研究生阶段，可能是太穷，没钱请女朋友吃饭，我很想赚点钱。以为翻译能赚钱，我当时决定要翻译一本经济学专著，即格顿·温斯顿的《经济活动的时间分析》（英文版）。希望厉老师能为中译本写序，于是厚着脸皮到厉老师家里找厉老师。厉老师指着书的英文封皮问，书的标题怎么翻译？"经济活动的时间分析"，我答道。厉老师笑了，一周后，亲笔给我写了 10 页左右的序。为了保证我翻译质量过关，厉老师让我找平新乔老师，让他承担一部分翻译工作，两人互校。不久，厉老师上社会主义政治经济学大课时在课上提起，我的学生徐立新正在翻译一本时间经济学的书。我当天正好没去，特别遗憾，好不容易厉老师提到我，我还不在场。厉老师为我写序的时候，正是厉老师最忙的时候，这种不体谅实在不应该。不过，这也证实杨勋老师的话："厉老师是很爱学生的。"真正的教育家，从来把教育学生放在第一位。厉老师为我们做了榜样。

有趣的是，翻译这本书时，第一次碰到了 Sherwin Rosen 这个名字。对我来说，这个名字是第一次接触，我翻译成舍温·罗森。不想这位经济学家后来竟是我在芝加哥大学的博士论文答辩委员会主席。遗憾的是，由于我和平新乔老师相继出国，同出版社失去联系。这部书稿没有正式出版。

我研究的一个领域是新制度经济学。据制度经济学大师罗纳德·科斯分析，制度安排倾向于减少交易成本。新制度经济学另一位大师道格拉斯·诺斯则强调制度变迁倾向于"路径依赖"。迄今为止，我知道的最好例子是厉老师在北大光华管理学院讲课时所讲的："为什么英国的汽车走左边？因为英国在没有汽车前，马车一直走左道。为什么马车要走左道？因为当时很多马车夫配剑。剑配别在左腰。拔剑的时候，马如果在路左边，就不会误伤行人。如果在右边，要是正好有马车经过，一来拔剑不方便，而且就可能有误伤。"这个例子完美地讲述了新制度经济学最重要的两个原理。第一，制度安排倾向于降低成本（这样，既缩短拔剑时间，又可减少误伤行人的成本）。第二，制度安排倾向于"路径依赖"。或者说，现在的制度取决于以前的制度安排，有很强的传承性。英国人用马车时，靠左走，后来用汽车了，不必拔剑了，但由于"路径依赖"，仍靠左走。上过厉老师课的人都知道，厉老师是经济学家中最善于讲故事的，如搅拌机假设、骑自行车原理等等。

今年7月份刚从芝加哥大学法学院回来，参加庆祝科斯100岁生日以关于生产的工业结构为主题的会议。会上科斯虽然靠轮椅活动，但依然风趣犀利，做了半个小时的演说。亲眼看见科斯风貌，开会期间想着这篇要写的文章，深深感到厉老师和科斯有很多神似：健康、清瘦、大胆反潮流、兴趣执着、热爱经济学、热爱学生、写作高手、夫妻伉俪情深（科斯太太今年也97了，这次在会议上看到，她两个眼睛依然明亮有神）。我殷切盼望参加厉老师百岁庆典。

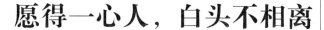

愿得一心人，白头不相离

徐　卫

　　有人说，人生就如一条湍急的河流，从活泼跳跃的小溪，汇聚成奔腾不息的江河，最后融入一望无际的大海。我想，那一路向前，浪花朵朵的样子，不就像人生中机缘巧合遇到的一个又一个美丽的际遇吗？人生因际遇而美丽。

　　我是一名教育工作者，工作之余时常会翻阅各类教育方面的专家名著，在浩如烟海的著作中，最吸引我的是一本 1984 年由北京大学出版社出版的《教育经济学》，该书从一个崭新的视角研究了教育和经济之间的相互制约关系，使本就对经济学充满兴趣的我颇受启迪、感同身受，书的作者便是著名经济学家厉以宁。透过纸背所感知的，是一位睿智的学者阐释的智慧与道理。从那一刻起，我便开始关注厉老师的各类学术著作和演讲学说，获益匪浅；也正是从那一刻起，厉老师的思想与精神便激励着我不断前行，可以说在那时厉老师就已成为我的导师了。

　　我想，不光是那些有幸当面听过他教诲的学生才算是厉老师真正的学生，对于每一个崇敬厉老师的后生，不管是从厉老师的著作中得到过启迪，还是从厉老师的诗词中体会到意境，或是从厉老师的为人中学习过做人，或是从厉老师的人生经历中得到过激励，都是厉老师的学生，都从精神上、思想上、觉悟上、道德上受益颇深。

　　佛家说，万事随缘。老百姓也有句俗话叫"心诚则灵"。也许，当你真切地想去做一件事的诚心感动了上天，命运之神就会眷顾你。2008

年，我成为武汉大学经济学博士生。意外发现厉老师是武汉大学的特聘教授之一，真是喜出望外，由此厉老师担任了我的博士生导师。

一转眼，跟随厉老师学习已经两年了，时常感叹厉老师在教育学领域里也是造诣匪浅，见地深刻，有时甚至不经意间的一两句谈话都会让我有拨云见日的感觉。厉老师特别提醒我重视学生的德育教育，我知道这是厉老师对我的要求，也是他做人做事的原则，他的话深深地影响着我的教育行政工作。

实际上，我从厉老师那里学到的，又何止于此。我也时常向厉老师请教为人父母之道。厉老师总是告诉我，这要归功于师母何玉春。言语之间，我彷佛听到了一段琴瑟相合、患难与共、富有传奇的浪漫故事。

他们结婚于 1958 年春节，从此，在厉老师彷徨郁闷的日子里，师母始终陪伴在他的身边，给他鼓舞，给他力量。他们住在不足二十平米的家，守护着对方最真挚的爱。然而新婚不过五天，他们就分飞两地。距离阻隔不了思念，相反更增进了两人的感情，每年短暂的两周假期由是显得弥足珍贵，两人也倍加珍惜。

两位老人就这样相互扶持同舟共济走过了半个世纪。五十年可以很长，五十年也可以很短。无论是"文革"时期她抛弃一切随他下放农村，只为了和他在一起；还是团聚之后他撰写著作，她整理收藏，他们相依相偎，一路走来，在最寂寥的日子里也坚信黑夜终究会天明，寒冬总会有尽头。她为他默默付出，牺牲了自己的爱好与事业，全心照顾他的生活，相夫教子；他陪她购物散步，带她在北京的高楼大厦间寻觅当年约会的水湾草地，找寻当年纯真的梦想。

就是在这样的相知相惜中，岁月逐渐显露端倪。20 平方米租来的陋室，五天新婚假期，十三年两地分居漫长等待，五十年相惜相守。愿得一心人，白头不相离。他和她以安静的姿态阐述着流动的爱，却谱写了一首任何人都不能不为之动容的诗章。他们没有轰轰烈烈的承诺，却在用一生诠释着"曾经牵手，终生相守"的美丽传说。

　　我时常在想：老师和师母的夫妻恩爱伉俪情坚，师母的相夫教子无私奉献，厉老师传道授业桃李芬芳，这二者哪一个更伟大。每每谈及，师母总是微微一笑，并不回答。是啊，二者都是出奇的伟大，厉老师作为学术泰斗，除了艰辛的付出之外，离不开师母营造的和美家庭和夫妻间的相濡以沫。这两个伟大，没有高低之分，而是环环相扣，因果相连。

　　也正是老师与师母这种情比金坚的浓情，让我觉得追随厉老师学习，不仅仅是学术营养的浸润和教书育人的启发，更能从师母那里领会到为妻、为母的持家之道。这实属人生之大幸！师母的仁厚与慈爱，常让我觉得有如母亲般的温暖，在师母身上，我深切地体悟到了一位女性的智慧与美德之于家庭、之于丈夫、之于儿女的重要性。她柔情似水，却又持家有方；她用情深切，却又爱人以德；她德才双馨，却肯激流勇退；她恬淡自甘，却又自有担当；她甘于幕后，却让人不能不献给她最深切的赞叹。在赞叹之余，也不禁感叹，也许只有师母这样一位伟大的女性，才能做厉老师的知音，才能与厉老师琴瑟相合，才有资格接受厉老师那些饱含深情的诗词。

　　或许爱人的最真实含义是：

　　困寄书阁，寂寥前庭，她是一杯忘忧的酒；泽被苍生，名动天下，她是一盏馨雅的茶。

　　我总觉得，爱人是一生相随，一世伙伴，走过青春，度过潺潺的时光；携手白头，共享一世的情怀；同舟共济，分担生活的磨砺。正如厉老师与师母一般，用自己美丽而动人的故事去熨帖每一位后生的心窝。

　　我爱人喜爱摄影，每每去老师家，都带回来一些照片，老师和师母吃饭时相互夹菜，上下楼梯互相搀扶，出门前添添衣服，格外温馨。时空交错之间，汇成了这些永不褪色的往事……

　　昨天是遥远的美好，今天是虔诚的祝福。真心地祝福厉老师和师母健康长寿、幸福安康！

悠悠岁月，真情永存

▷ 许高峰

我们的老师 厉以宁

厉以宁老师是当代中国最有影响的经济学家之一，一生可谓"三春桃李，辉映门墙"。作为他的学生，我在惊叹先生在经济学领域所取得杰出成就的同时，也感佩于他在诗词创作方面的造诣。可以说，他在经济研究方面所取得的巨大成就，和他典雅、动人的诗词作品交相辉映，构成了先生独具魅力的诗意人生。

"诗情不绝，岂是闲吟风与月"？文学即人学，我笔写我心。厉先生将他的所思所想、感悟与希冀全都注入到诗词的字里行间，使得每首作品都映射着厉先生的哲学和人生。欣赏这些诗词，咀嚼其滋味，感悟其真谛，我们能够非常鲜明地体会到厉先生丰富而饱满的精神世界，并跟随他的生活体验，去感知他对生活、生命意义的真知灼见。

悠悠岁月、四季轮回、月盈月亏、潮起潮落，四时不仅是自然生命生死兴衰的表征，同时也具有与人精神相渗透的特质。面对世事变迁，斗转星移，我们不仅要学会珍惜易逝的时光，还要学会细细体验生活的百味。厉先生的诗词中有对人生短暂，岁月无情的喟叹，亦有对热爱生命、珍惜时光的勉励，更有对离多聚少的家人间亲情爱情的期盼。当我们与亲人相距很远时，常常会生发出浓浓的思念之情，这种情怀久而久之便形成强烈的思念，犹如美酒，越陈越浓，将我们的情绪和情感深深浸泡其中，难以自拔。思念而不得相见是人生的一大憾事，更何况相隔千里之外，而今佳节将至，天各一方岂能没有度日如年之感？

厉先生与师母何玉春在 1958 年喜结良缘，在这之后的十三年间，两人如牛郎织女般异地分处，每年仅有两周时日小聚，直到 1970 年年末师母携带孩子到厉先生下放的江西鲤鱼洲北大农场与先生团聚，这两地相思的情状才得以改变。这十三年，厉先生创作了大量感人至深的诗词，时光已将先生的相思之情打磨得字字珠玑。

如《浣溪沙·无题》（1959）

> 燕子多情绕故城，
> 杨花飞尽了无声，
> 夜阑人静听残更。
>
> 又是池塘春水绿，
> 几回天外鹊桥横，
> 半庭青草为谁生。

又如《木兰花·又逢七夕》（1961 年）

> 一年一度桥头见，
> 一夕时光飞似箭。
> 眼穿肠断又如前，
> 遥隔银河无尽怨。
>
> 情深也怕天涯远，
> 回首依依难了愿。
> 淡妆拭泪盼明春，
> 相伴仅存归去雁。

七夕之夜鹊桥相会，深爱之人终于团圆，但幸福美好的时光总是太匆匆，一年的苦苦期盼等来的却只是如箭一般飞逝的瞬间，短暂的相聚欢乐换来的则是更为长久的苦苦思念，眼穿肠断又回到从前的分别，下一个七夕还很遥远。

再如《七绝·无题》（1962 年）

别来无处说相思，

岂待他乡白发时？

两地年年残月夜，

梦云惊断有谁知。

《鹧鸪天·中秋》（1963 年）

一纸家书两地思，

忍看明月照秋池。

邻家夫妇团圆夜，

正是门前盼信时。

情脉脉，意丝丝，

试将心事付新词。

几回搁笔难成曲，

纵使曲成只自知。

13 年的分离，妻子思念丈夫，儿女想念母亲，期间的多少酸楚、多少思念、多少苦痛、多少无奈，唯有亲历者才能深深体会，但这 13 年的分离却使两人情更浓、意更切、爱更深！悠悠岁月，将双鬓染白，这是时间留下的最好的礼物和见证。真挚的爱留在密密的皱纹里，留在略有些老花的目光中。

2009 年 7 月，我的妻子常军红由于工作原因将常驻美国华盛顿，动身前夕，我特意带她来向厉先生和师母辞行。期间，厉先生请师母以梅花作画相赠我的妻子并题词"脉脉含情人不觉，为有枝头暗香来"，厉先生当时对我妻子讲："你一个人在异国他乡，当你在办公室看见这幅画，这画中的梅花，你定会想起你远在中国的丈夫，估计别人不会察觉，但相信你一定能体会到！"那一刻，我们深深地被厉先生和师母之间坚贞不渝的爱情所感染、也深深地被诗画合璧最美好的祝福所感动。

我想用厉先生为师母在新疆塔克拉玛干沙漠所摄的胡杨树照片的题词，作为本文的结尾：

《鹧鸪天·胡杨赞，于塔克拉玛干大沙漠》（2007 年）：

> 传说花无百日红，
> 沙丘绿树更难逢，
> 胡杨屹立三千载，
> 挺拔雄姿贯始终。
>
> 春夏过，又秋冬，
> 年年酷暑与狂风，
> 人间变幻知多少，
> 都付寻常一笑中。

春夏秋冬，四季更替，人站立在水流湍急的时间长河中，看时间负载着种种事物匆匆而过，虽有别离、虽有留恋、虽有感伤，但我们更应似沙漠中的胡杨，活着一千年不死，死后一千年不倒，倒后一千年不烂，面对酷暑狂风，依然从容屹立，笑看人间变幻事，这也更令我们想起了厉先生和师母的五十多年经历：悠悠岁月，真情永存。

从师学"问"

◎ | 杨东宁

我们的老师 厉以宁

你写过以问句为题目的文章吗？在你的文章和演说中，你能通过提问来强调重点、启发讨论或者表达言之未尽的意味吗？

厉以宁老师的文章和演讲中常常出现提问。在他传道授业解惑的逻辑理性和艺术美感中，巧妙设问，是一个重要的细节。虽然是普通的语法应用，老师常常在关键之处一句精当的提问，就能让那么深的学问变得鲜活适用。

老师的话语总是平易而练达，即便再繁杂的事情也能娓娓道来。老师的书著言论更是思维缜密而风度从容，不异耳提面命。其中，"问"真是大有学问，可直问真伪，亦可曲问情理。以下摘录一些片段来赏析。

先看散文吧。读到老师的散文，优美传神的笔触让人甚发惊艳之感。其中，见闻观感多有提问。一本《山景总需横侧看（厉以宁散文集）》所收录的四十余篇散文中，竟然有11篇的题目中包括问句。其中，"代前言"即题为"岂是闲吟风与月？"恰是先生《减字木兰花》一词中"诗情不绝"的下句。

提到诗词，诗人厉以宁的诗词中"问"得殷切。单举问情一例："春：满园梨花正恼人，寻谁去？听雨到清晨。"（十六字令）孤独守望中无法排遣的思念，轻轻一声叹问，竟然倾诉无限，感动天下有情人。

厉老师的演讲深入浅出，又引人入胜。"谁是最大的受益者？"这是他在对经济和伦理中的悖论问题进行分析前的一句提问，拨云见日。

老师于 2005 年 12 月在北京大学光华管理学院所作题为"工业化的比较研究"的演讲报告（75 岁生日暨从教 50 周年）给我留下深刻印象。他问道，"最早投入工业的资本从哪里来？""最早的工业企业家从哪里来？""一次新的技术革命是不是淘汰了中小企业，特别是小企业？"把复杂发展历程解说的简洁明快。接着谈到制度创新问题，在论及"一些经营方式都是在实践中产生的"时，举例问道"物流配送是怎么产生的？""银行是怎么产生的？"其回答分别从"牵一头奶牛到城里挨家挨户说卖牛奶啦"的农妇和在"国际贸易大集市上拿个小板凳坐在十字路口"的货币兑换商讲起，非常形象生动。

他在演讲中不但能问得严肃，还能问得活泼。例如，"全世界最大的'金矿'在哪里？"（然后自答：在中国的农村。）又如，"在青海调研途中，看到一条很大的河，水很清，是什么河？"（听众很难猜出是黄河。）

老师也常常被别人提问，例如，他曾讲过"只有夕阳企业，没有夕阳产业"的观点，有人就问"补碗业是不是夕阳产业？"他以欧洲文物修补的高技术发展作答：不是。2003 年夏天赴阜新调研时，访问了一些在郊区种植大棚蔬菜的下岗工人，其中有人问"我们是工人还是农民？"，老师答"你们是新时期的创业者"。

在正式发表的研究论文中，老师同样重视提问。"贫困地区环境与经济的协调发展（载《社会科学战线》，1993 年第 1 期）"一文中，开篇就提出一个观点悖论："那么，对生态环境的保护来说，似乎穷也不好，不穷也不好，难道只有处在'穷与不穷'之间才好吗？"接下来，为回答这一问题，先介绍了经济运行四个方面的机制，其中，四个自然段的五百多字竟然全部是问句，共计 26 个。这些问句环环相扣，如同音乐节奏和旋律般，对复杂的概念和逻辑体系进行条分缕析，使其晓畅透彻。

再来看一段经典的提问。

厉老师在解决资本主义起源这一历史难题时（见厉以宁著《资本主

义的起源——比较经济史研究》，商务印书馆，2003 年，第 7 - 8 页），先廓清其考察对象是资本主义社会经济制度（而不仅是私人雇佣关系或市场交易关系），然后指出"由私人雇佣关系转化而来的资本主义经济关系，要导致资本主义社会经济制度的建立，必须具备其他条件。""那么，这里所说的其他条件是指什么呢？"他回答"一种常见的解释是必须依靠政治力量取得政权"，"但这种解释仍然未能把资本主义起源问题阐述清楚，因为这里还有一系列问题有待于探讨。"接下来，一长串精妙深刻的提问带领读者进入历史逻辑的纵深：

"比如说，谁来推翻封建政权，夺取政治权力，建立政权？通常说，是资产阶级。那么，资产阶级又是如何产生的？难道出现了私人雇佣关系之后，私人雇主就是资产阶级了吗？古代希腊、罗马社会中都有一些私人雇主，难道他们能准确地称作资产阶级吗？（此处以脚注方式引用罗斯托夫采夫观点）还有，假定在封建社会中出现了一批私人雇主，难道他们一定是同封建社会不能相容的，一定要推翻这个社会吗？如果这些私人雇主能在封建社会中获得丰厚的利润，他们又何必冒着巨大的风险去推翻这个政权和这种社会经济制度呢？再说，难道单靠这一批私人雇主的力量，就能够推翻封建社会的政权？没有众多的支持者、追随者，他们能取得胜利吗？这些支持者、追随者又是些什么人？他们为什么要跟着私人雇主走呢？难道不怕有掉脑袋的风险吗？最后，即使私人雇主和他们的支持者、追随者们推翻了旧政权，建立了自己的政权，难道他们建立的一定是同资本主义社会经济制度相适应的政权吗？难道不可能仍然是封建政权，只不过换了一批统治者而已？"

在这段提问之后，"以总揽世界资本主义发展史的眼光，应用比较研究的方法，以坚实具体的实证研究为基础"，一部"宏大的资本主义起源的理论体系"（马克垚序言中的评价）就要正式拉开序幕了，于是，厉老师接着写道："上述这一系列问题，只有在深入分析有关资本主义起源的

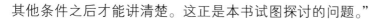

其他条件之后才能讲清楚。这正是本书试图探讨的问题。"

　　就像老师的其他文章一样，这本大部头的理论著作也可以通篇读诵，让人回味无穷。我以前不理解人们为什么把知识叫"学问"。原来，从事学习研究而不会提问，就会成为"学究"。"学"从"问"来啊！

淡泊与从容

◎ 杨 选

　　第一次听到厉以宁这个名字，是在二十年前。那时我刚考入武汉大学经济系，刘道玉校长秉承蔡元培"思想自由、兼容并包"的治学思想，使当时的武大很像今天的北大，每天都有目不暇接的讲座和论坛，各种思想自由地碰撞。我有幸接触了各种经济学思潮，并听到厉以宁这个名字。这个名字是与知识渊博的学者、著名经济学家、改革开放的先驱联系在一起的，对我这么一个刚进大学校门的学生来说，除了崇敬之情之外，便就只剩下高山仰止的感觉了。那时的我怎么也不会想到，有朝一日我有机会成为厉老师的学生。

　　第一次见到厉老师，是在五年前。为了加强自己的经济学素养，我继续攻读经济学博士学位，导师是董辅礽教授。然而一年之后董老师患癌症与世长辞，弥留之际仍念念不忘我们这几个没有毕业的学生。董老师遗言请厉教授代为指导我们这几个没有毕业的博士生，厉老师答允了。于是我们几人便转入厉老师门下。第一次见到厉老师，是在厉老师前去武汉大学交接指导我们这几个学生时所作的一次讲座上。我没有想到，这么著名的经济学家，会是这样一个儒雅而慈祥的老者。

　　一年多以后，在厉老师的指导下，我顺利地完成了博士学位论文。为了能够继续聆听大师的教诲，我申请到北京大学做访问学者一年，并于次年继续在厉老师门下从事博士后研究。跟随厉老师学习前后共有将近四年的时间。在这段时间里，除了向厉老师学习经济学专业知识以外，也深切地感受到了厉老师令人敬佩的人格境界和思想境界。

厉老师勤奋治学，从不以名利为出发点。正是这种境界促成了厉老师的成就。厉老师的很多诗句也流露了他的思想，1966 年写的《西江月》中的诗句："何意追求一技，无心留恋虚名"。1965 年所作的《长相思》中的诗句："唤醒世人名利空，枯荣一梦中"。正是在厉老师思想的感染下，我获得博士学位后，决定到华中师范大学任教，专心从事教学和研究。

"花开也是花飞日，月亏且作月盈时"，这是厉老师对待人生的态度。厉老师一生坎坷，无论是在艰难困苦的岁月，还是在成名之后，他都淡然处之。在那些看不到任何前途的日子，厉老师乐观豁达地直面人生，没有因为失意而随波逐流，没有因看不到希望而放弃学术探讨。厉老师的很多诗词都体现了他的这些品格，1965 年"四清"归来不久所作的《柳梢青》中有诗句："暮云变幻无形，纵凉意难卜雨晴。变幻由他，且看儿女，捕捉蜻蜓"。1966 年文革期间所作《捣练子》中也有诗句："漫漫人生方起步，从来冬去又春风"。厉老师学说运用于中国经济实践而被证实是正确的之后，厉老师仍然谦虚、低调，继续兢兢业业地在学术领域耕耘，所思所想的依旧是如何解决中国经济发展中遇到的难题。1998 年厉老师为夫人何老师所作的冬梅图题词时赋的《七绝》中体现了这种品格："不与群芳争短长，冰清玉洁自幽香。花坛榜首非钦定，谁敢雪中淡试妆?"

厉老师兼容并蓄而又谦虚豁达。在学术领域，没有门派之见。他博采众长，吸收各派经济思想中的精华。学生写的论文，他也会认真仔细地阅读，指出闪光之处。他这种谦虚的品格早在 1951 年所写的《七绝·沅陵太常村》中就表现出来："山前青竹今犹在，常绿只因心内虚"。正是这种兼容并蓄和谦虚豁达的品格使得厉老师的学术生命能够像翠竹一样常青。我想，这正是学生们最为宝贵的精神财富。

高山仰止，师生情深

◯｜应华江　刘瑜梅

　　二十年前，我们在北京大学求学，有幸受业在厉老师门下。厉老师阐述经济活动规律，深入浅出，生动活泼，深受学生喜爱和景仰。离开师门，我们南下广州，20 年之中，常常以厉老师作为我们为人处事的楷模，常常回味厉老师的教诲，常常运用厉老师交给的学术思想去解决实际问题！在改革开放的前沿里，在改革开放的热浪中，在热闹喧嚣的尘世之中，刻骨铭心的依然是厉老师的谆谆教诲。

　　己丑年早春，春寒料峭，厉老师莅临广州，我们有幸陪伴他走过广州西关的大街小巷，访问历史悠久的十三行商圈。十三行发端于明，繁盛于清，活跃于今，是中国民营经济的聚集地，也是中国经济对外开放的重要窗口。它是对鸦片战争前政府特许经营对外贸易的商行的总称。清政府闭关锁国时，特许广州实行"一口通商"，便留下了这个窗口，与外界交换空气。所有的外商便聚集于此，通过十三行行商与国人进行贸易。十三行是海上丝绸之路的始发地，所有进出口的货物都须经由此买卖。中国的茶叶、瓷器、丝绸等，从这里被送达世界各处，而进口的外国物品，也通过这一处运进国内。当工业革命席卷世界之时，广州成了中国前沿的阵地，而承载这一切的主体便是十三行。厉老师正是在视察十三行时，曾经讲过这样的话："当务之急是加速发展民营经济，为中国经济的可持续发展积累后劲。"现在想来，不能不佩服厉老师独到的眼光，不能不佩服他的大智慧，不能不佩服厉老师前瞻性的思想。

是日，上下九步行街依旧人流如织，我们和厉老师一行穿过十三行，来到锦纶会馆和华林玉器街。荔湾区政府决定重新打造以上下九步行街、华林玉器街、十三行商贸文化旅游区等大型商业、专业市场为支柱的产业，重振"十三行"的商业辉煌。对此，厉老师深表认同。他说："重新擦亮这一文化品牌是明智之举。通过重塑十三行商圈，可以再现这段历史的盛况，将文化的品牌放在首位，更有利于以后的崛起。"这是厉老师对十三行规划的赞扬，也是对整个民营经济的鼓励。因为中国经济在世界金融危机中，率先走出阴影，率先走向回升，民营经济功不可没。

"市井骑楼重现当年盛况，国势民情远超康雍乾嘉。"走访至尾声时，厉老师即兴撰写此联，随行者无不佩服老师的学养深厚。厉老师从骑楼文化中看到了市民文化的活跃，看到了民营经济的活力，看到了中国经济的发展潜力。

发展经济必须重视人才，心中有人，必须坚持以民为本，以民富推动国强。这是厉老师在己丑年春访问十三行给我们上的一课的中心思想。当时，金融风暴席卷全球，厉老师谆谆告诫我们："在中国要解决就业问题，一定要增加民营企业的分量。比如说荔湾区要发展，辖区内的民营企业要做精、做强、做稳、做大。"他认为：荔湾应该发展成为一个文化中心、创意中心和创造中心。2009 年，荔湾统筹全区规划，确定了"五区一街"的发展思路：以文化产业、创意产业和商业振兴全区经济。这与厉老师的思想高度一致。

广州作为改革开放的前沿主阵地，厉老师自然格外关注，最近这些年他一般每年都要来广州两次，除应广东省、广州市政府的邀请，来为广东经济和广州发展把脉外，仅仅在广州就视察了荔湾区、南沙区、经济技术开发区等行政区，给当地社会、经济、文化发展提出了高屋建瓴的指导性意见。厉老师每次莅临广州，都要看望在广州的北大校友，勉励校友牢记校训，发扬北大精神，团结互助，争当各行各业的排头兵。他十分关注北大校友的成长和发展，百忙之中安排时间到校友任职的单位和公司视察，提出意见和建议。他在视察广州北大明天科技资源有限公司的时候，鼓励全体员工，努力打造龙头民营企业，为北大争光，为民营企业争光，为国人争光！厉老师的鼓励，是对广州北大明天科技资源有限公司的鞭策，也是对中国民营企业的殷切企盼，同时也是对北大校友的一种深切关心！2009年10月12日，广东省委常委、广州市委书记、市人大主任朱小丹宴请厉老师，以表达广州市委、市政府对厉老的感激之情，深切赞扬了北大校友为广州社会发展所做出的积极贡献；厉老在答谢辞中，高度认同小丹书记对北大校友的评价，同时勉励广州的北大校友，再接再厉，继续为广州建设成国家中心城市、综合性门户城市、区域文化教育中心城市做出更大贡献。

老骥伏枥，志在千里。至今，他依然为中国经济之发展殚精竭虑，或奔走于学术论坛，或疾呼于两会，或建言于中央。厉老师道德文章，世人景仰。老师的人格永远是弟子们学习的榜样，老师的学术永远是学生记忆中的珍品。

受益于老师的三次发火

〇 | 于鸿君

　　1989 年我考入北京大学经济学院攻读硕士学位，受业于厉以宁、曹凤岐、陈良焜、秦宛顺和靳云汇五位老师组成的导师组。研究生毕业后留校任教，后来又师从厉以宁老师在职攻读并获得博士学位。在北大光华管理学院，先后担任讲师、副教授、教授。教学科研之余，也担任了一些行政党务工作。自那以后的 20 多年来，我上老师的课，听老师的报告，在老师指导下从事研究，陪老师和师母赴外地调研，陪老师参加其他活动等等，耳濡目染，润物无声。20 多年来，无论年龄如何增长，学位、职称和职务如何变化，我的成长始终没有离开老师和师母的培养教诲。而且，在心底的两个沉淀愈来愈厚实：

　　一是此生能够作为老师的学生，自豪感和幸运感与日俱增。说自豪，是因为我这样一个农家子弟，此生能够受业于、受教于博大精深的经济思想家，自是无尚光荣，也引得多少同龄人羡慕不已。说幸运，是因为不能想象离开老师和师母的批评指教来谈自己 20 多年来的成长。换言之，没有老师和师母多年的言传身教，没有老师和师母的严厉批评和耐心指导，就不会有我今天的些许成绩。

　　二是至今挥之不去的对老师和师母的敬重和畏惧。每次请示学业、汇报工作，乃至打个电话问候，都小心翼翼，都要提前打好腹稿，生怕措辞不当。记得年逾五旬的著名学者朱善利学兄有一次也说过同样的感受。

基于上述两点，20 多年来，我始终谨小慎微，勤奋努力，踏实工作，生怕惹老师生气。但我见证的老师的三次发火，都是对我极好的指教，给我留下极深的记忆。

在读硕士研究生时，受教了老师的第一次发火。记得好像是 1991 年元旦前夕的一个晚上，我们几个同学相约去老师家里拜望老师和师母，感觉得到，每位同学都因为敬仰和敬畏而忐忑不安。一位同学为表达对老师的崇敬，谈到给校外学生上课时出过一道考题：对我国社会主义经济理论做出重要贡献的经济学家是谁？备选答案里有老师和其他几位著名学者的名字，要求学生选择其中之一。

记得老师当时很生气，告诫我们："你们不能这样做，很不好，很不客观！中国经济体制改革理论和社会主义经济理论的发展是千千万万学者和实际工作者共同努力的成果，我只是其中一员。要知道，学者有贡献，官员也有贡献，企业管理者乃至农民都有贡献，土地承包制不就是农民的贡献吗？包括你们这些研究生也在做着自己的贡献。一本著作、一篇文章、一个演讲、一个发言，甚至讲一堂课，只要有新意，都是贡献。怎么能说只有我做出了重要贡献呢？备选答案里的其他经济学家也都做出了重要贡献，我很尊重他们，尽管我们的学术观点不尽相同，但都在从不同方面为中国经济体制改革和社会主义经济理论的发展努力探索着"。

这次谈话给我极深的印象！虽然那是近 20 年以前的事了，但情景历历在目。我不能保证精确记录了老师的每一句话，但主要意思乃至主要语句都不会错，因为那时我就回味了好久，至今有时还会细细品味，并以此教育我的学生。

他实事求是，文章、著作和工作都体现出努力联系实际的学风。读他的文章和著作，有一种用经济学理论的利刃将中国现实经济问题层层剥开的感受。

他不唯上，无论处境多么艰难，他可以不说，但从不乱说，更不曲意奉承。他常常直言犯上，维护他认为正确的观点和学术思想。关于市场经济与计划经济的争论，关于产权改革和价格改革的争论，关于通货膨胀与失业问题的争论，关于工业化问题的争论，等等，他都脚踩实地的阐述自己的观点。

他不揽功诿过，在他讲演中都曾点名引用过其他学者甚至年轻学者的思想观点，我亲耳听到过多次。北京大学干部师生都知道他是光华管理学院的创始人，没有他的贡献，就不可能有光华管理学院的今天。但他多次说这是大家的功劳，会上这么说，会下也这么说。

老师的第二次发火大约在 1998 年左右。那时，我们正在他的领导下进行国家社科基金重大委托项目《中国社会发展不平衡及其对现代化进程的影响和对策》的研究。一次，我去给老师送劳务费，劳务费不多，大约五百七十多块钱。我给了老师六百块钱，转身就准备走。结果被老师叫住要给我找钱，结果一时又找不到零钱。我说算了，不就二三十块钱吗？算在课题组名下好了，找张发票平账即可。

这下，老师生气了。非常严厉地对我说："我的钱和课题组的钱是两回事，我没有占便宜的习惯，账目管理要清楚"。随后，师母找到了零钱，递给我说："拿上吧，我们从来都是这样"。

我当时很不理解，原以为区区二三十块钱的找头，何须那么认真？但看到老师很生气，我也没有办法，只好接了过来。

这件事情至今时时萦绕心头。往小了说，这是一个学者的习惯，往大了说，也可以提升到一个人如何对待公私财物，这就是品质问题了。后来，我越想越惭愧，因为在老师和师母面前，我感觉到了自己马马虎虎的渺小，或者说，处理类似问题不规范。一旦习以为常，长期下去，很可能酿成大错，多少人犯错误、摔跟头无不从此开始。想明白了，我就必须按照老师的要求去做，身体力行，持之以恒，逐步培养自己"不占便宜"的良好习惯。

在以后的工作中，无论在北大党委组织部做常务副部长，到包头挂职市委副书记，还是到石河子大学担任副校长，我都始终谨记老师"公私分明"的教诲，这样的习惯一直坚持到现在。

老师的第三次发火是在 1999 年夏天。利用暑假我陪同老师和师母到内蒙古调研。那段时间，我的工作不是很顺利，有诸多不协调，因此情绪不高，甚至有点心灰意懒。一天早上，在锡林郭勒盟宾馆，老师把他 1988 年在湖南君山写的一首七绝诗抄录给我，题名为"品茶有感"：

> 茶中极品有银针，
> 三次升浮三次沉，
> 世上谁人无挫折，
> 任凭起落自宽心。

君山银针，以沸水冲泡，三起三落。但我毕竟阅历不足，无法体会老师的良苦用心。其实，老师和师母一生饱经坎坷，备受挫折，都挺了过来。常言道，诗能励志，这首诗大概也是老师多年自励的写照。他用毛笔抄录送我，现在想来很简单，本是希望我扩展心胸，着眼长远，反省自己，振作起来，勇敢面对遇到的困难。可惜我当时没有细细品味，因此没有悟解其中的真谛。

两天后，在从包头市到鄂尔多斯市的路上，我一路发了不少牢骚。这下，老师火了："看来你缺乏大局观念和协调能力，不够宽容大度，过于计较。"看到老师发了这么大的脾气，我不敢吱声了。

一阵难熬的沉默后，老师又平和中肯地对我讲了一段话，今天看来，这是我后来走上领导岗位最受用的教诲："做领导，最重要的是协调和宽容，和大家一起工作，首先要看到别人的优点，宽容别人的缺点，这样才能搞好团结，才能当领导，没有团结，什么事情也别想办好。把光华管理学院建设成世界一流商学院，是全体师生的共同愿望，也是北大的期盼，这是大局，为了这个大局，还有什么放不下的呢？哪个人一辈子能够不受委屈甚至挫折呢？你这点委屈算什么？担当大任，需要胸怀"。接着，老师和师母结合他们自己在年轻时受到的不公对我谆谆教诲，其情其景，至今难以忘怀。我当时很沉闷，但想到惹老师生了这么大的气，又很是自责和惭愧。

在以后的一年多时间里，我思考了很多，对什么是大局，如何搞好团结，特别是做领导需要培养宽广的胸怀和忍辱负重的品德等诸多方面，都得到了认识上的升华。对自己存在的很多缺点和错误，也进行了认真的反思。时至今日，我仍然在不断检讨并时时警醒自己。在后来的工作中，我都特别注意从上述多方面提升自己，并努力践行。

老师所说的"大家都有贡献"，其实是一种正确的集体观。这句话教会我如何对待他人以及他人的贡献。在一起工作，每个人都从不同方面发挥着作用，成绩是大家贡献的累加。这似乎是一个再简单不过的道理，但在具体情况下，人往往容易夸大自己，甚至贬低别人，日积月累，就会自我膨胀，最后破坏团队的和谐，对工作的持续发展有害无益。将老师这句话放在更大的范围考量，一个团队、一个组织、一个民族乃至一个国家，也都应该正确对待自己的贡献，尊重其他团队、组织、民族和国家的贡献，这是一种大国胸怀，一种世界胸怀。

老师所说的"我没有占便宜的习惯"，其实是一种严肃的利益观。一个人需要"慎独"，要有严格的自律意识。老师和师母这么多年就是这样做的，习惯成自然。我在想，一种好的品行和习惯总是一个人成就事业的助推器，是获得他人尊重的必要前提。我相信，严格自律会使我在今后事业发展中能够将自己的才智充分贡献出来而不受利益干扰。千里之堤毁于蚁穴，老师的那次发火是给我的最好警示。

老师所说的"担当大任，需要胸怀"，既是一种境界，也是对我的殷切期望。没有宽阔的胸怀，就不能广泛听取不同意见，特别是与自己相左的意见，就不可避免导致决策失误。没有宽阔的胸怀，就不能广泛团结同志，特别是反对过自己的同志，就不可能形成合力，因此难以干成大事。

　　20 多年来，我从不谙世事的青年成长为一个教授、博导，知识和能力有了增长。虽说弹指一挥，但变化很大。这中间，凝聚了老师和师母多少心血，单纯用"感谢"两个字，是远远不够的。

珍惜学习和成长的幸福

◗ 于鹜隆

2007 年，阔别北大 7 年后，我又重新回来攻读博士学位，并有幸成为厉老师的弟子。以前在北大学习和工作期间，虽然经常聆听厉老师的讲座，但没有系统的学习厉老师传授的经济学理论，还算是没有入门。自从跟随厉老师攻读博士学位以来，厉老师经常关照我，让我随从听他的报告、讲座，受益匪浅。两年多的求学之旅，经过厉老师多次的耳提面命，我对经济学的了解逐渐增多，对厉老师的感情也越来越深。在我的心目中，厉老师不仅是一位认真负责的老师，一位德高望重的学者，更是一位慈祥和蔼的长辈，能够在厉老师身边学习和成长是一种幸福。

在跟随厉老师读书的过程中，我发现，厉老师的学问之所以能够给人极大的启发，最大的原因在于其源自现实，是鲜活经验的总结，是致用之学，而不是僵化的知识。熟悉厉老师的人都知道，厉老师的生活，绝不仅仅局限于书斋中，他经常去各地调研，掌握中国经济运行最真实、最前沿的信息，而且在日常的生活中，厉老师也能从大量的生活细节中，剥茧抽丝，披沙拣金，提炼出最具洞见的经济观点。

厉老师对学生的指导也不仅仅局限于课堂。他善于在日常的交往和接触中对学生潜移默化，在轻松的氛围里把知识传递给学生。例如在一次聊天中，厉老师谈到"经济"一词的来源问题，厉老师向我作了仔细的讲述。他说经济就是经纶济世或经世济民的简化。它的含义包括国家如何治理，如何让人们富庶，如何管理各种经济活动等等。在中国古代，经济实际上就是政治的意思，而不像现在理解得这样狭窄。

厉老师是一个极具深厚人文关怀的学者。这不仅表现在他有深厚的人文修养，能用漂亮的诗词和散文表达他的经济学观察和人生感悟，而且还在于厉老师的学问是通识古今、洞察人世，他的研究，总是在通览大的社会运转背景下进行的，既能贴切地解释现实经济的运转，又能帮助我们体味大千世界的种种现象。

厉老师的散文则以另一种形式启发我们的人生——他在加尔文教派传播的历史中，看到了社会经济发展中精神力量的重要性，并由此解读哈耶克那个著名的观点"世界上最大的坏事是由有高尚理想的人做的"；在加拿大路易斯湖畔的悠悠美景及人世沧桑中，他体悟到的不仅是哀伤和悲凉，更有世事变化带给人的无尽回味；在普利茅斯海边的"五月花"号中，解读出的则是成员行为、群体行为和社会活动的有序性……这样的经济学阐释，从中更能体味到厉老师的处世哲学和人生感悟。

作为一个学生，我在厉老师那里收获的绝不仅仅是治学之道，他自由、独立的意志和丰沛、敏锐的思维，总是让我感慨良多。举一个小例子，每次听他讲座都能感觉到，无论出席多么重大的场合，无论有多么大的领导在场，厉老师从不逢迎客套，从来都是直奔主题，这就是一位大学者的率真性情和独立自由的精神。

厉老师性格中的豁达与乐观，思想上的睿智与深邃，学识上的渊博与卓越，总能让每一个接近他的人深受感染。能够生活、学习在厉老师身边，聆听其教诲，感悟其言行，是幸福的。相信每一个厉老师的弟子都会珍惜这种幸福！

我们的老师 厉以宁

和厉老师一起"造血式"扶贫

◎ 张红力

　　我因为景仰厉老师对于经济理论的贡献而投入老师门下，因为在我多年资本市场实践中，深感厉老师的研究对于现实的指导意义。而我个人在和厉老师的接触中，感受最深，受触动最大的却是他对贫困问题和贫困地区的关心和重视。我感受到他的这种关心不是肤浅的慈善形式主义，而是发自内心的关怀；同时他也把这种关怀脚踏实地付诸行动。他一方面从学者的角度，孜孜以求解决贫困问题的制度性安排、经济理念上的创新；一方面从纯粹的个人实践出发，亲自"授人以渔"。

　　在很多次不同场合，我都听到厉老师谈起他的一个重要观念"只有将扶贫措施从'输血式'改为'造血式'，才能真正解决贫困问题。"对此我十分认同。确实单靠救济，并不能真正解决贫困问题，还需要配套解决更为根本的其他问题，如教育机会的不平等、医疗和社会保障制度的欠缺，以及农村金融体制改革等，这就要从城乡协调发展的角度出发，研究工业和农业发展的关系，在体制上为贫困地区财富产生和发展创造条件。在厉老师带领的众多经济研究课题中，贫困问题研究一直都有重要的一席之地。

　　我看到厉老师门下不少弟子也都以扶贫相关研究为己任，深受感动，我在我工作的德意志银行努力地进行了内部游说，争取到了企业社会责任公益基金支持，于2005年赞助成立了北京大学贫困地区发展研究院。厉老师欣然接受邀请担任研究院院长。在他本来可以颐养天年的年纪，却在已经很繁重的工作、研究和教学任务中又增加了一项。

北京大学贫困地区发展研究院一成立就独立或合作进行了多个扶贫研究项目，包括扶植养殖业贷款、帮助农民外出务工、支持农民在城镇创业等。北京大学光华管理学院这个平台还尝试了如何深入农村开展调研和培训，为贫困地区居民注入市场经济理念，并组织毕节地区副县长以上级别干部来光华管理学院学习；几年以来相关研究成果已结集出版了扶贫开发系列丛书。我本人也参加了相关调研，进行了贫困问题的研究，对经济转型中城乡贫困问题的结构性成因有了深刻的理解，并以全国政协委员身份，在政协大会期间呼吁全社会对此进行关注，引起国家政策机构对此重视。

厉老师希望通过北京大学贫困地区发展研究院从事中国扶贫方面的战略研究，并为中国受贫困影响最重的地区提供经济发展的策略，积极向中央提出建议，寻求支持，探讨新的改革道路，并且认为中国的扶贫经验和理论对其他发展中国家是有借鉴意义的。厉老师在扶贫研究实践中总结出"我国次发达地区的后发性优势"，"我国城乡二元结构"和"集体林权制度改革"等相关的理论研究和解决问题的对策也都有新的突破，获得了中央和地方政府的重视和采纳。

在这一思想指导下，北京大学贫困地区发展研究院于2006年5月在天津滨海新区，2008年9月在贵州毕节，分别召开了首届和第二届中国贫困地区可持续发展战略论坛。论坛一方面结合新农村政策，呼吁全社会重视新农村建设中扶贫工作的重要性和迫切性，并建议财政新增的"三农"投入，应该主要放到欠发达的乡村，同时拨出专项经费，每年为贫困农民办些实事。另一方面，建议今后中国基础设施建设投入的重点也应转向农村，构建起比较健全的城乡公共卫生和基本医疗体系、基础教育扶助体系、社会保障体系，逐步实现基本公共服务的均等化。同时也倡议东部发达地区对口帮扶西部贫困地区，开展扶贫协作。这些举措都有利于解决边远农村的绝对贫困问题。

北京大学贫困地区发展研究院多年来一直为"毕节开发扶贫生态建设试验区"提供智力支持，厉老师亲自担任中央智力支边协调小组毕节试验区专家顾问组组长。这个试验区在胡锦涛总书记 1988 年担任贵州省委书记时建立。当时毕节地区 550 万的总人口中绝对贫困人口就有 345 万；22 年间，在中央统战部、各民主党派中央和全国工商联的帮助下，通过一系列扶贫实践，毕节的贫困人口已经降至 50 万左右。更为重要的是，该地区走上了生态环保和经济发展相结合的可持续发展之路，很多经验可供其他地区借鉴。

中国经济蓬勃发展，经济实力不断上升，但扶贫工作依然面临许多待解决的难题。我作为厉老师的学生，受着厉老师的影响，扶贫问题不但从来没有被忘记，而且就我本人而言，这已经成为工作和生活中考虑很多的任务之一。

为有心怀天地宽

◐｜张金城

　　2009 年秋季刚开学，9 月 8 日（星期二）上午，北京大学光华管理学院报告厅座无虚席。光华管理学院历年是北京大学入学高考状元新生最多的一个院系，而包含这 28 位高考状元在内的来自各地的新生正在聚精会神地聆听他们开学的第一场讲座——听厉以宁老师讲诗词。

　　多年来，厉老师每年都坚持为刚入学的新生举办一场讲座，讲解中国的古典诗词，他的讲座已成为了北京大学一道亮丽的风景线。厉老师在讲座中广泛地讲解了不同时期有代表性的诗词作品，并且结合自己的亲身经历和当时的时代背景，与自己所作的相应主题的诗词进行对比欣赏，由浅入深地讲解了中国古典诗词的特点和学习古典诗词的意义。厉老师用诗词的意境，将听众带入一个广阔的历史空间，让他们细致地体会诗中意象，深入了解诗人的情感与内涵。在这样的讲座中，听众感受到的是文化，是情感，接受到的是自身心灵的洗礼。新生们在厉老师的精彩讲解中，仔细体会中国古典诗词的境界与韵味，体会中华文化的博大精深与源远流长，感受厉老师作为一名经济学家的人文情怀和诗意人生，台下不时响起热烈而持久的掌声。

　　作为厉老师的学生，那天我也聚精会神地听完了全部讲座，和大家一样为厉老师的讲座所吸引。未认识厉老师之前，我已知晓他的经济学理论和思想。而未见到厉老师之前，也已通读了厉老师发表的全部诗词作品。厉老师的诗词是他给予世人尤其是他的学生们的宝贵精神财富。

在和其它同门以及厉老师教过的学生交流时，我也发现厉老师的诗词已成为我们这些学生共同的精神食粮和指路明灯。在中央电视台经济频道《中国经济大讲堂》的一次访谈节目中，一位来自清华大学经济管理学院经硕五班的学生就由衷地感叹到：当今社会不知道厉老师是经济学家的人恐怕已经不多，但是知道厉老师还是一个真正的诗人的恐怕也不多，能写出像"桨声篙影波纹，石桥磴，蚕豆花开一路水乡春"如此意境悠远的诗句的人已经越来越少。

我的书桌案头上放着一套上下两卷的《厉以宁诗词选集》（商务印书馆2008年版），充满古典美的封面上是一幅腊梅图，上边写着"不怨春迟，独秀寒枝"的诗句。这腊梅是师母画的，这诗句是厉老师题写的，正是厉老师夫妇人生经历和丰富内心世界的写照。在闲暇时，拿过老师的诗词集，认真翻读几篇隽永的诗词，顿觉得天地广阔，对人生对社会都有了许多的体会和感悟。听了厉老师的诗词讲座，再翻开《厉以宁诗词选集》，再次读着一首首精彩的诗词，不禁使人思绪万千。

厉老师是一个性格开朗、思维敏捷之人，他以睿智乐观的博大心胸接纳生活。他很达观，对世间纷纭、人生变迁看得很是透彻，而且随着岁月的推移愈发显得淡然从容，比如从年轻时的"从来意静周边静，知否心宽道也宽"（1963年，《七绝》），到不惑之年后的"山景总须横侧看，晚晴也是艳阳天"（1978年，《七绝》）；从历经风雨后的"几度冰霜几度风，而今世事转从容"（2004年，《七绝》），到彻悟后的情怀"得道不须分早晚，有容顿悟海天宽"（2005年，《七绝》）。

厉老师的诗词里一直表现出面对生活的热情和对未来充满憧憬和信心的乐观精神，许多诗词是人生励志的佳品。1969年所作的《鹧鸪天》，"堤上路，画中词，升潮也有落潮时，江风吹尽三秋雾，笑待来年绿满枝"，表达了放眼前景，淡看潮升潮落的乐观向上的明朗心境。

《钗头凤》作于1951年，全文为："林间绕，泥泞道，深山雨后斜阳照。溪流满，竹桥短，岭横雾隔，岁寒春晚，返？返？返？　　青青草，樱桃小，渐行渐觉风光好。云烟散，峰回转，菜花十里，一川平坦，赶！赶！赶！"厉老师本人很喜欢这首词，在《北京大学名人手迹》一书中，手书了这首词。正是这首词使我懂得了人生的哲理。

在这里，我还想谈谈厉老师1951年做的《七古——初游北海公园》这首诗："水上舟，空中雁。轻舟竞渡谁领先？桨快人勤飞似箭。雁阵排成一字形，心齐互爱几曾变？治学当如竞渡舟，做人应效南归雁。"这首诗中的"治学当如竞渡舟，做人应效南归雁"，已成为我的求学和做人的方向和准则。

近年来，厉老师所带的博士后方向基本上是县域经济和扶贫事业，他也将大量的精力投入到了这两个领域之中。厉老师发起成立的北京大学贫困地区发展研究院，确立了以某一特定地区或者特定群体为对象，提出有针对性的缓解贫困的方案，以及通过数据考察既有扶贫政策的实施效果，提出改进方向，使之具有可持续效果的研究思路。1994年，他在《七绝·贵州山区》里写道："隔宿无粮实可哀，空余景色逐人来。但求遍野花齐放，不信青山不聚财"，这表明了对扶贫政策和扶贫效果的殷切期望。

我的博士后论文题目是厉老师点的题——《农村宅基地置换问题研究》，在每次向厉老师汇报研究进展和接受老师指导的时候，都能感受到厉老师对三农问题的关注，对农民生活与经济状况的关心，对农民根本利益的维护。

在厉老师诗词的感召下勤学不辍，在厉老师的指导下更加努力奋斗，在经济研究和实际工作中做出更多的贡献，这就是作为厉老师的学生和他的诗词爱好者双重身份的我的最大心愿。

理论联系实际的榜样

◐ 张 茅

厉以宁老师是我国著名的经济学家，他研究的领域广泛，涉及古今中外，他在经济学理论方面著书多部，并发表了大量文章，堪称著作等身；他培养教育了很多学生，可谓桃李满天下。他虽已年届八十，但仍活跃在教学、研究第一线，还担负了大量的社会工作，他的旺盛精力和工作热情，使很多年轻人都感到望尘莫及。

1996 年至 1999 年，我有幸在厉老师的指导下，在职攻读博士研究生。几年的学习生活，我不仅从厉老师那里学到了经济学的理论知识，更切身感受到厉老师始终紧密关注国家的改革与发展、坚持理论联系实际的好作风，使我深受教益。

在中国革命进程中，留下太多理论脱离实际、教条主义、经验主义的沉痛教训。所以，毛泽东总结中国共产党人的三大作风，第一条就是理论联系实际。中国的改革，没有先例可循，只能"摸着石头过河"，所以更注重从实践中总结经验，更需要理论联系实际。厉老师的经济理论研究之所以在改革时期产生重大影响，就是因为他抓住了现实问题，他的研究紧密联系改革实践，解决的是改革进程中的关键问题。在厉老师理论紧密结合实践作风影响下，我也把自己的研究方向结合工作的实际。当时我在北京市负责对外开放工作，首先关注的是面对改革开放的大趋势，怎样从现有条件出发，抓住历史的机遇，最大程度利用后发优势，加速现代化进程。经过反复思考，我选择了"转型发展时期现代化国际城市的理论与实证研究"作为博士论文的课题，得到了厉老师的肯定、鼓励和支持。

在厉老师的指导下，我阅读了大量与现代化国际城市的理论相关的著述和资料，搜集了大批数据，结合工作实际，展开了比较全面、深入、细致的调查研究，将北京与世界主要国际城市进行全方位细致的比较，包括经济功能、集散功能、服务设施、社会和自然环境以及城市管理水平等诸多方面，明确了北京与当代国际城市总体水平差距，认识到北京当时的国际化程度还比较低，总体水平相当于世界大城市 20 世纪 60 年代水准，要实现在 21 世纪中叶达到世界一流现代化国际城市的目标任务是相当艰巨的，据此进一步探讨了北京建设现代化国际城市的发展目标，包括总体目标和阶段性目标。经过充分研究，论文提出：培养面向现代化国际城市建设的创新与吸纳创新能力，建立适应现代化国际城市发展的城市市政管理体制与运作能力，提高面向现代化国际城市建设的城市积聚效应和资源配置能力，加强面向现代化国际城市建设的城市产业发展与扩张能力，是实现北京现代化国际城市建设的战略举措。这样的研究方法，对于我的工作很有指导意义，也是我作为厉老师的学生的一大收获，针对工作实践中遇到的问题，进行理论与实践结合的研究使我获益良多。

厉老师当时担任全国人大常委会委员、全国人大法律委员会副主任委员、财经委员会副主任委员等重要职务，工作非常繁忙，但他始终关心我的学习和论文写作，从论文的选题到主要观点的阐述，从理论准备到论证方法，从资料搜集到章节安排，他都给予亲自指导，甚至连标点符号都认真进行修改，令我十分感动。他经常是晚上约我到家里，对我进行悉心指导。他对我的指导，既有宏观的，也有微观的，往往言简意赅，具有很强的针对性。

我的论文答辩也是安排在晚上进行。记得那天是 1999 年 12 月 20 日，恰逢举国上下庆祝澳门回归，是个特殊的日子，很有纪念意义，回忆往事，那一天的情景历历在目。当时我在论文的后记中写道："在博士论文完成之际，我深深感谢在三年多的学习生活中，给予我帮助的老师和同学们，其中要特别感谢我的导师厉以宁教授，他的理论联系实际的良好作风，科学严谨的治学态度，使我深受教益。"这绝非一般的应景致谢，而是我的切身体会和肺腑之言。

厉老师具有深厚的理论底蕴，而且他的研究一直紧密围绕我国国情和改革发展出现的新问题进行，他的调研足迹遍及全国，从实行股份制、改革产权制度、转型时期问题研究、非均衡理论到大力发展民营经济和落后地区的扶贫开发，他的研究成果总是有很强的针对性和可操作性。

近年来，厉老师虽年事已高，但仍不辞辛苦到各地深入基层调查研究，特别是多次亲赴国家贫困地区贵州省毕节地区研究指导扶贫工作。每次听他讲课和同他谈话，总能听到来自现实生活中生动、鲜活的例证。作为理论大家，他的文章和谈话，总是深入浅出，结合实例，把高深的理论讲得通俗易懂。这在理论工作者中是不多见的。我想，这种始终坚持理论联系实际、站在改革开放历史潮流前面的良好作风，是来自他对祖国、对人民的热爱，对国家改革开放事业执着的追求。

我们应该以厉以宁老师为榜样，发扬理论联系实际的好作风，经常深入基层，深入实际，善于发现问题、研究问题、解决问题，把自己的工作做得更好。

"老骥伏枥，志在千里。烈士暮年，壮心不已。"在厉老师八十寿诞之际，写了上面一些体会，表达我对老师由衷的敬意、真挚的感谢和深情的祝福。

投入厉老师门下是我的幸运

张文彬

　　初闻厉老师，是在政治经济学（社会主义部分）课本的学习中。改革开放之初，对于经济体制改革路径设计的争论莫衷一是。老师旗帜鲜明地提出，所有制改革是中国经济体制改革的关键，作为微观经济主体的企业改革应先行，但在那个探索的年代里，提出这样的观点，不仅仅需要学贯中西之智，也需要心系天下之仁，更需要敢为人先、坚持真理之勇。回望历史，中国三十年的经济体制改革实践很好地印证了老师当年睿智的论断。

　　再识厉老师，则是在学校图书馆偶尔翻到一本书《当代中国经济学家学术评传——厉以宁》。我知道，老师的贡献岂止限于"厉股份"？对中国的就业问题、通胀问题、非均衡问题、可持续发展问题，乃至经济伦理问题，老师都提出了一系列真知灼见。近年来，老师又致力于民营经济发展问题、城乡一体化问题、林权改革等，在这些事关国计民生的领域为国家出谋划策，为民排忧解难。我深深感到，厉老师的过人之处在于他总能敏锐地把握住改革与发展进程中最重要的问题，提出富有前瞻性和操作性的建议。在中国经济改革与发展的道路上，依稀可见老师经世济民的人文关怀和持之以恒的探索步伐。

　　研究生期间，我经常要做课题。区域经济方面的课题，内容不免庞杂，常会涉及经济活动的方方面面。不过令我惊叹不已的是，在参考文献的搜寻过程中，追根溯源，总能找到老师相关的专著或参与编著的成果。老师在经济学领域涉猎广博，区域经济发展、高新技术产业发展、经济波动、环境经济、教育经济、企业经营等等，难以罗列。难能可贵的是，细细斟酌，这些研究都不是人云亦云，渗透着老师独到的洞察力，包含着令人信服的真知灼见。

在北京读研，终于有机会亲眼目睹老师的风采，亲耳聆听老师的讲演。记得每次讲座，偌大的讲堂总会显得有些拥挤，但所有慕名而来的听众都能安静地等待老师发言。讲台上的厉老师总能用简洁的语言将其对中国经济问题的精准把脉表达出来，他还喜欢用一些通俗易懂的小故事阐述艰深的经济学道理，引人入胜。

因为学习上的接触和课题上的合作，认识了厉老师的一些学生。饭后茶余，他们常会提及老师与师母在学习、生活、工作各方面对学生的关爱。一个高山仰止的人物，在我心目中逐渐丰满起来。

受厉老师其他学生的影响，在中国人民大学博士生后期，我就萌生了跟随老师做博士后研究的"大胆"想法。恰逢胡乃武教授担任我博士论文答辩委员会的主席，胡先生对我的论文颇为欣赏，欣然同意为我推荐。厉老师接纳了我这样一名普通的青年学生。这是一份令我激动得一宿未眠的喜悦。

通过面试后第一次见厉老师，是个周日的下午。厉老师要接受一个媒体的采访，尽管雪花漫天飞舞，但老师如约而至。离采访还有点时间，在光华管理学院新楼五层玻璃长廊里，老师示意我坐下，与我讨论博士后研究方向的选择。没有准备，我只好简单地讲述我的想法。厉老师说："课题要结合你以后想要从事的工作来做，这样才能学以致用……这样吧，关于研究方向，我给你想想，你自己也想想。"说句实话，连我自己都未曾细想以后工作的事，厉老师却想在了学生的前面。老师能如此为学生设身处地的考虑，令刚刚入门的我感动不已，一股暖流涌上心头。暖暖的话语，在窗外飘舞的雪花和厚厚的积雪的映衬下，异常地温暖……

老师的小册子

张新华

　　儿子大了，总喜欢与我探讨高深一些的经济学问题。他问我："最近在思考什么问题？"我答："今年是老师厉以宁教授八十岁生日和从教五十五周年，准备写篇文章，以表景仰和敬意！"由于与厉老师一家人交往甚多，儿子从小就对厉爷爷十分崇敬。"那主题和题目？"儿子问。"我想以老师的一本《简明西方经济学》的小册子为主题，叙述这本小册子对我们那一代大学生的影响。题目叫"一生受用无穷的小册子"。儿子说："应该叫'老师的小册子'"；我似乎眼前一亮。儿子的提醒，让我觉得这个题目更贴切和妥当。

　　老师一生著作甚丰。提起老师的这本《简明西方经济学》经典小册子，其篇幅肯定不能同老师的那些大部头著作相比。但我以为，联想到我们这一代刚刚恢复高考后跨入校门的大学生身处的时代，其厚重程度和它产生的影响，一点也不亚于一本跨时代的巨著。

　　记得一九八零年，我们这一年级首届北大经济系国民经济管理专业的新生入校时，我们同一个宿舍六个同学穿的是清一色蓝色中山装，六个人服装整齐程度就好像这些衣服是出自一个母亲之手。那是一个"拨乱反正"和"百废待兴"的年代，也是"空白"和"禁区"特多的年代。或许是禁锢了太久的缘故，这几拨历经千辛万苦、从天南地北迈进神圣殿堂的大学生的知识结构又是那么的"苍白"和"千篇一律"。而他们对于知识的渴望和"忧国忧民"之心显得既急且燥。

　　或许是由于封闭得太久；或许是因为改革传统计划经济体制这扇大门才刚刚打开，面对社会思潮中"计划"与"市场"，还有"姓社"与"姓资"的激烈争论，我们这些大学生思想上产生的更多是迷惑与彷徨……

　　这一代大学生需要重新"启蒙"，需要一次现代化知识和现代经济学思想的"启蒙"。现在看来，这场思想启蒙活动，在20世纪80年代初确实悄然无息地发生了，在一代大学生思想深处发生了。

　　第一次听厉以宁老师讲课，是在校园内一个大阶梯教室里，厉老师给我们讲《现代西方经济学概论》。现在我都无法仔细形容出这堂课给我们带来的"解渴"和震撼。课余我们认识了老师这本《简明西方经济学》的小册子。

　　我一夜没睡觉，把老师的这本小册子通读了一遍。尽管老师的书中并没有过多地涉及高深的理论，主要提供的是现代经济学分析的基本原理和基本方法。但是在我看来，老师给我们展现的是，在当时传统"主流计划经济学"之外一片思想自由翱翔的新天地。从这本经典的小册子，我知道了亚当·斯密，知道了凯恩斯，知道了熊彼特，也知道了一个更深刻的马克思……直到很多年以后，当我从自己收藏了几万册的"小图书馆"里再找出这本小册子来读时，更感受到它的沉甸甸，厚重中包含的"深刻"和"远见卓识"。我相信，我身上发生的事，肯定不是一个听了老师的课，读了老师的书后思想上发生"化学反应"的特例；应该说，我们这一代大学生是读了老师的书，才逐渐完成了现代经济思想的"启蒙"的。

　　经过十年"文革"，造就了思想文化上的断层。这种断层的存在，阻碍了现代化思想的传播。要改变，就需要上一代中有一批"有远见"者，秉持对"真理"的坚守和对"知识"的呵护；哪怕是在最困难的境况下，哪怕是住"牛棚"，坐冷板凳，也不退缩！

　　面对强权和逆境，有的人会选择顺从；也会有人甚至会选择迎合；但一定会有人选择坚守——保持对"科学"和"真理"坚韧不拔的坚守；只有这一份撼天动地坚守，才会有后来，经过了多次反复政治运动后，文化血脉的长河才不至于中断，知识的传承才得以重新延续。读了老师的这本经典小册子，我们能够看到，历史烟云飘过，老师从来没有放弃过这份对人类宝贵精神财富的坚守和呵护！

　　三十年后的一天，我们当年几个同学聚会在一起，尽管有的已官至高位；有的已学富五车；有的坐拥万贯；有的还飘洋过海。大家聊起过去在北大的岁月，不约而同说到了厉老师的这本小册子，大家有一个发自内心的感想是共同的：诚然，如果没有当年老师的这一份"启蒙"，我们在思想上是很难从北大毕业的。

第一次听厉老师讲座

张一弛

我 1983 年初秋进入北大经济系读本科。进入大学校园没有几天，就听高年级的同学们说起系里有一位厉老师，并经常引用厉老师的话跟别人讨论经济学问题和当时经济改革的政策问题，还经常听到他们说起自己的目标是毕业时考厉老师的研究生。当时我就想，什么时候我能见到这位厉老师、能听到厉老师的课就好了。由于我们一年级的课程大多是英语、党史和哲学等公共课和系里开设的政治经济学（资本主义部分）、政治经济学（帝国主义部分）和政治经济学（社会主义部分）等基础理论课，虽然来到北大一年多了也没有见到过传说中的厉老师。终于，在 1984 年 12 月的一个傍晚，老师在办公楼礼堂作公开讲座，机会终于来了。可是没有想到，生平第一次见到老师就被吓了一跳。而且准确地说，这一次并没有真正意义上见到老师，而只是看见了老师的一个背影，一个会让我牢记一生的背影。

那天晚饭以后，我和几个同学一起向位于学校西门附近的办公楼礼堂走去。老师的讲座 7 点钟开始，我们是按照提前 10 分钟到达出发的。办公楼礼堂分楼上楼下，总共有近千个座位。我们当时想礼堂这么大，我们出发这么早，一定能找到前排比较好的座位。可是，我们显然是错误地估计了形势。当我们一行人来到会场时，一下子被惊呆了——听讲座的人排队已经排到了二楼礼堂的门口外面，从前面的人头缝隙望过去，里面的每个座位上都坐上了人，邻近窗户的通道上大家或站或坐已经挤满了人，连坐席区间隔的通道上也挤满了听众。我们刚才来的路上有说有笑的，现在你看看我，我看看你，一下子都愣住了。显然，进去是不可能了，更不要说几个人一起在前排入座了。这时，由于礼堂观众席已经水泄不通了，已经开始有观众从后台上了主席台上找地方。这一颇具创新意义的举动启发了我们这些挤不进去只能在礼堂门外仰望别人后脑勺的听众。于是，我们几个同学开始各自为战，向后台入口涌去。当我随着人流赶到后台时，发现后台的地板上已经挤满了人。我费了很大的力气才在人缝中挤出一个可以下脚的地方，然后席地向下坐去，依靠身体的重力、依靠要坚决听到老师讲座的毅力，当然还要依靠我自己与邻近同学的人体的弹性，才终于拥有了一个自己的一席之地。就这样，第一次见到老师竟然是与老师"同台"。

那天老师的讲座是关于如何用股份制思想来解决当时中国经济改革中的难题之一国有企业改革问题的。26 年过去了，当年听老师讲座的笔记已经找不到了。但是，就是到今天，我依然记得老师那天讲的不少内容。老师那天围绕着股份制思想在国有企业改革中的作用讲了 10 个方面的问题，其中有很多片断现在依然清晰。比如，老师那天非常清楚地阐明了国有企业实行股份制的意义，其中包括汇聚社会资金，用于国有企业的发展，实现社会经济资源的优化配置；利用股票市场的价格信息来反映企业经营管理的质量和水平，从而为国有企业的发展提供压力和激励的问题；利用股份制的融资机制为国有企业利用外资创造条件和渠道；利用股份制来改善国有企业的高层管理人员的选拔和任命的质量，也就是今天我们所说的公司治理机制的问题等等。特别是，那天老师强调说在国有企业改革过程中，即使没有社会资金进入企业，也没有外资进入企业，企业的股份 100% 还仍然是国有的，那也要比原来的情况好，因为股份化了国有企业的管理要通过公司的董事会，并由董事会来任命和监督公司的高层管理层，这样就能解决没有人对国有企业负责的问题，达到的效果会比国有企业在行政化的环境中通过政府任命国有企业的领导的效果要好很多。今天来看，老师的这些经济思想都已经变成现实。而早在 26 年以前，当时国家和学术界关于中国经济改革思路还不明确，老师的这些深邃的经济思想对所有的观众都是一个震撼。也许正是这个原因，老师在 2009 年获得了第二届中国经济学理论创新奖。

那次讲座，老师一口气讲了两个多小时。事后跟随老师多年才发现和总结出来的老师讲课的特点其实在那次讲座中体现得就非常充分：开门见山，没有一句多余的话；主题引入，直接面对人们的困惑与知识盲区；观点鲜明，没有任何模棱两可和这样也行那样也好的"两头堵"；问题明确，全部的内容都围绕着一个中心；逻辑缜密，问题分析和阐述丝丝入扣。虽然老师那天晚上的演讲没有今天大家所熟知的"讲故事"，但是在很多时候听众还是因为老师分析的深度和视角的独特而鼓掌多次。

这次讲座已经过去这么多年了，我自己也当了很多年的老师，我花了很长时间才搞明白一个好的老师就应该像老师那样，讲自己的话，这样才能不用讲稿，才能让自己的授课充满魅力，才能真正地影响学生。

也就是在这次讲座之后，我萌发了要跟随老师读研究生的念头。1987 年春天，研究生考试成绩揭晓了。因为全国各地很多优秀的考生报考了老师的研究生，我的排名靠后。老师说，你到五道口中国人民银行总行金融研究所去读研究生吧，毕业后可以去金融机构工作，也很好。我说我不去，我已经根据录取政策申请了保留学籍，2 年后再回来跟随老师读书。当我在浙江大学工作两年后，准备回来跟着老师读研究生时，老师的学术主张和政策建议正经受着批评。一些好心人劝我说厉老师正在受批判，不要回来了。我想都没有想，义无反顾地回到了老师的身边。虽然那两年老师很少被邀请作讲座，虽然那两年老师的课堂里依然坐着热情的学生；虽然那两年老师讲得更多的是环境经济学、教育经济学与社会协调发展等内容，但是我依然从老师的课堂上，从和老师的谈话中体会着老师思想的深邃、博大、睿智；体会着老师心底那份关注民生的人文情怀；体会着 1984 年那次讲座留给我的美好记忆。

大道至简毕节情

⏺ 张 勇

我们的老师 厉以宁

2008 年，厉老师已是第五次去贵州毕节了。毕节在我的印象里是一个偏僻且落后的地方，当有幸陪同厉老师和何师母徜徉在毕节的山山水水时，我才开始明白厉老师为什么要关注三农，为什么要求我了解三农。也渐渐领会到了厉老师治学唯真、大道至简的风骨。

2008 年 9 月 19 日，作为毕节试验区 20 周年系列活动的重要组成部分，北京大学贫困地区发展研究院、中央智力支边协调小组毕节试验区专家顾问组会同中共毕节地委、毕节地区行署联合举办了第二届中国贫困地区可持续发展战略论坛。厉老师以"次发达地区的后发性优势"为题做了主旨发言。他明确地指出："计划经济体制有两个重要支柱：一是政企不分、产权不明的国有企业体制；二是城乡分割、限制城乡生产要素流动的城乡二元体制。中国前 30 年的改革焦点围绕着国有企业体制。下一个 30 年，改革城乡二元体制，已经成为结束计划经济体制、完善市场经济体制的迫切任务，也是解决当前城乡差距越来越大、解决中国经济发展后劲的必经之路。而其中关键的问题是土地问题"。

我有幸师从厉老师做应用经济学博士后研究，原本想研究自己熟悉的产业经济问题，老师没有同意，对此我还有些不太理解。听完老师的一席话，我才真正明白，老师让我研究"三农"问题和县域经济的良苦用心。原来老师早已清晰地看到了中国未来改革的重点领域和路线图，是想让我的知识结构从单纯了解企业、熟悉经贸，向了解"三农"、研究城镇化转变，从而帮助我在今后的工作中，能深刻地认识中国城镇化过程中的巨大发展机遇和存在的各种矛盾，更好地理解、切入和服务好未来经济的主战场。

21日，我们陪同老师、师母参观纳雍县董地乡冷冲村"中国3356"生态项目工程点。一下车，老师不顾颠簸疲劳，仔细地查看了林木的生长情况，详细询问了项目进展。项目负责人介绍说，"中国3356"项目由联合国世界粮食计划署无偿援助。工程以营造水土保持林为主，同时实施草场改良、坡改梯土、乡村公路修筑，是山、水、林、田、路综合治理的生态经济开发项目。通过项目实施，纳雍县森林覆盖率由7.45%上升到20.65%，全县水土流失面积减少20%以上。

厉老师目睹生态项目取得的成绩，十分高兴。告诉我："9月28日上午，将由北京大学和国家林业局主办集体林权制度改革论坛。集体林权制度改革工作对于破解'三农'问题和建设社会主义新农村，对于我国的生态环境改善和可持续发展战略，都有重要意义"。见我对林权改革知之甚少，他耐心的给我补上了一堂生动的实践课。老师娓娓道来："在20世纪70年代我们进行农田家庭承包制改革和之后的国有企业改革时，我们曾两次面临改革集体林权制度的历史机遇，但均因为各种原因而错过了，结果是我国林业生产力受到束缚，林农增收缓慢，林村发展滞后。时至今日，我们正面临改革集体林权制度的第三次历史契机，我们正可仿照农业承包制，同时又超越农业承包制，跨越式地推进集体林权制度改革，走集约化、产业化、合作化的林业发展之路，积极探索适合中国国情的林业发展模式。"

厉老师在10年前曾明确提出：农民富裕就是要走"公司＋农户"的路子，要靠"股田制"。"公司＋农户"分为三个阶段：第一阶段是订单农业，第二阶段是租地经营，第三阶段是"股田制"。从租地经营到"股田制"是一个飞跃的发展，中国农业走这样一条路就可以发展起来，农民收入就可以提高了，农村市场就启动了，整个中国的市场也就启动了。

厉老师的理论，一方面各地纷纷试点践行，一方面也处在争议中。这种"股田制"，我理解就是农地股份共有制。即在明确农村土地集体所有权、稳定农户家庭承包权、放活土地使用权的基础上，以土地承包合同为依据，以土地收益为基数，以土地使用权作股，变以人划地的集体所有为社区农户的股份共有，再经过公开竞争投包经营的一种土地制度。其内涵就是使土地使用权股份化、集约化、市场化，从而较好地促进土地所有权、使用权、经营权"三权分离"，更有效地优化配置土地资源，提高经济效益，真正使国家、集体、农户三者都找到合理定位和合法利益保障。

来毕节的时节石榴树红了。老师和师母又去了一趟"毕节宗琳小学"。这所小学是厉老师伉俪用"亚洲文化奖"奖金捐赠的希望小学，而"宗琳"两个字，则分别取自于何师母和厉老师两人的母亲名字中的一个字。厉老师是挚爱学生的，来时孩子们正在上课，厉老师没有惊动孩子们。学校校门口一户人家有棵石榴树，门前还挂着厉老师一家爱吃的一串串辣椒。因主人不在家，厉老师静静地品味和享受着毕节难得的阳光。

记得参观毕节实验区 20 周年成果展时，当毕节地委秦如培书记汇报全区马铃薯产业发展迅猛，种植面积已达 470 万亩，产值仅近 30 亿元，为农民脱贫致富做出了经济贡献时，我插话补充到："为维护马铃薯产业安全，商务部 2006 年 2 月 6 日发起了对欧盟马铃薯反倾销，有力的保护了全国 300 万户马铃薯种植户的利益，这也是中国第一起农产品反倾销案"时，厉老师又会心的笑了。淡淡地，包含着对学生工作的肯定和期许。

陪厉老师出差是一件惬意的事情，更是一件值得回味终生的事情。回京途中，何师母告诉我："毕节百里杜鹃是最美的，最值得一看的，我们去过了，你这次留点遗憾，下次再来毕节"。俨然已是一个地道的毕节人在欢迎远方的来客。毕节是常新的，毕节是迷人的，师母的叮咛常常在耳边响起，每每盼着四月份毕节的杜鹃花开了，再陪老师和师母走走、看看。

离开毕节返京途中，我特地为这次毕节行写了一首七绝，作为纪念。

七　　绝

陪厉老师、何师母去毕节纳雍

路转峰回步未停，

溪边踩石密林行。

经纶济世心难老，

毕节扶贫映晚晴。

老师厉以宁

▶ 章 铮

我 1978 年考入北京大学后，先后听过厉老师讲授的多门课程。听厉老师的课，既是享受，也是"受罪"。

说享受，一是因为厉老师多年来广泛阅读大量经济学文献，掌握了经济学诸多领域丰富的知识。20 世纪 80 年代初，外国经济学说研究会曾集全国西方经济学研究者之力，举办了国外经济学讲座，一共 60 讲。而这 60 讲中，厉老师主讲或共同主讲的我记得大约有 11 讲，超过 1/6。二是因为厉老师讲课语言简练，信息量大。同样一堂课的时间，从厉老师那里可以听到更多有用的知识。但也就因为厉老师的课信息量大，上课记笔记（当时的北大没有复印机，更没有个人电脑和电子版讲义）就成了学生最"受罪"的事。我记笔记的速度本来不快，但分辨要点的能力较强；上其他课时择要而记，倒也游刃有余。但厉老师课上讲的几乎都是定义、图形和最基本的分析，即使是举例，也是寥寥数语。记得厉老师讲解需求价格弹性中的完全无弹性，举例时就是三个字：火葬场。在我眼里，厉老师讲的基本上全是要点，都应该记。这就苦了我的右手了。一次课上下来，笔记记得手指头都僵硬了。可就这样，该记的内容还是记不全。

厉老师的课不仅给了我经济学的知识，还给了我当好老师的标准：好老师应该在同样的时间里，给学生尽可能多的有用信息。在此后从事教学的很长一段时间里，我就是这么做的。

2004 年起，中国出现了民工荒。我先从总量角度对此进行分析，发现当时中国乡村仍然存在大量剩余劳动力，农民工总体上仍然供过于求，无法解释民工荒的出现。随后，改从年龄和性别结构角度进行分析，发现在特定的年龄段（青年）、特定的性别（青年女性），农民工供不应求。由此，发展出以年龄结构—生命周期方法分析农民工就业与城市化的一套研究思路。

我"总量不通查结构"的思路来自何处呢？追根溯源，不能不回到厉老师的宏观经济学教学。厉老师在宏观经济学课程和教材中，不仅介绍了标准化的宏观经济学的内容，还以相当篇幅介绍了许多一般宏观经济学课程中不包括的内容。以总量分析与结构分析相结合为特征的库兹涅茨的与罗斯托的经济增长理论，就是其中之一。这些内容，当时我只是把它们当作经济学知识的一部分学了。但"草蛇灰线、伏线千里"，这些内容对我的研究方法产生的潜移默化的影响，在差不多 20 年以后发挥了决定性的作用。我后来向我的学生介绍这一过程时做了这样的总结：学了，也忘了，到时候下意识地用上了！

由此，我对前面提到的教学内容选择有了新认识，对厉老师的教学也有了更深的感受。厉老师当然不能预知 20 年后中国会出现民工荒，也不会预知 20 年后我会专攻农民工就业与城市化。但出版于 20 世纪 80 年代的《体制·目标·人》一书表明，厉老师对中国经济学人所面临的问题与使命有着长期的全面的思考。因而在教学中有意识地介绍那些国外同类教学未必提到、但研究中国国情时可能用得到的经济学分析工具，对厉老师来说是顺理成章的事。在厉老师主编的《西方经济学》（高等教育出版社）第三版前言中，厉老师指出："大学本科西方经济学教学的目的，是向学生提供经济学的分析工具。这些分析工具中，有一些是基本的，是任何学习西方经济学的人都需要掌握的；另外一些则是针对特定问题的，是否需要介绍取决于西方经济学教材编写者对国情（即现实经济问题所需工具）的判断。作为一个处于转型发展过程中的大国，中国所面临的经济问题有共性的一面，也有个性的一面。中国经济问题的研究者需要掌握经济学分析的基本工具，也需要掌握分析中国特有经济问题的特殊工具（例如非均衡分析）。中国经济学人编写的西方经济学教材，应该包括这些特殊工具，因而与国外同类教材在内容上是有差别的。作为一个有自身特点的大国，中国在所面临经济问题上与国外的差异会长期存在。因而也就需要中国经济学人根据中国国情，编写适合中国学生的西方经济学教材。"

　　我衷心祝厉老师健康长寿。希望 10 年后庆祝厉老师 90 寿诞时，我能从厉老师的教学中悟出更多的东西。

从听厉老师讲故事说起

◎ 赵锦勇

我考入北京大学光华管理学院读研究生后，硕士生、博士生阶段都跟随厉老师学习。

厉老师教书授课很有特点。光华管理学院的每一位学生，不论是本科生、研究生、MBA 还是 EMBA 都上过老师的课。我硕士阶段上老师的"社会主义经济理论"课程的时候，老师上课前会将本节课的纲要写在黑板上，方便大家做笔记。但事实上，老师讲课的条理是如此清晰，即使不用看板书，也能够清晰的知道老师讲课的内容。而且内容中穿插诸多现实经济社会案例和有趣而有哲理的故事，令人印象深刻。更有好学者录下老师一学期的课程，之后打印成书面稿件。惊呼竟然无半句废言；一学期授课内容结构清晰、语句流畅，基本上可以直接誊印成书。

厉老师对我们的培养非常用心。完成专业的理论学习自然不用多说，老师还带领我们一同外出调研。读万卷书，行万里路。在调研过程中，我能感受老师对我们的严厉要求。谨行慎思，多学多问便成为我们外出时常记心中的话。陪同老师外出调研使我们增加了对现实社会经济的认识，开阔了视野，提高了见识。见识了颇为多元化的中国各区域的社会经济人文状况，既防止了自己从理论到理论的空洞思考，也帮助自己明确了人生志向。

2007 年 11 月，由厉以宁老师牵头，我跟随蔡洪滨教授、龚六堂教授、杨东宁教授到云南大理州，就大理集体林权制度改革情况进行专题调研。这是我们第一次深入了解这项在崇山峻岭间默默推进的改革。通过与林农兴致盎然的交流，通过听取州领导生动翔实的成果汇报，这项改革对促进林业生产和保护，增加农民收入和财产，加速城乡一体化的宏大画面逐渐清晰起来。

2008年8月14日，我随蔡洪滨老师前往集体林权制度改革率先突破的福建省进行先期调研。调研过程中，我们走访调研了有"林改小岗村"之称的林改第一村洪田村，亲眼看到了林改对农村面貌和林业生产和保护带来的巨大变化。村委会主任赖兰亭和村支书邓文山也向我们讲述了1998年5月开始那次"分山"至今的艰难历程和辉煌成绩。林改前，林地给当地村民的回报非常有限，并且盗砍盗伐非常严重。三年时间里，近1/3的村民上山盗木，村里的林木总蓄积量少了两万立方米。从公路沿线到深山，一座座山头被砍光。有的村民甚至招募民工，发展成专业队偷伐。林改之后至今，洪田村村民都安居乐业，村四周一片苍翠茂密。不仅盗伐的人没有了，村民还自发地形成防虫、防火、防盗的协会。洪田村的案例对集体林权制度改革如何促进生产经营者积极性，如何通过完善制度的方式对生态进行保护做出了生动的注解。之后，我们走访了林业产权交易所。这里是进行林业生产活动手续的办理点，更为重要的是一个林地使用权和林木所有权和使用权交易的正式市场，是实现林业由资源向资本转变的重要环节。之后我们走访了永林竹业，考察了生产主体在集体林权制度改革之后所受到的影响。省林业厅的兰思仁副厅长全程陪同，汇报了福建省自下而上进行改革的艰难过程以及所取得的成绩。

先期调研让我回忆起老师之前与贾治邦局长座谈时对集体林权制度改革的观点。老师真是洞若观火！在现实调研中，我们都能观察到厉老师评述的林改意义和改革需要注意的原则在具体改革现实中的对应。这些都令我们不禁感叹厉以宁老师对中国改革进程的持久关注、敏锐触觉和深刻洞察。

回顾这几年，我们课题组先后完成了《中国集体林权制度改革》、《集体林权制度改革的公共财政问题》、《集体林权制度改革促进农村劳动力就业》三份调研报告。参与这些社会政策项目繁琐而劳累，但令我收获很多，更加真切地了解经济的运行和政策的实施。在这些方面，厉老师给我树立了一个光辉的榜样。

如歌岁月，历史永铭

◎ 赵旻

我们的老师 厉以宁

1994 年夏至 1996 年底，我在北大师从厉老师从事经济学博士后研究工作。这是我人生受教育历程的最后一个阶段。现在回想起来，那真是一段如歌的岁月，至今难忘。

近年来，管理或经济学界几乎没有不知道北京大学光华管理学院的。但在 16 年前，大多并不知道这是怎么回事，时有人问，北大光华管理学院是不是不在北京大学里面，是不是挂北大牌子的民办学院。实际上，光华管理学院成立于 1994 年 9 月 18 日，其前身是北大工商管理学院，而工商管理学院成立于 1993 年 12 月 18 日，其基础则是分别于 1985 年建立起来的北京大学经济管理系和管理科学研究中心。也就是说，工商管理学院实际运行不到一年，就更名为光华管理学院了。发展变动如此之快，难免外界多猜疑。

工商管理学院成立时，只有教师 32 人，厉老师担任院长。学院的办公条件就是北京大学法学楼第四层，每个教研室一个小房间，每位教员一把折椅，办公桌只能共用。我所在的营销系还没有办公室。开会时，大家临时找个地方围坐在一起。尽管条件很差，大家紧密地团结在厉老师的周围，对未来充满希望。

1994 年初，香港光华教育基金会总干事尹衍樑博士通过有关方面与北京大学厉老师取得联系，探讨支持管理学院办学的事宜。对此，厉老师当即表示可以深入商讨。1994 年 3 月底，尹衍樑先生率台湾大学和台湾政治大学二十余名教授来访，用两天时间与工商管理学院各学科的老师对口商谈，对利用两岸的优势互补创办高水平商学院一事就此形成共识。

尹衍樑先生是台湾企业家，曾获得台湾政治大学管理学博士。在国内兴办一所国际一流水准的工商管理学院一直是他的心愿。他认为，北京大学是全中国最好的高等学校之一，拥有最优秀的一流学生，如果再增加一些投入并加强国际联系，一定能够培养出高质量的管理人才。

经过反复磋商，并报请当时的国家教育委员会批准，1994 年 9 月 18 日，北京大学校长吴树青与尹衍樑先生签署了北京大学与光华教育基金会合作办学协议，原北大工商管理学院更名为北京大学光华管理学院。厉老师以一首《太常引》记述了当时与尹衍樑先生讨论筹建北大光华管理学院的心境："一心兴学悄然来，细语抒胸怀。忽见笑容开，意何在教人费猜。　红楼旧影，未名新曲，桃李满园栽。携手育英才，岂不是悠哉快哉！"

学院成立了董事会，尹衍樑先生任董事长，厉老师任董事并出任光华管理学院院长。在光华教育基金会的支持下，学院对外学术交流合作、海外人才引进、图书资料、计算机网络与教学软件等各方面的建设和发展步伐明显加快。光华管理学院建筑面积 11400 平方米的教学科研大楼也于 1995 年 11 月破土动工。此外，光华教育基金会还出资建设学生宿舍楼，并为教师提供住房补贴。

在厉老师制订的"团结、博采、实践、创新"光华管理学院院训的指导下，到 1996 年，学院下设经济管理、企业管理、财务学、会计学、市场营销、管理科学与管理信息系统六个系。学生包括大学本科、硕士和博士研究生等多个层次，其中，全日制大学本科生 508 人，硕士研究生 315 人，博士研究生 30 人，还有其他研究生层次的在职人员培训。博士后流动站有 3 名研究人员；工商管理硕士（MBA）46 名新生于 1994 年秋入校。

16 年后的今天，北大光华管理学院已经成为我国高等管理人才培养的重要基地，已是桃李满天下。2005 年，75 岁高龄的厉老师辞去了院长职务。

在我人生受教育历程的最后一个阶段，能够成为厉老师的学生，是我一生中的荣幸。为表达我的心情，我特地填了一首《减字花木兰》，以庆祝厉老师八十寿辰暨从教五十五周年：

减字木兰花

春秋易逝，
短暂人生何所寄？
岁月如歌，
往事当年话题多。

听君教诲，
矢志终身从不悔，
永记师恩，
试赋新词留后人。

智者·仁者·勇者

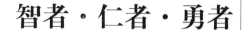 赵世洪

　　我深感，大学四年能受教先生修习经济学，是我人生之一大幸事。先生学术深厚、审世清醒、处事豁达，洒脱而内敛，清高而重情，爱国、爱民、爱家人、爱学生。我亦深感，随先生修习四年时间太短，是我人生之一大憾事。以至后来步入政坛，辗转于各地，遇工作困惑，我也常常驱前请教，聆听先生指点迷津。

　　相识三十年，先生对我之影响既涉及知识、思想，又涉及待人、处事。但影响我最深的还是先生一身清高之气。无论担任什么职务，我都决心传承这种清高之气。清就是清廉清静，不私相授受搞腐败，少拉拉扯扯搞关系。高就是理想使命，天下兴亡匹夫有责，先天下忧而后天下乐。虽一日不敢忘先生教诲，学以致用、学用相长，一己为小、家国为大，为官一任、造福一方，但先生作为我的人生航标，却又远非我所能及。孔子认为人格修养有三个重点，"知者不惑，仁者不忧，勇者不惧。"先生都做到了。

　　智者不惑。先生曾说自己是传统经济模式和传统社会主义政治经济学的背离者，此背离实为一种大智。在任何社会科学领域的任何一个发展阶段都会存在一种主流思想，随着社会的发展，原先的主流思想就会过时，需要被另一种主流思想所替代，这样才能适应社会进步的需要。但学术界任何一种主流思想地位的动摇和退出，都不是一个轻易的过程，

唯大智者方能不为"主流"所惑，解开思想禁锢，树立新的思想体系，推开通往新路之门。

仁者不忧。在普通人的世界里，自己都是最大的，但是一个人的胸怀越大自己就越小，当一个人的胸怀无限大时就达到忘我、无忧的境界，与自己相关的世事就变得不值一提。"宠辱不惊，闲看庭前花开花落；去留无意，漫随天外云卷云舒。"这种境界是古今多少人所追求的，可非仁者不能达也。先生一生几逢低谷，磨难亦多，一路走来。我却从未感觉先生身上有任何消沉沮丧之气，只感觉先生的开朗阳光。即使偶谈往事艰辛，先生也是一句带过，或轻松调侃。我想，这便是大师的境界，所有的如意不如意都化为如烟往事，而不是挂在心里。

勇者不惧。作为思想的先行者必然多遭谤议，作为改革的推动者必然首当其冲。先生是勇者，不为己、不唯事、不畏权；只为民、只唯实、只畏理。先生虽生于南京，却有着燕赵侠士的勇毅洒脱，有着苍松翠柏的遒劲刚直。在阻挠面前从未有过犹疑，在谤议面前从未有过退缩。或许，这种无所畏惧正来源于先生对真理的执着追求。

今年恰逢先生八十寿诞。人常言，"仁者寿"。愿我师松鹤长春、日月昌明，耄耋重新、欢乐远长。随笔而书，有感而发，只叹不能书及先生风采之一二，以一阕临江仙聊为弥补。

临江仙·以宁先生

济世经纶谋大计，
毕生构筑蓝图。
峰回路转是通途。
初衷从未改，
笑饮对残壶。

宽爱重情修自我，

悠然心底平湖。

推窗极目看云舒。

老来思更远，

挥笔又成书。

春风化雨，点滴育人

◐ 赵颖坤

　　第一次与厉老师面对面，是十年前一个冬日的下午。寒风凛冽，我从北大校园骑车去厉老师在中关园的住所，进门之后，眼前的一切令我难以置信：我不相信这么一位著名的教授、一位对中国经济发展和改革事业做出巨大贡献的学者，竟然住在如此狭小的一间斗室内！70 平米的小三居室内，所有可以利用的空间都被书籍和资料占满了，书房里更是无从下脚，厉老师把我让进去之后，颇感为难，因为实在没有可以落座的地方，最后只得把一摞书当作临时的座位。不过，居住条件的简陋似乎并没有影响厉老师的心情，老师的态度也没有因为访客的懵懂而变得冷淡，相反，那次谈话自始至终都充满暖暖的春意。我本以为像厉老师这么著名的学者，时间非常宝贵，一定不会花太多时间来和自己谈话，谁知厉老师却非常耐心地听我谈个人情况，谈我当时在学的专业，也对我讲了很多经济学的见解和理念。临别之际，厉老师拿出刚出版的学术专著和诗集，郑重地签上名字，送给我收藏，对于喜欢经济学和文学且对厉老师十分仰慕的我来说，真可称得上喜出望外。告辞出门，我的心里感慨万千，心想：如果有一天能成为厉老师的学生，能够聆听他更多的教诲，那该多好啊！

　　几年以后，我如愿成为厉老师的博士后，眼中的老师依然那么循循善诱、平易近人。还记得有一天下午，我陪一位老师去看望厉老师，因为相谈甚欢，不知不觉到了晚饭的时间，厉老师非要留我们吃饭，我们考虑到老师已陪了一下午，肯定相当疲劳，不忍继续打扰，但苦辞不得，只好听厉老师安排。然而令我们意外的是，居然是厉老师、何老师两人亲自下厨！看到老师腰系围裙在厨房里忙碌的身影，怎么也难和享誉海内外的经济学家联系起来。不一会儿，厉老师端着饭菜出来，脸上带着孩子般的得意，说要跟我们透露一个小秘密，原来厉老师下厨是何老师叮嘱的，常年如此，为了调剂一下心情，作为看书写作之余的休息。在那一瞬间，我们强烈地感到，事业的成功并没有使厉老师与何师母脱离普通人的生活，就像经济学的斐然成就并没有改变厉老师对古典诗词的爱好一样，他们的日子过得普通、悠长但却不乏诗意。这样的境界，我们几时才能达到？那天的晚餐很简单，一笼包子、几碗馄饨、两碟小菜，我们却吃得很香甜，边吃边听厉老师谈学术、谈形势、也谈谈我们的生活和趣事。这样的餐叙是如此愉悦，以至于恍惚中我有一种错觉，感觉自己回到了家里，正在和家人亲密无间地谈天说地……多年以后，回想起当时的情景，仍然倍感温馨、徜徉不已。

厉老师坚持过普通人的生活，也关心普通人的生活。每次出外考察，对当地的安排，厉老师从不挑剔，还常常替对方着想，尽量不给地方添麻烦，对于司机等服务人员也颇为关照；老师主持贵州毕节试验区的课题，当地老乡感念给他们生活带来的改观，千里迢迢送来几斤腊肉，一贯反对送礼收礼的厉老师却破例郑重收下，并亲自陪老乡们吃上一顿丰盛的晚餐。后来老师说，那是因为这代表了老乡们的情谊，感动之余，他不能不收……总之，在普通人和学生眼里。厉老师永远是那么和蔼、那么亲切，似乎永远不会发脾气。

当然，厉老师并不总是没有脾气。曾经听厉伟学长讲过一个小插曲，说有一次他因为有急事而没有及时关闭水龙头，结果被厉老师严肃批评，并且强调"这不是钱的问题"。说者无心、听者有意，在厉老师和他家人看来微不足道的一件小事，却让我们有了别样的感动：今天我们常常看到或听到对学者道德和学术良心的讨论，我想，除了那些形诸文字、振聋发聩的思想和言论外，从这些生活中看似不起眼的小事中，我们是否也能窥见一位学者的境界和情怀？

　　大概北大人都知道，和其他讲座不同，听厉老师的讲座是需要提前几个小时去占座的，否则即便按时到场，往往也落得个"不得其门而入"的结果，因为听讲座的人会一直排到门外！由此可以想见，厉老师有着何其重要的学术影响和巨大的人格魅力。可是谁又知道，这样一位德高望重、名满神州的著名学者，生活竟是如此简单、清新而又充满诗意的生活呢？海德格尔说"人，诗意地栖居"，厉老师的人生又何尝不是一首回味无穷的长诗？在这个喜庆而值得纪念的日子里，我们衷心希望这首长诗永远谱写下去，并且越写越辉煌、越写越隽永。

自律从严心始安

▷ 赵云安

1993 年，我国民营企业刚刚处于萌芽和发展的初期，厉老师在乘船往普陀山的途中，听到邻座几位民营企业家在谈为什么去进香的问题，有感而填了下面这首词：

鹧鸪天

游浙江定海普陀山，船中闻邻座几位民营企业家闲谈有感

大道尽头小道弯，
游人许愿到仙山。
乐施好善修功德，
自律从严心始安。

生命短，海天宽，
隔厢妙语可通禅。
若无信仰为支柱，
名利场中行路难。

我师从厉老师获得博士学位后，投身于企业界。每当读起这首词，我就会想到厉老师对民营经济发展倾注的大量心血，意识到企业工作者的社会责任。

厉老师深刻认识到：我国应从计划经济转向市场经济体制，体制转

轨是促进中国经济发展和实现现代化的必经之路。要使中国的市场经济得到充分发展，就一定要大力发展民营经济。民营经济是同社会主义市场经济相适应的。民营企业机制灵活，在市场经济中能够充分发挥潜力和积极性，使社会资源得到充分利用。发展民营经济是发展社会主义市场经济的需要，也是中国实现现代化的需要。早在20世纪80年代，厉老师就开始研究民营经济和民营企业。1989年1月20日，应香港经济协会、香港学者协会、香港国际科技工商管理交流中心的要求，厉老师在香港浸会学院作了题为《私营经济的发展与私有化问题》的学术报告。[①] 当时，厉老师就断定"中国必定会出现一批私营企业的企业家"。今天，回顾经济改革与发展的历程，中国的民营企业和民营企业家正在不断发展中。

在民营经济发展遇到困难的时候，厉老师为民营企业的发展进行了大量调查研究，推动了"非公经济36条"的出台，并发起成立了北京大学民营经济研究院，在对原有经济理论传承与借鉴的基础上，完善民营经济的发展理论，为民营企业的成长注入蓬勃的生机，引导和帮助民营企业进行体制创新、机制创新和管理创新，不断增强民营经济的市场竞争能力。

与此同时，厉老师非常注重民营企业的社会责任和民营企业家的自律与成长。民营企业的社会责任是一个越来越引起社会各界和企业自身关注的重要问题。厉老师提出，仅仅从"经济人"的假设来分析企业的社会责任是不够深入和全面的，超越单纯的经济利益，从"社会人"的角度来履行社会责任，才能更加反映出"以人为本"的思想。民营企业要诚信守法，履行最基本的社会责任。诚信是市场经济的基本准则，民营企业要树立"诚则信，信则兴"的经营理念，信誉至上，合法经营，以质量作为企业发展的立足点，为社会提供优质的产品和服务，承担最

---

① 该文刊载于厉以宁：《中国经济往何处去?》，香港商务印书馆，1989年版，第85-99页。

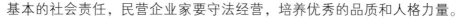

基本的社会责任，民营企业家要守法经营，培养优秀的品质和人格力量。

同时，民营企业家要树立正确的财富观和事业观，促进社会和谐发展。企业家要有崇高的信仰和追求，应当懂得任何个人的幸福都依存于周围人的幸福，只有全社会增加了幸福，自己的幸福才能真正增加。厉老师常说，"假定缺少精神力量，没有基本的伦理观念作为行为目标理性化的内核，社会的持续进步将是不可能的"。民营企业家要通过创造财富，推动社会共同财富的增加，同时要担负起为社会公众谋利益，扶助社会弱势群体的社会责任。通过在企业构建良性捐赠方案，兼顾企业经济收益和社会效应的行为方式，以可持续的眼光去实践慈善和捐赠行为，最终在这一过程中，成为民营企业家崇尚信仰的自觉行动。

"若无信仰为支柱，名利场中行路难"，厉老师告诫民营企业和民营企业家：要守法、要自信、要自律。

在跟随厉老师学习的过程中，我们每个人感受着老师的严谨和自律。"自律从严心始安"，在创办企业和经营企业的过程中，时常想起这首诗词，愿它成为所有企业经营者的座右铭。

高山仰止，群峰灿烂

▶ 周松波

我们的老师 厉以宁

回忆 1989 年，当时西方媒体正对中国"事件"进行非常片面的报导，我作为一个有中国血统的德籍华人，感到内心压力极大，深深地激起我的民族感情，此时我感到自己身上，肩负着某种神圣的使命：应让世界更全面更客观地了解中国，自己应为中国与德国的经济文化交流做一些事情。为了追求此志向，我毅然放弃了美国一流大学提供的奖学金，只身回到中国，踏进了我十分陌生的北京大学经济学院。现在回想起来，这是我人生中，一次多么值得铭记，而又幸运的选择！

我与厉老师的师生之缘，就是从此开始的。

1990 年，当时我面临选择自己的博士生导师时，学院领导出于对我这个留学生的特殊照顾，推荐我选择厉以宁或肖灼基作我的博士生导师。于是我决定去厉老师家拜访。

那是一个秋天的周末下午。当我依约来到北京大学东门外中关园内一栋旧楼房的时候，我真的怀疑自己是不是走错了地方？当房门被拉开的时候，一位严肃的老者和蔼地出现在我面前，微笑着请我进了房间。那一刻，我简直不敢相信自己的眼睛，难道这就是大名鼎鼎的厉教授的住所？现实告诉我，没错，这就是厉教授的家。

在厉老师狭窄又昏暗的书房里，他很耐心地听我介绍自己的经历与学习研究的兴趣。但厉教授怎么不象其他教授那样直接表达出可以接收我这位外籍留学生呀！厉老师只是说了一句：多读些中国古代经典作品，

可以使基础更巩固些。

当年，由于我对祖国古老文化的崇高敬仰，最后我选择了跟赵靖教授学习研究"中国古代经济思想史"，作为第一步。从此，我正式融入北大的校园生活，开始夜以继日地跟赵教授深入钻研中国古代经济思想方面的理论。同时也认真地学习厉老师的著作，逐渐对中国经济现实加深了理解，从而对厉老师越来越敬重！厉老师身居陋室，甘心坐冷板凳，心无旁骛专心致志地从事国家经济社会亟需的学术研究，并取得了如此了不起的成就，令我难以想象。古人曰："山不在高，有仙则灵；水不在深，有龙则灵。"我相信这句话反映了北大的现状、厉老师的现状。

我认为自己是一位非常幸运的北大学子，开始，我从一个商界新手渐渐成为一位商海中稍有所成的经营者，我领导的公司从几个人，发展到数千人，从白手起家到发展到拥有数亿资产的企业；从一个在北京举目无亲的异乡学子到中外媒体津津乐道的国际文化使者。而且有幸经常出席中—德双方政府高层互访活动。我曾在德国大学讲授"孙子兵法管理"，倍受尊敬。这一切已经让我感到十分知足了。但我仍然有一个遗憾：没有成为厉以宁老师的真正的学生。2006 年秋天，厉老师很疼快地答应我做他的博士后研究生，并亲自确定了我的研究课题："中国与西欧企业文化比较研究"。当时，我感到无比的幸福。

厉先生高不可攀的学术成就，如高山仰止，自然无须多说。他性格十分直爽，从不拐弯抹角。他非常珍惜时间。比如，哪位学生希望见他先约好谈什么，如没有实际性问题需解决，他不让你费时费力登门。

2006 年，北京青年企业家协会请他和我做报告，散会后记者围着欲采访他，全被他婉拒了。他总想利用人生有限的时间，去研究有益于民富国强的学术研究。

在我印象中，厉老师有超群的记忆力。第一次见面，我汉语表达不流利。以后每次见他时，厉先生总是先提及此事，当我汉语口语变得流畅时，他会当人面夸我有进步。第一次见面时，厉先生知道我对孙子兵法很感兴趣，并注意收藏研究了许多版本。2003 年，他为我的著作《商战新论》写序言时，还提到十几年前我俩第一次会面时，我对孙子兵法感兴趣的细节。

厉老师是具有前瞻性的经济学家。1991 年，他就要求自己的博士生，将环保经济和社会就业作为研究课题。20 年后，这些已经成为社会和政府需要解决的两大热题。这足以证明厉老师有令人折服的惊人预见力。

▶ 2010 年于重庆北碚

▶ 2010 年于深圳

▶ 2010 年于北京大学光华管理学院

▶ 2010 年于北京海淀区蓝旗营住宅小区

▶ 2010 年于北京大学光华管理学院

▶ 2010 年于深圳

▶ 2010 年于北京

▶ 厉老师、何老师近影（2010 年 6 月 11 日于日本东京）

一点感悟

 周小全

　　对厉老师一直仰慕，幸而最近成了厉老师的博士后，终于圆了近二十年来想拜师门下的夙愿。

　　最初了解厉老师，是来自于对金融基础理论的研读。大学时候我读的是工科，但对经济学有着浓厚的兴趣，在大学二年级的时候，我第一次了解了厉老师：厉老师是我国最早探求股份制改革的学者。1992年秋天刚开学的时候，媒体上报道了以厉以宁为组长的《证券法》起草小组开始了中国资本市场法制化的破冰之旅。在那个年代，大家对证券行业知之甚少，更不用说证券行业的法律规范，能道出其中缘由的则更是凤毛麟角。但这个起步日后对中国资本市场乃至宏观经济的发展，起到了不可磨灭的作用。厉老师当时就前瞻地指出，企业在市场化程度较弱的情况下发行股票，具有一定的风险。作为国内最早提出企业股份制经营的学者，厉老师在1992年春天股市过热的时候，提出"要吹点冷静之风"，指出股份制企业股票的公开发行与上市必须经过一定的审批手续，并应符合规定的条件，这不仅可以防止不规范的企业包装上市，也有利于这个市场的规范和完善。随后，我专门拜读了厉老师的《股份制与现代市场经济》，书中对股份制的深刻阐述，对现代市场经济的系统分析，令我着迷，至今难忘。

　　也正是受此影响，我攻读硕士研究生时改学经济学，主攻产业经济学方向。此后，我才慢慢发现，厉老师不仅是媒体所报道的"股份制研究的专门学者"。厉老师对企业股份制改造和证券市场集中管理的观点，只是他厚重的经济学理论在资本市场的一个折射。我开始系统地学习厉老师有关经济学理论的各类评述与论著，包括 1979 年出版的《论加尔布雷思的制度经济学说》。该书是改革开放前夕所作，但书中的创造性观点和建议，虽历经改革开放 30 多年，仍有很强的针对性和指导性。但当时我因学识水平有限，对厉老师的学术思想只是有所感受，梦想有一天能够得到老师的亲传身教。自此以后，我就非常关注厉老师所提出的各种观点，不断整理厉老师学术思想的逻辑关系，并按照这些理论逻辑，陆续在《投资研究》、《金融时报》等刊物上发表了一些小文章，尝试着分析中国的经济问题。应该说，正是厉老师学术思想的影响使我逐渐进入中国金融和资本市场研究领域的。厉老师的这些学术思想和我学习的感悟，一直支撑我随后继续攻读博士学位，并指导我在国有商业银行和金融监管部门的实际工作。在此期间，每年聆听厉老师在光华新年论坛上的讲座成了我的精神食粮。

我在财政部科研所从事第一个博士后研究时，选择了资本市场效率问题。厉老师很早就提出了效率与公平协调、三次调节等理论，认为市场经济条件下的收入分配应包括三次分配，第一次是由市场按照效率原则进行的分配，第二次是由政府按照兼顾公平和效率、侧重公平原则，通过税收、社会保障支出等进行的再分配，第三次是在道德力量的作用下，通过个人自愿捐赠而进行的分配。厉老师提出，发展经济就要同时抓好效率的两个基础，即效率的物质技术基础和效率的道德基础，仅仅有效率的物质技术基础，只能常规性地发展经济，而有了效率的道德基础，就能够超常规地发展。受厉老师效率理论的启发，我在导师贾康所长的指导下构建了研究资本市场效率的一般理论体系，并对中国资本市场效率进行了实证分析，形成了博士后报告《资本市场效率论——一般理论分析与中国实证研究》。

去年初，我从国家金融监管部门调到地方经济部门工作，更深刻理解了厉老师一直重点关注的城乡二元体制改革问题的重要性。厉老师很早就提出，改革城乡二元体制，让农民和城市居民一样享有同等的权利、拥有同等的机会，统筹城乡经济发展，将成为破解"三农"问题的关键环节，要在承包土地的使用权流转、宅基地的置换、城市户口政策的开放、农村金融的活跃等方面加大改革的力度。最近，厉老师经过广泛的考察调研后提出，在"单向的城乡一体化"推进到一定程度后，就应着手"双向城乡一体化"。厉老师指出，到目前为止我国的城乡一体化基本还是单向的，即农村人口进城居住、生活和就业。其实，随着城镇化的推进，城乡一体化可以是双向的，即不仅农村人口进城，城市人口也可以到农村、山区生活、工作和投资。单向的城乡一体化，主要是促进传统服务业发展；双向的城乡一体化不仅能够促进传统服务业发展，而且对包括金融、保险、法律、会计、咨询等现代服务业的发展也会起到推动作用。更有历史意义的事情是，如果农民可以根据政策凭借农村住房产权证进行出让或申请抵押贷款，就能够"带资进城"，既便于自己打工，又可以在城里创业。

"城乡统筹、双向互动"——厉老师这些学术思想，都来自第一手材料，这是我们这些青年学子必须学到的。所以，我希望能以河南这个人口大省和农业大省为样本来研究城乡二元体制改革问题。现在，成了老师的弟子，我是幸运的，我相信自己一定能在这个课题的研究中取得新的成绩。

陪老师、师母在云南大理考察

我
们
的
老
师

厉
以
宁

2007 年 7 月 18 日，厉老师、何老师、随行的鲍寿柏师兄中午抵大理。下午厉老师给大理州 12 个县市的干部作了题为《管理理念的更新》的报告。当天下榻在洱海湖滨一家名为"逸龙滨海"的酒店。晚宴结束后，我们四人沿着湖滨散步，和风带着新鲜草叶的气息扑面而来，感觉到嘴里甜丝丝的。时近黄昏，金色的阳光仍然使得湖面波光粼粼，浮光跃金。不一会儿，马尾状的晚霞映红了天边。当落霞褪尽，月亮起来了。是从湖对面那边升起来的，大而圆的月亮泛着银光，跳跃着越过湖边的柳树，再越过渔船上的风帆，渐次升至顶上。其时，一轮皓月当空，给远处黛色的点苍山镶上了一道银白色的边。远远看去，那山的半腰还悠悠的飘渺着如烟如沙的薄雾。抬头往上看，皓月莹洁如玉，月上隐隐的似乎也有峰峦陡峭。这时，何老师说："快看湖面！"此时的湖面竟是水光接天，万顷一色。明晃晃的月亮犹如一面巨大的玉镜，在清澈的湖水中随波晃动，好似天海各有一轮明月。何老师一边连连按动相机的快门，一边说："真是动静相宜啊！"厉老师接过话头说："唐代诗人徐凝赞叹扬州月亮之美，有诗句说：'天下三分明月夜，二分无奈是扬州'。看来这洱海的月也不逊色啊！因而有银苍玉洱的说法呢。"

厉老师即兴吟就七绝《大理洱海》：

平湖春色月生辉，薄雾素云岭上飞。

莫让孤光随水去，小船风送尚能追。

晚上，何老师拍了拍厉老师的手说："早点睡吧，明天还要爬鸡足山呢。"于是老师说："我给你们讲个故事。据佛教经籍记载，一天佛祖释迦牟尼在灵山上给信徒说法，佛祖端坐莲台之上，以手拈花，笑而不语。众信徒皆默然不语。唯有大弟子迦叶会心微微一笑，佛祖洞悉在心，知道迦叶已领悟了他拈花的深意，于是将正法眼藏和金镂袈裟传于迦叶。并嘱他到某山开设道场，静心等候未来佛弥勒的降生。嗯！你们知道吗？那座山就是明天要去的鸡足山呢。"

我们在晨曦中出发，两个小时的车程到了鸡足山。

鸡足山方圆200余里，跨大理州四县，植被茂密，沟幽谷深。有险峻山峰50余座，主峰天柱峰海拔3248米。鸡足山因山形前列三峰，后拖一岭，像鸡足三爪一趾而得名，为佛教界五大名山之一。正如厉老师所说，是释迦牟尼的大弟子，禅宗始祖迦叶的道场。

鸡足山自唐代开始建寺，明代鼎盛时有大小寺庵百余座，僧人多达5000余人。当年大旅行家徐霞客曾驻留山上数月，他撰修的《鸡足山志》有"寺林掩映，高僧倍出，香客不绝"等记载。清朝末年鸡足山逐渐败落，今天尚存的30余座寺庙，好些还是近年修复的。

鸡足山亦是藏传佛教的著名道场，每到农历鸡年，云南和西藏、四川、青海、甘肃等地的藏族信众成群结队，络绎不绝的到鸡足山朝拜，把个山道堵得满满当当。

我们首先游览了山脚下的祝圣寺。掩映在松柏翠竹中的祝圣寺为中国佛教协会首任名誉会长虚云大师于光绪三十年（1904年）所建。世寿120岁的虚云大师原籍湖南湘乡，道光二十年（1840年）生于福建泉州，1959年圆寂于江西云居山。

出得祝圣寺，我们便来到了上山的马道入口，从这里沿石砌马道在原始森林中上行一个多小时到达索道车站，乘半个多小时缆车再步行半个小时便可及顶。

正要上马，只听有人大声说："哎呀，这不是著名经济学家厉以宁先生吗?"一下子围上来大群游客，听口音是来自好些省区的，都想利用这难得的机会和老师夫妇合影留念。陪同的宾川县政府领导担心耽误时间，赶紧挡驾。这时，何老师说话了："没关系的，就当是休息吧"。并和善热情地招呼游客。一打听，这些游客来自好几个旅游团，有多家企业组织的高级管理人员考察团、还有来自多所高校的教育观光团等。一位来自新加坡高校的教师对我说："老师真是大家风范啊，你们当学生的，能够耳濡目染，耳提面命，真是幸运啊。"

拍照结束，我们骑马上山了，路旁几人才能合抱的古树一棵接一棵，自然倒下的巨树浑身长满了青苔，细小清亮的山泉在原木凿成的水槽中欢快地流淌，一种被当地称为烧香雀的小鸟的叫声宛若"洗洗手烧香、冼冼手烧香。"这鸟儿的鸣唱伴随着马蹄声声在幽静的林中格外清脆悦耳，各种野花在这密林的间隙中竟也是色彩浓烈，炫烂绽放。

我们从上行的缆车内往下看，眩目的蓝天下满野皆绿，点缀在这片绿意中的是座座寺庙黄色的琉璃瓦，瓦面在阳光的折射下发出线状的光芒，分外耀眼。

本是阳光明媚的天气，骤然间狂风大作，电闪雷鸣，倾盆暴雨呼啸而下，雨柱击打在大厅混凝土屋面上，发出铿锵金石之声。室外参天大树大幅摆动，甩下落叶满地。稍顷。风走，雨歇，雾起。团团浓雾蒸腾着，翻滚着弥漫了整个视野。我们在当地同志的带引下摸索着拾级而上，我正努力把思绪从刚才的惊诧中收回来，就听见何老师一边提醒厉老师小心踩稳石阶，一边感叹道："哎！也许这鸡足山就该是如此的气势磅礴吧。"话音刚落，倏忽间眼前豁然开朗，雾气翻转着往下消退。一蔚如洗的苍穹下，巍峨的金顶寺和白得耀眼的楞严塔一下子露了出来。

金顶寺系明朝云南巡抚陈用宾于万历三十年（1602 年）建造，寺内的铜铸金殿是黔国公沐天波于崇祯十年（1637 年）由昆明鸣凤山移来。殿高 6.5 米，原物已在文革期间被造反派砸碎了，眼前的这座是近年重铸的，据说光贴金就用了黄金十余公斤，实实在在的是金碧辉煌。

我们从金殿来到了白色的楞严塔下，这座正方形密檐空心砖塔是时任云南省主席龙云出资于 1932 年建造。塔高 42 米，雄踞天柱峰顶，一览众山小。抗战时期成为"驼峰航线"的航标。

一阵微风吹来，塔檐的铜铃叮当作响，似在向人们诉说着过去的那些往事。

厉老师驻足察看塔身嵌刻的龙云手书"法相庄严"四个楷体大字。老师说："云南王龙云一手好书法呢。你们看这几个字，雄劲刚健、深沉有力，可见其笔力不浅啊！"

我们跟着厉老师沿着塔内的木梯，登上了塔腰突出部位的观景平台。从这里凭栏远眺，将如烟的云霞、银光粲溢的洱海、屏峰绵绵的点苍山以及同锁金沙江虎跳峡的哈巴、玉龙二雪山尽收眼底。"风光这边独好，今天鸡足山是来对了。"厉老师高兴地说。

回到酒店，厉老师即忙着铺纸架笔，原来是何老师要将今天的新鲜感受画下来。我一边研墨，一边请何老师讲讲绘画要决。何老师说："简单的说吧，其实诗、画同源，意在笔先，一幅绝妙的中国画，往往用视觉的物像来表达，传递人文伦理的抽象意义，由对自然的感悟而蕴成画面，这就是远山、近水、竹枝、柳叶、危岩、雏鸟……，略加得当雕琢便能曦然生辉的道理，也就是所谓的审美意境。观点、学养、情趣、风格，都在这里边了，通古之变，成一家之言，中国画的魅力便在于此，其实摄影的取景、构图，甚至人生的境界，可以说都是同样的道理呀。"说完，何老师洗笔着墨，开始作画了。

追随大师此生无悔

朱全涛

师从厉老师学习对我而言是难得的机缘。2002年我在武汉大学攻读经济学博士学位，导师是董辅礽教授。不幸的是，董老师因病于2004年驾鹤西去。感谢董老师临终前的安排，感谢厉老师为老友仗义担肩，我才有幸成为厉老师的一名博士研究生。

然而很少有人知道，1994年我就曾经报考过厉老师的博士研究生。而且，就连对厉老师本人我也不曾透露的是，早在20世纪80年代末，当时远在广州中山大学求学的我，本科毕业时就一直有追随厉老师学习深造的梦想。可以说，对厉老师的崇敬和追随，已经沉淀为我青年时代不可磨灭的印记。今天，回想当时的激情和梦想，既感动，又感慨。

1987年，我考入中山大学数学系。那个年代的大学生充满激情和火热，追逐和传播新思想在大学生中成为时尚。广东处在中国改革实践的最前沿，大有"经济北伐"之势，中国经济改革的各种思想都在这里寻找着舞台。

当时，中国改革正处在摸石头过河阶段，大学经常举办学术讲座来就改革策略和路径进行论辩。刚刚十七岁的我从湖北团风县老家来到广州这块热土地，对一切都充满了好奇。作为一个非经济学专业的大学生，我对宏观经济问题懵懵懂懂，但是，已经知道这是一门关系到中国发展命运的学问。我的宿舍中有一位数学系的高年级学兄。出于对经济学的共同兴趣，我们成为最要好的朋友，并开始关注国内经济思想动态。当时正准备推行价格改革，朋友忧心重重地给我讲起厉老师提出的著名论断"中国经济改革的失败可能是由于价格改革的失败；而中国经济改革的成功，则必须取决于所有制改革的成功"。后来果然爆发高通货膨胀和其他社会问题。这一事件，不仅显示了正确经济理论与政策主张的强大力量，也让我们这两个充满激情的年青人开始成为厉老师的崇拜者。

于是，我的朋友决定报考厉老师的研究生。然而，风云突变，1990年研究生推荐入学取代了入学考试。我的朋友无法获得推荐资格，他整个大学期间的唯一愿望就连触摸一下的机会都没有了，其伤感难以言表。我也替他感到非常难过。毕业送别的时候，他转而鼓励我追随厉老师读研究生，希望我实现他没有机会实现的愿望。不过，考虑到跨学科报考的难度，我报考了北京大学数学系。1991年刚刚拿到北京大学数学系硕士研究生的入学通知书，我就风尘仆仆地去看望朋友，跟他告别。那是在湖南的一个偏僻乡村，也是他当时工作的地方。他既为我能赴北京求学而高兴，也为无法追逐自己的梦想而感伤。分别时，他继续鼓励我以考博士的方式追随厉老师；我也鼓励他不要放弃。不过，当时，我的朋友要想实现他的梦想非常困难，因为考研必须在工作两年之后，而且还要单位开介绍信，而单位是否同意开介绍信又有相当的不确定性。

来到北大数学系后，学习是非常紧张的。直到一年半后我修完学分，甚至毕业论文初稿都完成了，我才能够缓过神来留意校园内举办的学术讲座。直到1992年春天邓小平南巡讲话以后，北大的学术讲座才开始再度活跃起来。我第一次在全校举办的讲座上聆听厉老师做学术报告。报告厅拥挤的场面堪比春运期间的火车车厢。一个词：难忘！

我追随厉老师的内心愿望变得越来越强烈。中山大学的同学也来信问我："你能否从抽象的拓扑空间走入现实空间?"于是，我决定报考厉老师的博士生。报考厉老师的博士需要考两门我不熟悉的课程：经济学理论和经济史。对经济学理论我一知半解；对经济史我一窍不通。更要命的是，我从小就缺乏学习语言的天赋，英语考试恐怕很难过关。但我依然决定试试，我相信自己的学习效率还是非常高的，而且我对经济史开始感兴趣，相信能弥久常新的经济思想应该来自对经济史的研究（这成为我后来一直从事的研究领域）。于是，我给厉老师写信，告诉他我希望跟随他攻读博士学位。让我感动且兴奋的是，厉老师答复了，还派章铮师兄与我联系，给我提出学习建议。

1994年，我第一次考博的成绩出来了，经济理论考了82分，但是经济史和英语没有及格。尽管如此，以这个成绩，我还是在华中科技大学管理学院找到了一份主讲经济学的教职。两年后我再一次报考厉老师的博士，依然未果。鉴于在职报考的手续比较繁琐，后来我没有再报考。但是，厉老师一直是我心目中的偶像和典范。令我不曾想到是，将来还有一天能够曲线地追随厉老师。而这已经是十年之后的事情了。

回想起来，当时年少的我只是一个普通的大学生，和那个年代成千上万的年青人一样，有一番报国的梦想，希望有所作为。厉老师这样的大师自然而然地成为我们崇拜和追随的对象。虽然，十多年后，我以一种特殊的方式成为了厉老师的博士生，但是，我相信，在这个世界上，还有更多的人，就像我的那位朋友一样，由于种种原因而无法实现追随大师的梦想。但是，不管这一梦想是否能够实现，它都使得我们的青年时代更具光彩，也更值得回味。

从老师的言传身教中
体会如何对待取与予

◎│朱善利

在厉老师众多学生中，我可能算是从老师那里受益最多的学生。我是文革后首批考入北大经济系 77 级的学生，入学后就有机会聆听厉老师给我们讲授西方经济学以及经济史与经济思想史课程。本科毕业后，我是厉老师个人亲自指导的第一位硕士，也是厉老师指导的第一位博士，留北大任教后又一直在厉老师身边工作、学习，向老师学习做人、做事、做学问。掐指算来，追随厉老师已经 30 多年。由于在近三分之一世纪的时间里我从老师那里获得的东西太多，以至于在老师 80 华诞之际我想要写点什么以表达我对老师的敬意与感激之情时，都不知从何处写起。要写的东西实在太多，但是又实在不好入手。老师的学术思想，例如他的股份制理论，所有制改革理论、非均衡理论等早已为社会熟知；他的诗词和散文，已经集结成书，广为传诵；他丰富的人生阅历，也多有介绍，广为人知；思来想去，我决定写我从老师那里所获得有关取与予的体会。

韩愈说："师者，所以传道、授业、解惑也。"厉老师可谓真正的"师者"。作为一位著名的经济学家，他不仅能够使那些受过严格专业训练的人明白他的经济理论，也能够使非专业训练的人，甚至老百姓明白他的经济理论。厉老师善于利用通俗的小故事讲解经济学大道理。例如，他用骑自行车来比喻经济发展，他说，经济发展就像骑自行车一样，骑得慢就晃，不骑就倒，必须骑得快，骑得快就稳。一个简单的比喻，把经济发展问题说得形象生动。他在描述市场对于资源配置的作用时说，市场是一个大型搅拌机，把各种资源投入这个大型搅拌机内，让它们在里面不断运动，从而达到资源的合理配置，而政府则是保证搅拌机不发生故障的管理者。他用很直白的语言划分了政府与市场的职能。

　　给我印象最深的是厉老师利用古代民间故事讲解激励问题。激励问题是经济学的一个基本问题，该问题的核心是每个人都会对激励做出反应，这种反应会导致不同的后果。厉老师在不止一个场合用春秋时期孔子教育弟子的一个故事诠释激励问题。该故事出自《吕氏春秋》，后被编入明代冯梦龙的《智囊》。故事说鲁国有一条法律，鲁国人在国外沦为奴隶，有人能把他们赎出来的，可以到国库中报销赎金。有一次，孔子的弟子子贡在晋国赎了一个鲁国人，回国后拒绝收下国家补偿金。孔子说："赐（子贡的名）呀，你采取的不是好办法。圣人所做之事，可以改变风俗习惯，影响老百姓的行为，并非个人的事情。现今，鲁国富人少而穷人多，你收回国家的补偿金，并不会损害你的行为的价值；而你不肯拿回你抵付的钱，从今以后，鲁国人就不肯再替沦为奴隶的本国同胞赎身了。"另一件事是，子路救起一名落水者，那人感谢他，送了一头牛，子路收下了。孔子说："这下子鲁国人一定会勇于救落水者了。"孔子的言论对国人行为的影响是不言而喻的。厉老师引用这个故事的目的是启发人们，一个人做事不仅要看动机，更要看效果。孔子的学生如果花钱赎回鲁国流落他国的奴隶而从国库领回赎金，就会有更多鲁国人仿效，就会有更多的鲁国奴隶获得自由。人们对于社会贡献与从社会获得回报的态度会影响人们为社会贡献的大小。那种只顾让个人为社会做贡献而不提倡从社会获取回报的做法最终结果是降低个人为社会做贡献的激励，从而降低人们对社会的总体贡献。按劳分配原则的设计就是为了激励人们为社会创造出更多的财富。

　　老师不仅强调需要重取，也强调需要重予。湖南沅陵地处湘西，那是个穷乡僻壤，在抗日战争期间，厉老师随家人逃难居住过那里。由于多种原因，虽解放几十年，但这里的一些农村依然贫困，为了使那些贫困农村的孩子享受好的教育，老师和家人共出资 40 余万元，在湖南省沅陵县二酉苗族自治乡捐建九年制的、寄宿式的宗琳学校，并率领他的子女和学生向学校捐赠了数十台电脑、电视等电化教学设备。2006 年 10 月，学校大楼落成时，老师与师母不顾山路颠簸，乘车专程前往参加落成仪式。我有幸随同老师和师母一道前往。看到当地的孩子们能够坐在宽敞明亮的教室里上课，使用城里的学校才会使用的电化教学设备，老师无比欣慰。老师不仅亲自为学校书写校名，还挥毫为学生们题写了"互爱、互助、自信、自强"的校训。

师母是个业余绘画爱好者，尤其爱好画梅。老师喜欢赋诗填词，会为师母的画作附上几句精心填写的诗词。这些作品深得大家喜爱。老师和师母合作的诗画义卖已成为光华管理学院新年联欢会上的重要节目。老师和师母会将拍卖的款项全部用于慈善事业。今年两场联欢会上的拍卖活动气氛格外热烈，师母作画、老师配诗的两件作品分别拍出 26 万元人民币和 100 万元人民币，所得款项分别全部捐给贫困地区学校购买图书和山区老年人白内障治疗。

在厉老师接替钱伟长先生担任中央智力支边协调小组毕节试验区专家顾问组组长的几年里，他不仅多次亲临毕节，访贫问苦，还多方筹集资金为毕节地区培养能够带领当地人民脱贫致富的领导干部。老师先后从天津泰达集团、印尼金光集团等公司募集数百万资金，以光华管理学院为培训基地，为毕节地区培训了数百名干部。

老师和师母不仅关心自己学生成长，也关心学生的后代成长。我女儿朱菘的成长就一直受到老师和师母的关爱。和老师与师母见面时，他们会不时问及朱菘的学习、生活各方面情况。尤其让我们感动的是，朱菘读高中阶段曾经想考大学时报考建筑专业。建筑专业需要考绘画，我女儿绘画基础差。为了使独生女愿望得到满足，我们四处为女儿寻求绘画老师。老师和师母得知后，将我女儿引荐到师母哥、嫂门下免费学画。

师母的哥哥何重礼，嫂子邓淑民都是知名画家。我女儿没有一点绘画基础，能够在老师和师母的引见下投身到两位画家门下学画，我们非常感激。尽管我女儿后来没有如愿读上建筑专业而学了金融，但是老师和师母对她的关怀使我们终生难忘。我们和我们的子女也会将老师和师母的爱一代一代传承下去。

不信孤村独自寒

◐│朱善璐

厉先生是我国的经济学泰斗，也是我敬爱的老师。厉先生学术成就斐然、人格魅力高尚、桃李遍布天下，耄耋之年仍在他钟爱的经济学研究领域不断创造着奇迹，以八十高龄摘撷"中国经济理论创新奖"桂冠，如他所书：世事沧桑君堪慰，落潮已到涨潮时。今年喜逢厉先生八旬荣庆，这是我国经济学界的一件喜事，也是全国教育界的一件盛事，"万古希逢，岂止三四五六；一人有庆，直至亿兆京垓"。我不揣忐忑，恭撰小文，为厉先生寿。

厉以宁先生之于中国是股份制改革的理论巨擘。"股份制"是厉先生坚持的观点。自1986年开始，中国经济学界对中国未来经济体制改革一直存在两种不同的思路，即"价格改革主线论"和"企业改革主线论"，厉先生一直是后一主张的代表。在80年代反对资产阶级自由化期间，有些人对厉先生的观点有不同看法，他也逐渐被边缘化，但厉先生坚持"可以不说话，但不改变自己的观点"。他保持着乐观的心态，形势严峻不辱节，坚持真理不更弦，正如他在一首词中写到："既是三江春汛到，不信孤村独自寒，花开转瞬间。"1980年，厉先生第一次提出"股份制"，到1997年党的十五大才得到肯定，再到2009年"股份制"获得经济理论创新奖。三十年磨一剑，一片丹心洗铅华。2009中国经济学家年度论坛组委会对厉先生"股份制"理论给出了一致的高度评价："股份制"是20世纪80年代末深化经济体制改革的核心与关键。在经营权主导改革和产权主导改革的讨论中，引领了国有企业股份制改革，推动了所有制改革，开启了资本市场的发轫，完善了市场经济的微观体系建设，对中国经济和社会的改革与发展具有全面、深刻、广泛而深远的影响。厉先生是一位真正把根扎在祖国大地上，把眼光瞄准世界超水平的领军大师，实可谓"厉股份"学高作我师表，经济巨擘身正为我垂范。

厉以宁先生之于北大是令人称道的"传奇"教授。我有幸追随厉先生学习，并与厉先生共事于北大，切身体会厉先生是北大学子心目中的"传奇"教授。"传奇"源于厉先生在北大长期从事资料工作，偶然的机会使他走上讲师岗位，开了经济史和西方经济学课程，把这些经济学课程，讲授得深入浅出，引人入胜，以致当年北大一教二教两个最大的教室人山人海，不少外校的学生争相旁听。改革开放以来，厉先生的课极受欢迎，听厉先生的课如"追星"，北大校园内刮起的"厉旋风"经久不息。"传奇"表现于厉先生学术观点的犀利。先生著作等身，《非均衡的中国经济》、《股份制与现代市场经济》、《超越市场与超越政府》、《资本主义的起源》等巨著，不仅对于一代学人产生了重要影响，特别对我们发展中国特色社会主义起着重要作用。先生语出惊人，"教育的不平等引起就业不平等，就业不平等引起收入不平等，收入不平等引起生活不平等，导致下一代又不平等。""减员增效从宏观来说，是根本错误的。""改革开放三十年最遗憾的事情之一就是社会保障制度推进极慢。"犀利的观点针砭时弊，为中国经济的健康发展注入活力。"传奇"发轫于先生的浪漫主义情怀。先生一生博学、广泛狩猎，尤以文学造诣为厚。先生每年都会给刚入学的新生讲一堂诗词课。"传奇"还见诸先生的谦逊和率真，作为一名经济学大家，他曾明确地表示，对于微观经营他不懂，对于股票实务就更不懂了。"传奇"更体现于厉先生对学生的一片深情，他不仅肩负着繁重的教学、科研任务，还有一些社会职务，但治学依旧严谨，对于学生的论文依然保持着亲自修改的作风，堪称当代教授的楷模。

厉以宁先生之于南京是南京经济社会发展的重要参谋。先生是江苏仪征人，出生于南京，曾在南京金陵中学高中毕业，因此对南京也特别厚爱。许多国人耳熟能详的经济学寓言故事中，有不少最早是在南京讲课时阐述的，把高深的管理学问题诠释得淋漓尽致。在遭受世界金融危机冲击的阴霾中，厉先生把信心投诸南京，并亲选南京为《中国经济信心之旅》——"中国经济形势报告会"10城市巡讲活动的首站。为南京打赢"保增长、促转型"攻坚战，推动经济社会又好又快发展，提振了极强信心，指引了正确方向。南京是全国的老工业基地，国有企业占比较大，厉先生受命调研全国民营企业发展时，多次来南京考察，并提出许多真知灼见，为南京的民营经济发展作出了不可磨灭的贡献。南京高淳县武家嘴村是厉先生调研的一个行政村，这个过去被称为"渔花子村"的小渔村现在靠造船、跑水运，获得发展的第一桶金，并持续不断推动村级产业发展转型提升，成为"金陵首富村"。厉先生专注于武家嘴村的村级经济发展模式，为武家嘴发展模式的形成与提升付出了巨大心血。2009年3月，厉先生亲赴武家嘴，盛赞其近年来GDP以超过20%的速度增长十分难得，不愧为新农村建设的典范。

我在南京工作两年多来，时刻牢记厉先生教诲，时时实践厉先生所授。现在的南京正站在时代发展的新起点，"转型发展、创新发展、跨越发展"的重大战略正加速推进，"建设新南京、实现新跨越"的号角震天吹响，在国家刚刚实施的《长江三角洲地区区域规划》中，南京作为辐射长江中上游的主轴线门户城市，将在"T"字形发展轴连接点上承载前所未有的历史使命。我衷心希盼在今后的日子里，时刻得到厉先生的耳提面命，聆听经济学术前沿理论，掌握更多、更新的理论知识，提高驾驭科学发展的水平，以更好地服务于南京人民和南京建设。

寥寥数言，表达不尽一名学生对厉先生的崇敬之心，恭祝厉先生身体健康，频添鹤算，期颐百岁。

后 记

今年是我们尊敬的老师厉以宁教授 80 华诞和从教 55 周年。厉老师不仅是一位经济学泰斗，也是一位辛勤的园丁。厉老师言传身教，教书育人。在他的培育下，一批又一批弟子已长成材。桃李飘香，师恩浩荡，为了感激先生的培育之恩，我们筹划出版了这本文集，以此为先生 80 华诞献礼。

提议编辑这本文集的是车耳与程志强两位同学。这项提议得到厉先生许多弟子的响应与支持。多年来，不管是在校还是离校，不管是身居国内还是海外，弟子们都得到厉老师和师母无微不至的关怀与照顾，其中许多事情真切、感人。弟子们都希望把这些故事集中起来编撰成书，供大家分享。

厉老师不仅在经济学方面造诣很深，对经济史和经济思想史有重大建树，对诗词、散文，亦有研究。厉老师还一心关注公益事业，为扶贫事业做出了巨大贡献。加之他曲折的人生阅历和所撰写的文章、书籍很多，写这样一位受到世人关注的经济学家绝非易事。考虑到他丰富的人生阅历已经在多个媒体得到展现，为了避免雷同，经大家协商，每一位弟子以自己和老师以及师母相处岁月中亲身经历的事来写。征集到的文章中，没有一篇是经济学论文，而主要是写师生情。我们把这些文章以作者姓氏拼音为序，汇集成书，取名《我们的老师厉以宁》。

文集编撰过程中，车耳、程志强、蒋承、张文彬四位同学耗费了大量的精力。车耳联系了出版社，并和一些出版社的负责人反复协商、沟通，最终文集的出版得到人民日报出版社的支持。由于厉老师的弟子分布在海内外，而且几乎每个人都在自己的业内承担重要的责任，工作繁忙，很难有空相互间进行直接沟通，程志强和蒋承承担了与撰稿人沟通的任务。本书封面梅花是师母何玉春所画。

我们要感谢人民日报出版社，他们的大力支持，才使得这本文集赶在厉老师 80 华诞与从教 55 周年庆典之前面世。

虽然出自同一师门，但由于每一位弟子的背景各异、各有工作阅历，所以文章的风格也不尽相同。我们水平有限，编辑时间又短，书中错误难免，欢迎读者批评指正。

朱善利　车　耳

何小锋　于鸿君

2010 年 5 月 1 日

图书在版编目（CIP）数据

我们的老师厉以宁／朱善利等主编 .—北京：人民日报出版社，2010.11
ISBN 978-7-5115-0167-7

Ⅰ.①我… Ⅱ.①朱… Ⅲ.①厉以宁－生平事迹 Ⅳ.① K825.31

中国版本图书馆 CIP 数据核字（2010）第 184203 号

书　　名：我们的老师厉以宁
主　　编：朱善利　车耳　何小锋　于鸿君

出 版 人：董　伟
责任编辑：蒋菊平
版式设计：北京九章文化有限公司

出版发行：人民日报出版社
社　　址：北京金台西路 2 号
邮政编码：100733
发行热线：(010) 65369527　65369512　65369509　65369510
邮购热线：(010) 65369530　65363527
编辑热线：(010) 65369514
网　　址：www.peopledailypress.com
经　　销：新华书店
印　　刷：北京中新伟业印刷有限公司

开　　本：710mm × 1000mm　1/16
字　　数：280 千字
印　　张：21.75
版　　次：2010 年 11 月第 1 版　2011 年 1 月第 2 次印刷

书　　号：ISBN 978-7-5115-0167-7
定　　价：39.00 元